高等学校“十二五”规划教材经济管理类

政府与非营利组织会计

主　编　刘宇会　于善波
主　审　宋　明

HEUP 哈爾濱工程大學出版社

内 容 简 介

本教材以现行《财政总预算会计制度》《行政单位会计制度》《事业单位会计准则与制度》《民间非营利组织会计制度》为基础，以政府会计和非营利组织会计为主要框架进行了整体设计。全书共分五篇十八章：第一篇总论，主要介绍政府及非营利组织会计的基本理论；第二篇财政总预算会计和第三篇行政单位会计为政府会计，主要介绍各级政府会计核算的理论与方法；第四篇事业单位会计和第五篇民间非营利组织会计为非营利组织会计，主要介绍非营利组织会计核算的理论与方法。

本教材适合作为高等院校会计学专业及相关专业教学用书，也可作为各部门对各类人员进行财政总预算会计、行政单位会计、事业单位会计、民间非营利组织会计的培训教材，还可作为各级政府业务管理部门和中介机构了解业务知识的参考书。

图书在版编目(CIP)数据

政府与非营利组织会计/刘宇会，于善波主编.—哈尔滨：哈尔滨工程大学出版社，2014.8
ISBN 978-7-5661-0904-0

Ⅰ.①政… Ⅱ.①刘… ②于… Ⅲ.①单位预算会计-教材 Ⅳ.①F810.6

中国版本图书馆 CIP 数据核字(2014)第 197637 号

出版发行 哈尔滨工程大学出版社
社　　址 哈尔滨市南岗区东大直街 124 号
邮政编码 150001
发行电话 0451-82519328
传　　真 0451-82519699
经　　销 新华书店
印　　刷 黑龙江省地质测绘印制中心印刷厂
开　　本 787mm×1 092mm 1/16
印　　张 14.75
字　　数 360 千字
版　　次 2014 年 8 月第 1 版
印　　次 2014 年 8 月第 1 次印刷
定　　价 32.00 元
http://www.hrbeupress.com
E-mail:heupress@hrbeu.edu.cn

前 言
PREFACE

政府与非营利组织会计是我国两大会计体系之一。为满足政府与非营利组织会计教学和广大财会人员继续教育及学习的需要，方便大家系统、及时地掌握和了解预算会计和民间非营利组织会计管理核算要求的新变化，我们编写了此书。

本书是在各国政府与非营利组织会计改革不断深入发展的背景下，基于我国当前新的政治、经济、社会和文化环境现实，在借鉴国内外有关学科研究成果和实务经验的基础上编写而成。全书共分五篇十八章，以我国财政部和有关立法机构最新颁布实施的一系列会计规范性文件和法律、条例为依据，介绍了政府与非营利组织会计的基本概念和基本理论、财政总预算会计、行政单位会计、事业单位会计以及民间非营利组织会计的具体核算方法。旨在使读者了解和掌握政府与非营利组织会计知识，并激发其积极从事该领域重大问题研究探索工作的兴趣。本书引用资料丰富，内容全面完整，理论重点突出，紧密结合实际，全面、系统地反映了政府与非营利组织会计核算的内容，突出内容的实用性、可操作性、完整性、前瞻性，既可作为普通高等学校会计学及相关专业的授课教材，也可作为其他相关专业人员继续学习或者培训的参考教材。

本书是“黑龙江省高等教育教学改革工程重点项目”(JG 2011018458)、“黑龙江省教育科学‘十二五’规划重点课题”(GB B1213003)和“黑龙江高等教育学会高等教育科学研究规划课题”(14G126)研究成果之一。本书具有以下三个特点：

(1)涵盖面广。与传统的预算会计不同，本书增加了民间非营利组织会计的内容，因此，本书包括财政总预算会计(政府财政会计)、行政单位会计(政府部门会计)、事业单位会计(国营非营利组织会计)和民间非营利组织会计(民营非营利组织会计)四大类会计主体的会计核算。本书依据我国现行的《财政总预算会计制度》《行政单位会计制度》《事业单位财务规则》《事业单位会计准则》《事业单位会计制度》《民间非营利组织会计制度》，以及预算管理变化后的《预算会计处理规定》等文件编写而成，比传统的预算会计教材涵盖面更广。

(2)内容新颖。本教材紧紧围绕和依据我国现行的相关法规制度，并吸纳了国库集中收付制度改革、政府收支分类改革、部门预算制度改革、非税收入收缴制度改革等新的内容编写而成，特别是增加了行政事业单位财政拨款结转与结余核算，而且引入了最新的政府收支分类科目，使得本书既新颖又全面。

(3)密切结合我国会计核算实践。国内的同类书或者是介绍西方的非营利组织会计核算，或者是局限于民间非营利组织会计，没有系统地构建起我国实际的非营利组织会计体系，没有很好地结合我国的非营利组织会计实践。本书立足于我国非营利组织会计实际，依据相关制度编写，还设置安排了大量的核算实例，力求类型多样、覆盖面广、经济业务切合实际，便于学习理解。

本书由佳木斯大学刘宇会、于善波两位老师任主编，黑龙江农业职业技术学院张雅静老师、浙江工商大学于桂娥老师任副主编。本书的写作分工如下：佳木斯大学刘宇会老师编写第一章、第七章、第十三章、第十四章、第十五章；佳木斯大学于善波老师编写第十章、第十六章、第十七章、第十一章；黑龙江农业职业技术学院张雅静老师编写第二章、第三章、第六章、第十八章；浙江工商大学于桂娥老师编写第四章、第五章、第八章、第九章、第十二章。全书由佳木斯大学宋明老师主审。

本书在编写过程中参考或引用了一些专家学者的论著，在此表示感谢！

编　者

2014 年 6 月

目录 CONTENTS

第一篇　总　　论

第二篇　财政总预算会计

CONTENTS

第三篇　行政单位会计

第四篇　事业单位会计

CONTENTS

第一篇　总　　论

第一章　政府与非营利组织会计的基本理论

第一节　政府与非营利组织会计的概念与特点

一、政府与非营利组织会计的概念

1. 政府单位与非营利组织的界定

随着社会主义市场经济的建立和发展，社会公共服务体系得到不断发展，从事国家事务管理和提供公共服务的人数以及政府与非营利组织消耗的经济资源都在不断增长，并成为促进社会经济发展的重要力量，使政府与非营利组织的重要性日益显现。

认识和了解政府与非营利组织会计，我们首先要明确这一会计分支所服务的领域。政府单位与非营利组织和企业虽同是社会的基本构成环节，但它们之间存在着显著的区别，并由此导致了两者会计之间的区别。按照美国会计理论界较为公认的和财务会计准则委员会明确提出的标准，凡具备以下三个特征的均应归属于政府单位与非营利组织，并应遵循有关会计的规则：①资财供应者提供的各种资源既不指望返还也不企求取得经济利益上的回报；②对外提供服务或商品不以营利或某种营利等价物作为目的；③不存在可以出售、转让、赎卖或一旦清算可以分享一份剩余资财的明确的所有者权益。

政府组织是从事社会公共管理的社会组织。政府的职能主要包括经济调节、市场监管、社会管理和公共服务。政府有广义和狭义之分，作为“政府与非营利组织会计”主体的政府，是广义的政府概念，是指执掌公共权力的所有国家机构，包括多级立法机关、行政机关和司法机关。

非营利组织是“政府与非营利组织会计”中的另一会计主体，目前存在不同的称谓（如第三部分、公益组织、志愿者组织等），也存在不同的概念（从法律、资金来源、组织目的、组织特征、组织动作等角度）。

非营利组织（Nonprofit Organizations）（简称 NPO）的一般概念是指不以营利为目的的向社会提供服务的组织。我国将非营利组织划分为两大类，即公立非营利组织（事业单位）和民间非营利组织。非营利组织具有以下几个特征：

①该组织不以营利为宗旨和目的；

②资源提供者向该组织投入资源不取得经济回报；

③资源提供者不享有该组织的所有权。

政府与非营利组织在许多方面和企业组织有相同或相似之处：它们都处于相同的社会经济环境；使用相同或相似的经济资源；产出尽可能多的产品或服务以满足社会需求；它们采用相同或相似的方法进行财务管理；需要建立完善的会计信息系统。

作为两类不同性质的组织，政府与非营利组织和企业之间的区别是显著的 。

2. 政府与非营利组织会计的概念

在西方，人们通常把与我国预算会计相对应的会计体系称为政府与非营利组织会计，或非营业企业机构会计，或公共部门会计，有时还根据其特点形象地称其为基金会计、预算会计。

政府与非营利组织会计是反映和监督社会再生产过程中分配领域、社会福利领域和精神产品生产领域中的各级政府机构和各类非营利组织资金活动过程和结果的会计体系，包括各级财政部门、各级行政单位、各类事业单位以及民间非营利组织、社会团体、各种基金等。政府与非营利组织会计是我国两大会计体系之一。

二、政府与非营利组织会计特点

1. 建立或运作动机的非获利性

政府与非营利组织的资金来源大都直接或间接来自纳税人及其他出资者，资源提供者向政府及非营利组织提供资源不属于投资范畴，其目的也不是为了获得提供资源的回报。所以，这些组织就没有需要支付股利的股东，也就没有获利动机。

2. 受托责任的多层次性

政府与非营利组织管理当局受托使用公共财政资源，对资源使用的经济性、有效性和使用效果负有责任。这种受托责任不仅表现为经济或财务的责任，而且还表现为政治的和社会的责任。

3. 资金来源具有无偿性

政府与非营利组织的资金主要来源于向纳税人征收的各种税收、私人及机构的捐赠，以及向服务对象收取的以“成本补偿”为基础的服务费收入等，他们没有直接的投资者，由于其非营利性，其开展各种活动所耗费的资源不具有垫支性，耗费后一般无法收回。因此，除特殊许可外，一般不允许进入资本市场或其他金融市场融资。

4. 资金运用具有限定性

政府与非营利组织会计与企业会计不同，出资者不要求投资回报和投资回收，但要求按法律规定或出资者的意愿把资金用在指定用途上，即要求资金有限定性。在这些单位中不仅像固定基金、留本基金、专用基金、拨入专项资金等具有特定用途，就是经费拨款、事业基金等也都有严格的具体用途，不能移作他用。

5. 业绩考核具有多样性

由于政府与非营利组织不以营利为目的，它没有追求利润的动机，其运营业绩就不能以净利润或每股收益等企业标准来衡量。由于政府与非营利组织分别被赋予了行政资源和社会资源，承担着为社会服务的职能，所以，对政府与非营利组织受托责任的评价和运营业绩的衡量，不仅需要从财务的、经济的或定量的角度来评价、衡量，更需要从非财务的、非经济的和非定量的角度来评价，衡量其社会责任的履行情况。

第二节　政府与非营利组织会计的组成与分级

一、国外政府与非营利组织会计的组成体系

政府与非营利组织会计的组成体系，因各国政治经济制度的差异而有所不同。一般地，国外政府都把政府与非营利组织会计分为政府会计和非营利组织会计两个部分。

1. 政府会计

政府会计（Governmental Accounting），是指主要用于确认、计量、记录和报告政府和政府

单位财务收支活动及其受托责任的履行情况。各个国家的政治经济制度和管理体制不同，政府会计的内涵也有一定的差别。例如在美国，联邦政府会计与州和地方政府会计是各自独立的两个体系，其中联邦政府会计主要根据联邦法律法规和联邦会计准则咨询委员会制定的会计准则、会计制度，对联邦政府各部门各机构的财务收支活动进行确认、计量、记录和报告；州和地方政府会计则根据州法律和政府会计准则委员会制定和颁布的公认会计原则，对州和地方各级政府所属部门和机构的财务收支活动进行确认、计量、记录和报告。

2. 非营利组织会计

非营利组织会计(Not-for-profit Organization Accounting)，是指主要用于确认、计量、记录和报告各类非营利机构财务收支活动及其受托责任的履行情况。以市场经济为主的西方国家，其类似于我国事业单位的非营利组织中有国立的或公立的(如学校、医院)，但绝大部分是私立的(由私人提供资助)。通常，公立的非营利组织主要靠政府拨款运营，视同政府单位，纳入政府会计体系；私立非营利组织会计根据国家法律、资源提供者的财务约定和财务会计准则委员会制定的公认会计原则进行确认、计量、记录和报告。

二、我国政府与非营利组织会计的组成体系

我国是以公有制为主体的社会主义市场经济国家，财政预算实行“统一领导、分级管理”的体制，整个预算会计体系由财政总预算会计、行政单位会计和事业单位会计组成，且与国家政权机构和行政区域划分相一致。

政府与非营利组织会计由政府会计和非营利组织会计组成。其中，政府会计由财政总预算会计、财政预算外资金会计和行政单位会计组成；非营利组织会计由公立非营利组织会计或事业单位会计和民间非营利组织会计组成。事业单位会计也可归入政府会计系列。这样，非营利组织会计就仅指民间非营利组织会计。

在我国，财政总预算会计、财政预算外资金会计、行政单位会计和事业单位会计通常合成为预算会计，它是政府与非营利会计最重要的组成部分。民间非营利组织会计为一个单独种类的会计。

1. 财政总预算会计

财政总预算会计是各级政府财政部门核算和监督政府预算执行和各项财政性资金收支活动情况及结果的专业会计，其主要职责是进行会计核算，反映预算执行，实行会计监督，参与预算管理，合理调度资金。根据“一级政权一级预算”的原则，我国财政总预算会计管理体系分为五级，财政部设立中央级财政总预算会计，省财政厅设立省级财政总预算会计，市财政局设立市级财政总预算会计，县财政局设立县级财政总预算会计，乡镇财政所设立乡镇级财政总预算会计。

2. 行政单位会计

行政单位会计是各级行政机关和实行行政财务管理的其他机关(包括各级权力机关、审判机关和检察机关)、政党及人民团体核算和监督本单位财务收支活动情况及结果的专业会计，是预算会计的一个组成部分。根据国家机构建制和经费领报关系，我国将行政单位会计组织系统分为主管会计单位、二级会计单位和基层会计单位三级。其中，向同级财政部门领报经费，没有下级会计单位的，视同基层会计单位。

3. 事业单位会计

事业单位会计是各类事业单位核算和监督本单位财务收支情况及结果的专业会计。

与行政单位会计一样，事业单位会计组织系统根据国家机构建制和经费领报关系，分为主管会计单位、二级会计单位和基层会计单位三级。

此外，预算管理是一个严密体系，除财政部门、行政单位和事业单位参与执行外，预算资金管理过程还需其他相关部门参与，如预算资金的收纳、划分、入库、报解等，不是由财政部门直接进行，而是分别由国库、税收征管等部门进行。

因此，国库会计税收征解会计和基本建设拨贷款会计等都是预算会计的有机组成部分。

4. 民间非营利组织会计

民间非营利组织会计是以每个民办非营利组织为会计主体，以民间非营利组织的基本业务活动为管理内容的一种专业会计，包括社团会计、基金会会计和非企业单位会计等。

我国会计体系框架如图1－1所示：

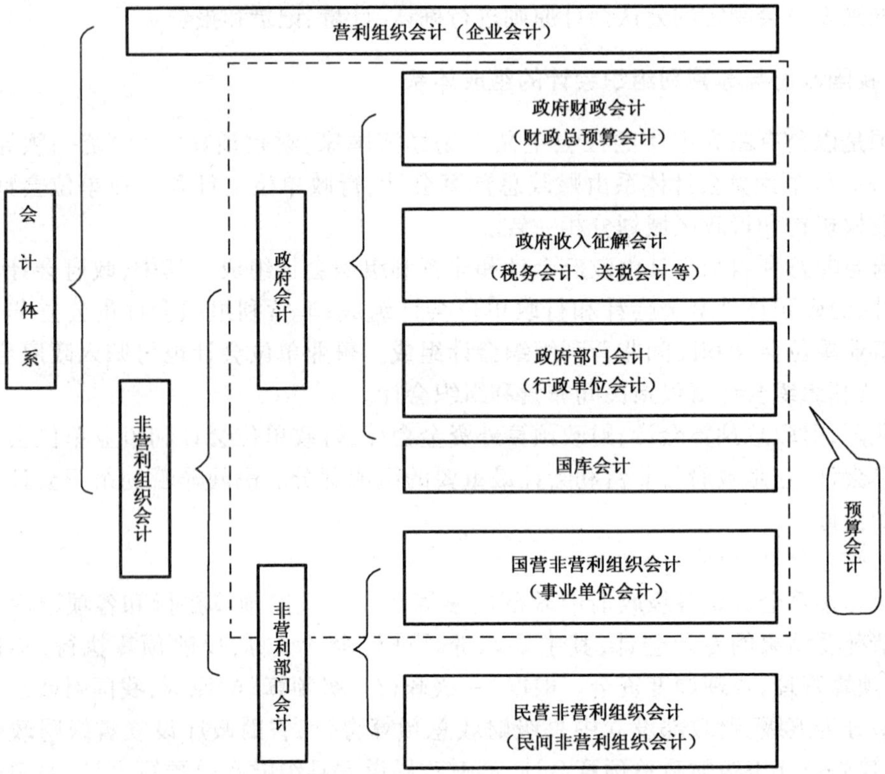

图1－1　我国会计体系框架示意图

民间非营利组织会计是由民间自发建立的，不存在级别的问题，政府与非营利组织会计的分级仅指与政府相关的会计分级，即预算会计的分级，是财政总预算会计与行政事业单位间的关系（如图1－2）。

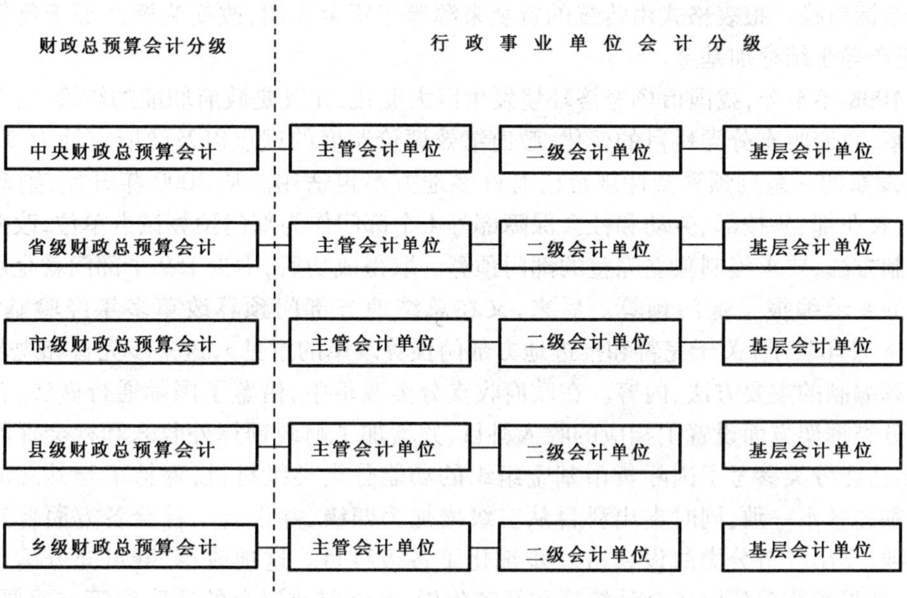

图 1－2 预算会计的分级框图

第三节 我国政府与非营利组织会计发展的概况

我国公元前 11 世纪西周已有“官计”，汉至清朝均有“国计”，统称为“官厅会计”，近现代改称政府会计。此外，将不具政府职能、不以营利为目的、从事社会公益性服务的各种组织（含政府公立和民间私立）的会计，构成非营利组织会计。新中国成立后，曾一直称之为预算会计。新中国的预算会计规范在 1950 年即告诞生，1950 年底财政部制定和发布了适用于各级财政机关的《各级人民政府暂行总预算会计制度》和适用于各级各类行政事业单位的《各级人民政府暂行单位预算会计制度》，这两个暂行预算会计制度初步确立了我国预算会计的框架。

1965 年是我国预算会计的重要转折点，财政部组织召开了全国预算工作会计会议，颁发了《预算会计工作改革要点》《行政事业单位会计制度》等一系列规定和文件，制定了《关于修改补充地方财政机关总预算会计制度部分规定的通知》。1983 年，财政部根据当时财政预算管理的要求，制定了《财政机关总预算会计制度》。1988 年，财政部又颁发了新的《事业行政单位预算会计制度》。1993 年底，财政部再次启动预算会计改革，并于 1996 年发布了《预算会计核算制度改革要点》，规定了预算会计改革的目标、会计体系、核算方法和改革步骤等重要内容，对预算会计改革方案的出台起到了促进作用。

1997 年制定了《财政总预算会计制度》《行政单位会计制度》《事业单位会计准则（试行）》和《事业单位会计制度》，于 1998 年 1 月 1 日开始实施。1998 年的预算会计改革是一次根本性的改革，基本适应了当时预算管理制度的现状。改革的主要内容包括：重新划分了预算会计体系，实行事业单位会计与行政单位会计体系的分离；改变事业会计核算管理模式，提出准则加行业制度两层的管理模式；系统、完整地提出了预算会计核算原则；确定了新的会计要素；改革记账方法，由收付记账方法改为借贷记账方法；统一了会计报表项目分类和指标口径。报表格式由传统的资金来源等于资金占用，改变为资产等于负债加净资产，净资产等于结存加基金。

从1998年至今，我国市场经济环境发生巨大变化，尤其是政府职能的转换、公共财政体制的改革、政府收支分类科目的变化、政府绩效评价制度的试点以及政府审计力度加大等，1998年发布的一系列预算会计规范已有许多地方不再适用。从2000年开始，财政部就将教育部、农业部、科技部、劳动和社会保障部等4个部门作为部门预算试点单位，改变传统的预算编制方法，要求编制独立完整的部门预算。取得成功后，中央159个部门就全部按照部门预算的要求编报了部门预算。后来，又在总结地方部门预算改革多年经验基础上，于2006年8月印发了《关于完善和推进地方部门预算改革的意见》，进一步完善和规范了地方部门预算编制的主要方法、内容。在政府收支分类改革中，借鉴了国际通行做法，收入分类从大的分类框架方面设置了相应的收入科目，并增加了财政预算外收入和社会保险基金收入；支出功能分类参考了国际货币基金组织的功能分类类级科目，保持了与其总体框架和基本原则的基本一致，同时支出科目从三级增加为四级，并设置了社会各方面普遍关注的支出事项；支出经济分类的设置进一步细化了各级科目。这项改革，既可充分满足细化预算编制、加强预算单位财务会计核算和经济分析、增强财政资金的透明度等方面要求，又能具有与国外口径的可比性，为进行国际比较分析创造了良好条件。为对蓬勃发展的民间非营利组织规范管理，2004年8月财政部正式颁布了《民间非营利组织会计制度》，于2005年正式实施。2012年2月7日财政部公布了修订后的新的《事业单位财务规则》(2012年4月1日正式施行)，于2012年2月15日颁布了《事业单位会计准则》和《事业单位会计制度》(征求意见稿)，经过近一年的意见征求和反馈，再次修订后于2012年12月先后发布了新的《事业单位会计准则》和《事业单位会计制度》，并于2013年1月1日起实施。

因此，尝试建立我国政府会计和非营利组织会计标准体系，建立起既符合国情又与国际惯例相协调的由政府会计、非营利组织会计和企业会计三大部分组成的会计标准体系成为我国会计改革的新目标。

第四节　政府与非营利组织的会计目标和会计要素

一、政府与非营利组织的会计目标

早在20世纪60年代，美国会计学会(AAA)的基本会计理论报告编制委员会就发布了《基本会计理论》报告，归纳了适用于所有领域的会计目标是为了实现下述各种目的提供有关的信息：(1)作出关于利用有限资源的决策；(2)有效地管理和控制一个组织内的人力和物力资源；(3)保护资源并报告其管理情况；(4)有利于履行社会职能和社会控制。

上述解释具有普遍意义，但应用到两个会计分支中还是存在理解和落实上的不够明确。相比较而言，美国财务会计准则委员会分别于1978年和1980年发布的《企业编制财务报告的目的》与《非营利机构编制财务报告的目的》，对企业会计和政府单位与非营利组织会计的目标分别作了具体说明。在《非营利机构编制财务报告的目的》中开列了二十多类信息使用者，大致可分为资财供给者(纳税人、出资人、贷款人等)、服务(受益)对象、治理与监督机关(议会、董事会、理事会等)、单位行政管理当局及其他等方面。适应这些方面的要求，非营利机构应该提供以下几方面的信息：(1)作出资财分配的信息；(2)估价劳务和评议劳务能力的信息；(3)评估管理当局业绩和经管责任的信息；(4)关于经济资源、债务、净资财及其变动的信息。

美国政府会计准则委员会(CASB)成立以后，其第一号概念公告《财务报告的目的》指出：选民、纳税人、议员和立法机构需要知道政府单位的责任履行情况，这对于他们了解、讨论和审议有关问题以及评价和监督政府官员的绩效是非常重要的。同时，政府单位自身加强管理也同样须臾不可离开会计信息。并归纳政府单位会计信息被应用于以下几个方面：(1)将议会通过的预算与实际执行情况进行比较；(2)评价政府单位当前的财务状况和过去时期的财务运营绩效；(3)对审议和通过有关法案、制度、规则提供帮助；(4)评价政府单位的效率与效果。

中国政府及非营利组织会计目标应是：提供符合国家宏观经济管理的要求，适应预算管理和各级政府财政、行政、各类公立事业单位及民间非营利组织管理需要的信息。这些信息应能真实、完整地反映政府及非营利组织的财务状况、收支结余及结余分配，以满足信息使用者的需要。

政府与非营利组织会计信息的使用者：(1)政府各级主管部门，包括各级政府财政、行政、各类非营利组织主管部门等；(2)立法及监督机构；(3)政府与非营利组织服务的使用对象；(4)资源提供者，如纳税人、服务费付款人、捐赠人等；(5)其他使用者。

二、政府与非营利组织的会计要素

1. 资产要素

(1)政府会计的资产要素

《财政总预算会计制度》第二十条规定："资产是一级财政掌管或控制的能以货币计量的经济资源，包括财政性存款、有价证券、暂付及应收款项、预拨款项、财政周转金放款、借出财政周转金以及待处理财政周转金等。"《行政单位会计制度》第二十一条规定："资产是行政单位占有或者使用的，能以货币计量的经济资源，包括流动资产和固定资产。"关于固定资产折旧，《行政单位会计制度》第二十四条规定："行政单位的固定资产不计提折旧。"

(2)非营利组织会计资产要素

《事业单位会计准则(试行)》第二十一条规定："资产是事业单位占有或者使用的能以货币计量的经济资源。包括各种财产、债权和其他权利。"《民间非营利组织会计》第九条规定："资产，是指过去的经济业务形成并由非营利组织拥有或者控制的资源，该资源预期会给非营利组织带来经济利益。包括流动资产、受赠资产、长期投资、固定资产、无形资产和其他资产。"公立事业单位的固定资产一般不计提折旧，民间非营利组织的固定资产要计提折旧。

2. 负债要素

(1)政府会计的负债

中国《财政总预算会计制度》第二十六条规定："负债是一级财政所承担的能以货币计量，需要以资产偿付的债务。"《行政单位会计制度》第二十六条规定："负债是行政单位承担的能以货币计量，需要以资产偿付的债务。"

(2)非营利组织的负债

《事业单位会计准则(试行)》第二十七条规定："负债是事业单位所承担的能以货币计

量,需要以资产或劳务偿付的债务。"《民间非营利组织会计制度》第五十五条规定:"负债是指过去的业务活动所形成的现时义务,履行该义务预期会导致经济利益流出非营利组织,包括流动负债和长期负债。"

3.净资产要素

(1)政府会计的净资产

《财政总预算会计制度》第三十二条规定:"净资产是资产减去负债的差额。包括各项结余、预算周转金及财政周转基金等。结余是财政收支执行的结果,财政各项结余包括预算结余、基金预算结余和专用基金结余。"《行政单位会计制度》第三十一条规定:"净资产是指行政单位资产减负债和收入减支出的差额,包括固定基金、结余等。"

(2)非营利组织的净资产

《事业单位会计准则(试行)》第三十一条规定:"事业单位的净资产是资产减去负债的差额,包括事业基金、固定基金、专用基金、结余等。"《民间非营利组织会计制度》第五十八条规定:"非营利组织的净资产是指资产减去负债后的余额。"

4.收入要素

(1)政府会计的收入

《财政总预算会计制度》第三十七条规定:"财政收入是国家为实现其职能,根据法令和法规所取得的非偿还性资金,是一级财政的资金来源。"《行政单位会计制度》第三十四条规定:"行政单位的收入包括拨入经费、预算外资金收入、其他收入等。"

(2)非营利组织会计的收入

《事业单位会计准则(试行)》第三十六条规定:"事业单位的收入包括财政补助收入、上级补助收入、事业收入、经营收入、附属单位缴款、其他收入和基本建设收入等。"《民间非营利组织会计制度》第六十二条指出:"民间非营利组织收入包括基本业务收入、其他业务收入、政府资助收入、投资收益和其他收入。"

5.支出要素

(1)政府会计的支出

中国《财政总预算会计制度》第四十六条规定:"财政支出是一级财政为实现其职能,对财政资金的再分配。"《行政单位会计制度》第三十九条规定:"支出是行政单位为开展业务活动所发生的各项资金耗费及损失。"

(2)非营利组织会计的支出

《事业单位会计准则(试行)》第四十条规定:"支出是指事业单位为开展业务活动和其他活动所发生的各项资金耗费及损失以及用于基本建设项目的开支。"《民间非营利组织会计制度》第六十三条规定:"费用是指非营利组织为开展章程范围内的业务活动所发生的经济利益的流出;成本是非营利组织为提供劳务和产品而发生的各种耗费。"

第二篇　财政总预算会计

第二章　财政总预算会计概述

第一节　财政总预算会计的概念和任务

一、财政总预算会计的概念

财政总预算会计简称总预算会计，是各级政府部门核算、反映和监督政府预算和财政周转金等各项财政性资金活动的专业会计。总预算会计的核算内容是国家预算资金的集中、分配和执行结果。财政总预算会计的总体目标是向会计信息使用者提供反映政府受托责任履行情况的会计信息，为合理配置公共经济资源、进行宏观社会及经济决策服务。财政总预算会计的任务是：(1)处理总预算会计的日常核算事务；(2)调度财政资金；(3)实行会计监督，参与预算管理；(4)组织和指导本行政区域预算会计工作；(5)做好预算会计的事务管理工作。

二、财政总预算会计与政府总会计的关系

政府总会计是各级政府通过财政部门以货币为主要计量单位，对政府预算的执行情况和政府受托责任的履行情况进行连续、系统、完整的核算和监督的宏观会计。政府总会计的会计主体是经济、政治、文化、社会、人口和地域意义上的一级政府，不是狭义的政府机关，也不是财政机关，不是上一级政府，也不是下属各级政府。根据我国的政权结构和行政区划，会计主体应分为中央、省、市、县和乡镇五级。政府总会计的会计对象，包括政府预算的执行情况和政府受托责任的履行情况两大方面。

财政总预算会计是各级政府财政部门核算和监督政府预算执行情况的宏观会计。政府总会计与财政总预算会计相比，会计主体是相同的，都是一级政府，但会计对象扩大了，由核算和监督政府预算执行情况的一个方面，扩大为包括核算和监督政府受托责任履行情况的两大方面。

财政总预算会计的核算仅限于一般预算、基金预算和债务预算的预算收支情况，而政府总会计则在此基础上，增加了预算外资金的预算收支情况等包括在综合预算中的所有内容；财政总预算会计核算的资产内容包括财政性货币资金、有价证券和政府预算执行中形成的债权等，而政府总会计要在此基础上，延伸到一级政府履行责任涉及的所有债权和长期资产，如政府贷款、固定资产、无形资产和政府投资资产等；财政总预算会计只核算执行预算所涉及的负债，而政府总会计要在此基础上，核算一级政府履行责任过程中涉及的所有负债，如一级政府所有的内债、外债，内债应包括欠发教师工资、欠发社会保险金、未支付的政府赔偿、各行政单位的违规欠债等；财政总预算会计核算的净资产包括一般预算结余、基金预算结余、专用基金结余和预算周转金等，而政府总会计要在此基础上核算与履行政府责任有关的各种净资产和权益。

第二节　财政总预算会计科目

财政总预算会计科目是对财政总预算会计核算的经济业务内容所作的分类，是财政总预算会计进行会计核算的基础。财政总预算会计科目分成资产类、负债类、净资产类、收入类和支出类等五类。各级政府财政总预算会计统一适用的会计科目如表 2－1 所示。

表 2－1　财政总预算会计科目表

类别	科目编码	科目名称
一、资产类	101	国库存款
	102	其他财政存款
	103	财政零余额账户存款
	104	有价证券
	105	在途款
	111	暂付款
	112	与下级往来
	121	预拨经费
	122	基建拨款
	131	财政周转金放款
	132	借出财政周转金
	133	待处理财政周转金
二、负债类	211	暂存款
	212	与上级往来
	213	已结报支出
	222	借入款
	223	借入财政周转金
三、净资产	301	一般预算结余
	305	基金预算结余
	307	专用基金结余
	321	预算周转金
	322	财政周转基金
四、收入类	401	一般预算收入
	405	基金预算收入
	407	专用基金收入
	411	补助收入
	412	上解收入
	414	调入资金
	425	财政周转金收入

表 2－1(续)

类别	科目编码	科目名称
五、支出类	501	一般预算支出
	505	基金预算支出
	507	专用基金支出
	511	补助支出
	512	上解支出
	514	调出资金
	524	财政周转金支出

第三章　总预算会计资产的核算

资产是一级财政掌管或控制的能以货币计量的经济资源，包括财政性存款、有价证券、暂付及应收款项、预拨款项、财政周转金放款、借出财政周转金以及待处理周转金等。需要注意的是，各级财政部门本身的资产，如固定资产、流动资产，均属于行政单位会计的核算内容。财政总预算会计的资产是各级财政部门代表政府掌管的财政资金。

第一节　财政性存款的核算

一、财政性存款的内容和管理原则

财政总预算会计的财政性存款是财政部门代表政府所掌管的财政资金，包括国库存款及其他财政存款。财政性存款的支配权属于同级财政部门，并由总预算会计负责管理，统一收付。总预算会计在管理财政性存款中，应当遵循以下原则：

(1)集中资金，统一调度；

(2)严格控制存款开户；

(3)根据年度预算或季度分月用款计划拨付资金；

(4)转账结算；

(5)在存款金额内支付，不得透支。

二、财政性存款的核算

为了反映和监督财政性存款的增减变化及其结存情况，各级财政总预算会计应设置“国库存款”“其他财政存款”和“在途款”科目。

【例3-1】 收到国库报来本市级“预算收入日报表”及“缴款书”等原始凭证，列示当日市级预算收入：

借：国库存款

　贷：一般预算收入

【例3-2】 收到国库报来“基金预算收入表”列明的收入：

借：国库存款

　贷：基金预算收入

【例3-3】 收到下级财政上解款：

借：国库存款

　贷：上解收入

【例3-4】 将预算外资金结余调入用来平衡一般预算收支不足：

借：国库存款

　贷：调人资金

【例3-5】 总预算会计办理预算直接支出给某单位经费：

借：一般预算支出

贷:国库存款

【例3-6】 拨付一笔专用基金给某单位用于某一专门项目资金:

借:专用基金支出

贷:其他财政拨款

【例3-7】 在决算期间发现有一笔一般预算收入款未到“国库存款”账上,属于“在途款”:

借:在途款

贷:一般预算收入

【例3-8】 半个月后上笔在途款已收入“国库存款”账户:

借:国库存款

贷:其他财政存款

第二节 有价证券及暂付款、与下级往来和在途核算

一、有价证券的核算

有价证券是由国家指定的证券发行部门依照法定程序发行的,并约定在一定期限内还本付息的信用凭证。各级财政只能用各项结余购买国家指定由地方各级政府购买的有价证券,如国库券、国家重点建设债券。但一般不能购买股票。

为了反映和监督各级财政部门有价证券的购买、兑换及结存情况,需设置“有价证券”科目。该科目借方登记各级政府按国家统一规定用各项财政结余购买的有价证券款;贷方登记到期兑换的有价证券款;余额在借方,反映尚未兑换的有价证券款,即有价证券的实际库存款数。

各级财政购入有价证券时,借记“有价证券”科目,贷记“国库存款”“其他财政存款”科目;到期兑付有价证券时,其兑付本息,借记“国库存款”“其他财政存款”科目,其兑付本金,贷记“有价证券”科目,利息贷记“一般预算收入”“预算外收入”等科目。

【例3-9】 某市财政局根据市政府指令用预算结余购买国家指定的国库券5 000 000元,用预算外结余购入国库券1 000 000元。

借:有价证券	6 000 000	
贷:国库存款		5 000 000
其他财政存款		1 000 000

【例3-10】 上述国库券一年到期,收回本息6 600 000元(利率为10%)。

借:国库存款	5 500 000	
其他财政存款	1 100 000	
贷:有价证券		6 000 000
一般预算收入		500 000
预算外收入		100 000

二、暂付款、与下级往来款的核算

暂付款是指各级财政部门因急需而临时借给所属预算单位或其他有关单位的款项。

暂付款属于债权性质，财政总预算会计应对其及时组织清理，不能长期挂账。暂付款有可能收回，也有可能转化为预算支出。为了核算暂付款业务，财政总预算会计需设置“暂付款”总账科目。财政总预算会计借出款项时，借记该科目，贷记“国库存款”科目；收回或转作预算支出时，借记“国库存款”“一般预算支出”等科目，贷记该科目。该科目应按借款单位和资金性质设置明细账。

【例3－11】 某市财政局向某预算单位发放紧急借款200 000元，用于修理危房教室。

借：暂付款——某预算单位　　200 000

　贷：国库存款　　200 000

【例3－12】 经批准，市财政局对借给该预算单位的200 000元暂付款落实预算，转作一般预算支出。

借：一般预算支出　　200 000

　贷：暂付款　　200 000

与下级往来是指本级财政与下级财政间由于财政体制结算、借给下级财政周转款项等原因而形成的待结算款项。

为核算与下级往来业务，财政总预算会计应设置“与下级往来”总账科目。财政总预算会计计算出财政体制结算中应由下级财政上解给本级财政的款项时，借记该科目，贷记“上解收入”科目；计算出财政体制结算中本级财政应补助给下级财政的款项时，借记“补助支出”科目，贷记该科目，财政总预算会计因特殊情况经批准借给下级财政周转款项时，借记该科目，贷记“国库存款”科目；收回借给下级财政的款项或将借给下级财政的款项转作补助支出时，借记“国库存款”“补助支出”等科目，贷记该科目。该科目借方余额表示下级财政欠本级财政的款项；贷方余额表示本级财政欠下级财政的款项。该科目应按下级财政设置明细账。

【例3－13】 某市财政根据财政体制结算的规定，年终计算出下级某县财政应上解本市财政的一般预算款项计65 000元。

借：与下级往来——某县财政　　65 000

　贷：上解收入　　65 000

【例3－14】 某市财政根据财政体制结算的规定，年终计算出本市财政应补助给下级某区财政的一般预算款项计26 000元。

借：补助支出　　26 000

　贷：与下级往来——某区财政　　26 000

三、在途款核算

在途款是指在国库存款的报解整理期内，财政总预算会计收到的属于上年度的收入、收回的不属于上年度的支出或其他需要作为在途过渡的款项。国库存款的报解整理期通常设定为年度终了后的10天内。在国库存款的报解整理期内，财政总预算会计收到的属于上年度预算收入应记入上年度账，上年度已经拨付不属于上年度的支出应予以收回。

为核算在途款业务，财政总预算会计应设置“在途款”总账科目。财政总预算会计在库款报解整理期内收到的属于上年度收入的款项时，在上年度账上借记该科目，贷记“一般预算收入”“基金预算收入”“国有资本经营预算收入”等科目；同时，在新年度账上借记“国库存款”科目，贷记该科目。收回不属于上年度支出的款项时，在上年度账上借记该科目，贷记"一般预算支出""基金预算支出""国有资本经营预算支出"等科目;同时,在新年度账上借记借记"国库存款"科目,贷记该科目。

【例3-15】 某市财政在国库存款的报解整理期内收到属于上年度的一般预算收入44 000元。

在上年度上:

借:在途款　　44 000

　贷:一般预算收入　　44 000

同时,在新年度上:

借:国库存款　　44 000

　贷:在途款　　44 000

在【例3-15】中,通过上年度账上和新年度账上分别编制会计分录,一般预算收入的增加归入了上年度,国库存款的增加归入了新年度。"在途款"账户在上年度末存在借方余额,与新年度账合并后,余额为零。

【例3-16】 某市财政在国库存款的报解整理期内发现应予以收回上年度的基金预算支出23 000元,该市财政及时收回了款项。

在上年度账上:

借:在途款　　23 000

　贷:基金预算收入　　23 000

同时,在新年度账上:

借:国库存款　　23 000

　贷:在途款　　23 000

在【例3-16】中,通过上年度账上和新年度账上分别编制会计分录,基金预算支出的减少归入了上年度,国库存款的增加归入了新年度。"在途款"账户在上年度末存在借方余额,与新年度账合并后,余额为零。

第三节　拨款和贷款的核算

一、预算拨款的核算

预算拨款是按规定拨给用款单位的待结算资金,包括预拨经费和基建拨款。预拨经费是用预算资金拨付给用款单位(行政事业单位)尚未列为预算支出的经费。基建拨款是拨付给经办基本建设支出的专业银行或拨付基本建设财务管理部门的基本建设拨款和贷款。直接拨给建设单位的基本建设资金,不属于此类拨款。

"预拨经费"科目是用来核算财政部门预拨给行政事业单位,尚未列为预算支出的经费。该科目借方登记财政部门预拨给行政事业单位的经费;贷记登记各主管会计单位汇总的"银行支出款"转列支出和缴回的拨款数;余额在借方,反映尚未转列支出的预拨经费数;该科目按拨款单位设置明细科目。凡拨出经费属于本期支出的不通过"经费拨款"科目核算,直接记入"预算支出"或"预算外支出"等科目。

"基建拨款"科目是用来核算拨付给经办基本建设支出的专业银行或拨付给基本建设财务管理部门的基本建设拨款和贷款数。直接拨给建设单位的基本建设资金,不通过该科目核算。该科目借方登记财政拨出数；贷方登记基本建设银行报来的“银行支出数”（拨付建设单位列报支出数）和缴回财政数；余额在借方，反映已拨入建设银行尚未列报支出的拨款数。该科目应按拨款单位设置明细科目。

【例3-17】某市财政局拨付给市教委教育经费1 000 000元。根据预算拨款凭证回单编制会计分录。

借：预拨经费——市教委　　1 000 000
　贷：国库存款　　1 000 000

【例3-18】 市教委月末报银行支出数快报，汇总本月银行支出数共计950 000元。根据“银行支出数汇总表”编制会计分录：

借：一般预算支出　　950 000
　贷：预拨经费　　950 000

【例3-19】 某市财政局拨存市建设银行基本建设基金2 500 000元。

借：基建拨款　　2 500 000
　贷：国库存款　　2 500 000

【例3-20】 市财政局月末收到建设银行报送本月建行办理的基建支出为2 000 000元。

借：一般预算支出　　2 000 000
　贷：基建拨款　　2 000 000

二、周转金放款的核算

周转金放款分为财政周转金放款、借出财政周转金、待处理财政周转金。

1. 财政周转金放款的核算

财政周转金放款是财政部门直接放款给用款单位的财政有偿资金和拨付给管理有偿资金职能部门的财政有偿资金。

为了核算各级财政部分财政周转金拨出、贷付且收回情况，需设置“财政周转金放款”科目。该科目借方记录财政贷给用款单位的数额；贷方记录收回贷款的数额；余额在借方，反映总预算会计掌握的财政有偿资金放款数。将财政周转金贷给用款单位时，借记“财政周转金放款”科目，贷记“其他财政存款”科目；收回时，借记“其他财政存款”科目，贷记“财政周转金放款”科目。

【例3-21】 某市财政局年初向农业厅提供支农周转金贷款金额为1 000 000元，期限为一年，年利息率为5%。

借：财政周转金放款　　1 000 000
　贷：其他财政存款　　1 000 000

【例3-22】 年末收回该笔财政周转金放款本利和1 050 000元。

借：其他财政存款　　1 050 000
　贷：财政周转金放款　　1 000 000
　　财政周转金收入　　50 000

2. 借出财政周转金的核算

借出财政周转金是指上级财政部门借给下级财政部门周转使用的资金。

【例3-23】 某市财政局根据下级财政部门的申请借给其下级财政部门临时周转金

2 000 000元,期限为一年,年利率为8%。

借:借出财政周转金　　2 000 000

　贷:其他财政存款　　2 000 000

【例3－24】 某市财政局上述借出款按时收回,收到本利和共计为2 160 000元。

借:其他财政存款　　2 160 000

　贷:借出财政周转金　　2 000 000

　　财政周转金收入　　160 000

3. 待处理财政周转金的核算

待处理财政周转金是经审核已经成为呆账,但尚未按规定程序报批核销的逾期财政周转金。

【例3－25】 某市财政局经审核已经确认借给某行政事业单位的借款100 000无法收回。

借:待处理财政周转金　　100 000

　贷:财政周转金放款　　100 000

【例3－26】 上笔呆账按规定程序报经核销。

借:财政周转金　　100 000

　贷:待处理财政周转金　　100 000

第四章 财政总预算会计的负债与净资产的核算

第一节 财政负债的核算

一、负债的概念和内容

财政负债是一级财政所承担的、能以货币计量、需以资产偿付的债务。它包括暂存款、与上级往来款、借入款等。

二、负债的核算

为了加强各级财政部门的负债管理,需设置"暂存款""与上级往来""借入款"和"借入财政周转金"四个负债科目,分别核算财政与预算单位的负债,与上级财政单位的负债和与社会上其他单位和成员的负债。

【例4-1】 某市财政局收到某行政单位送来性质不明的暂收款20 000元。

借:国库存款 20 000
　贷:暂存款 20 000

【例4-2】 后查明上述性质不明的20 000之中有15 000元为该单位合法的罚款收入,另外5 000元为不合法罚款,退回原单位。

借:暂存款 20 000
　贷:一般预算收入 15 000
　　国库存款 5 000

【例4-3】 某市财政局向省财政厅申请一笔借款800 000元获得批准。

借:国库存款 800 000
　贷:与上级往来 800 000

【例4-4】 某市财政局在体制结算中收到应上缴上级财政款项500 000元尚未上缴。

借:国库存款 500 000
　贷:与上级往来 500 000

【例4-5】 某市财政局向上级财政部门申请借入有偿使用的财政周转金1 000 000元,期限为一年,利率为8%。

借:其他财政存款 1 000 000
　贷:借入财政周转金 1 000 000

【例4-6】 上述有偿使用财政周转金到期偿付本息。

借:借入财政周转金 1 000 000
　财政周转金支出 80 000
　贷:其他财政存款 1 080 000

【例4-7】 省财政厅月末同意将上述借款的600 000元作为预算补助款,200 000元归还给省财政厅。

借:与上级往来　　800 000
　贷:上级补助收入　　600 000
　　国库存款　　200 000

【例 4-8】　中央财政按规定程序向全国发行国库券 5 个亿,期限一年,年利息率 10%。中央财政应编制如下会计分录:

借:国库存款　　500 000 000
　贷:借入款　　500 000 000

【例 4-9】　中央财政清偿去年发行的一年期国库券 4 个亿。年利息率 10%。

借:借入款　　400 000 000
　一般预算支出　　40 000 000
　贷:国库存款　　440 000 000

第二节　净资产的核算

一、净资产的内容

净资产是一级政府所掌管的资产净值,即资产总额减去负债总额的剩余部分。财政总预算会计的净资产包括各项结余、预算周转金及财政周转基金等。

结余是指财政年度收入与支出相抵后的余额。财政各项结余包括一般预算结余、基金预算结余和专用基金结余。各项结余必须分别核算,不得混淆。各项结余应每年结算一次。年终将各项收入与相应的支出冲销后,即成为该项资金的当年结余。当年结余加上年年末滚存结余为本年年末滚存结余。

预算周转金是为调剂预算年度内季节性收支差额,保证及时用款而设置的周转资金。预算周转金一般用年度预算结余资金设置、补充或由上级财政部门拨入。

财政周转基金是财政用于有偿使用的资金,在列报财政支出的同时转入。周转金的利息收入(或占用费收入)按规定扣除必要的业务费用后应用于补充财政周转金。

二、净资产的核算

为了反映和监督各级财政净资产的增减变动及结存情况,需按各项净资产分别设置“预算结余”“基金预算结余”“专用基金结余”“预算周转金”“财政周转基金”等科目。

【例 4-10】　某市财政局年终有关收入和支出账户余额为:

项　目	余　额
一般预算收入	50 000 000(贷)
补助收入——一般预算补助	2 000 000(贷)
上解收入	1 000 000(贷)
调入资金	3 000 000(贷)
一般预算支出	45 000 000(借)
补助支出——一般预算补助	1 500 000(借)
上解支出	800 000(借)
基金预算收入	5 000 000(贷)
补助收入——基金预算补助	1 500 000(贷)

基金预算支出　4 000 000(借)

补助支出——基金预算补助　1 200 000(借)

调出资金　500 000(借)

专用基金收入　2 000 000(贷)

专用基金支出　1 800 000(借)

(1) 结转预算收入

借:一般预算收入　50 000 000

　补助收入——一般预算补助　2 000 000

　上解收入　1 000 000

　调入资金　3 000 000

　贷:预算结余　56 000 000

(2) 结转预算支出

借:预算结余　47300 000

　贷:一般预算支出　45 000 000

　　补助支出——一般预算补助　1 500 000

　　上解支出　800 000

(3) 结转基金预算收入

借:基金预算收入　5 000 000

　补助收入——基金预算补助　1 500 000

　贷:基金预算结余　6 500 000

(4) 结转基金预算支出

借:基金预算结余　5 700 000

　贷:基金预算支出　4 000 000

　　补助支出——基金预算补助　1 200 000

　　调出资金　500 000

(5) 结转专用基金收入

借:专用基金收入　2 000 000

　贷:专用基金结余　2 000 000

(6) 结转专用基金支出

借:专用基金结余　1 800 000

　贷:专用基金支出　1 800 000

【例 4-11】 某市财政局按规定设置(提取)用于平衡季节性预算收支差额周转使用的预算周转金 500 000 元。

借:预算结余　500 000

　贷:预算周转金　500 000

【例 4-12】 某市财政局用预算资金 450 000 元(其中一般预算支出 250 000 元,基金预算支出 20 000 元),增补有偿使用周转基金。

借:一般预算支出　250 000

　基金预算支出　200 000

　贷:财政周转基金　450 000

第五章　财政总预算会计收入的核算

财政收入是国家为实现其职能,根据法令和法规所取得的非偿还性资金,是一级财政的资金来源。收入包括一般预算收入、基金预算收入、专用基金收入、资金调拨收入和财政周转金收入等。

第一节　预算收入的核算

一、预算收入的概念和内容

一般预算收入是通过一定的形式和程序,有计划有组织的由国家支配,纳入预算管理的资金。

国家预算收入的主要内容具体体现在国家预算收入科目中(含预算内收入、预算外收入、调拨收入和负债筹资收入)。

二、预算收入组织机构

除各级财政部门组织预算执行外,我国组织预算收入执行的机关主要有税务机关、海关。组织预算支出执行的机关主要有国家开发银行、中国农业银行和有关国家专业银行。国家金库担负着国家预算执行的重要任务,具体负责办理预算收入的收纳、划分和留解,办理预算资金的拨付。我国国家金库由中国人民银行代理。

三、国家金库

1. 国家金库的概念

国家金库是经理国家财政收入支出的出纳机关,简称国库。

国家金库由中国人民银行担任,负责国家预算资金的收纳、划分、留解和拨付业务。其中包含两层意思:

①国家金库是国家财政的“财政库”,是国家财政的总出纳机关。它既不是银行收存金银实物的“实物库”,也不是银行保管货币的“发行库”。

② 国家金库是一个出纳机关,不是单纯的收钱、付钱的现金出纳,而是参与组织和执行国家预算的专门机关。

2. 国家金库的组织机构

具体说,目前国家金库分为总库、分库、中心支库、支库四级,分别由中国人民银行总行、各省(自治区、直辖市)分行,市(地、自治州)中心支行、县(市)支行经理。

3. 国家金库的职责和权限

(1)根据《国家金库条例》的规定,国库的基本职责有:

①办理国家预算收入的收纳、划分和留解;

②办理国家预算支出的拨付;

③向上级国库和同级财政机关反映预算收支执行情况;

④协助财政、税务机关督促企业和其他有经济收入的单位及时向国家缴纳应缴款项，对于屡催不缴的，应依照税法协助扣收入库；

⑤组织管理和检查指导下级国库工作；

⑥办理国家交办的同国库有关的其他工作。

（2）根据《国家金库条例》的规定，主要有以下权限：

①督促检查各经收处和收入机关所收款是否按规定全部缴入国库，发现违规不缴的，应及时查究处理；

②国库对擅自变更各级财政之间收入划分范围、分成留解比例，以及随意调整库款账户之间存款余额的情况，有权拒绝执行；

③国库对不符合国家规定要求办理退库的情况有权拒绝办理；

④监督财政存款的开户和财政库款的支拨；

⑤国库对不符合规定的凭证有权拒绝受理；

⑥国库对任何单位和个人强令办理违反规定的事项，有权拒绝执行，并及时向上级报告。

四、预算收入的执行

国家预算收入的执行是按照年度预算确定的收入任务，在预算执行中去组织实现。

1. 预算收入的缴库方式

确定预算收入的缴库方式，应按照既方便缴纳人完成缴纳预算收入的任务，又有利于预算收入及时入库的原则进行。按现行制度规定，预算收入的缴库方式分别采用就地缴库、集中缴库和税务机关、海关自收汇缴三种形式。

2. 预算收入的缴库方法

预算收入缴库的方法是根据收入的性质和缴款单位的不同情况分别规定的。

各项税收按照国税法规定的税目、计税依据和税率计征，并按照税款缴库的方法缴库。其他预算收入按有关规定执行。

3. 预算收入的划分报解

预算收入的划分报解是指各级国库对已入库的预算收入按预算管理体制关于收入级次的划分和分成比例的规定，向上级国库和各级财政机关报告预算收入执行情况和划解财政库款工作。

划分是把入库的预算收入按照其预算级次分开，属于需分成的预算收入，按规定分成比例，办理预算收入的分成；属于上级的应上解；属于本级的划入本级财政金库。

报解是指国库应及时向各级财政机关报告预算收入的情况、数字，以便各级财政机关掌握预算收入进度以及各级国库在对各级预算收入划分后，要将库款按其所属关系逐级上解到所属财政机关在银行的金库存款账户，以增加其存款数额。

4. 预算收入退库管理

预算收入退库是将已入库预算收入退还给原缴纳单位或缴款人。预算收入缴库后，就成为了国家的预算资金。退库属于减少国家预算资金，因此需要严肃对待。入库的预算资金在一般情况下是不退还的，如有特殊情况需退库，也必须在国家规定的退库范围内并经过一定的审批程序才能办理。

五、预算收入的核算

为了反映和监督各级财政部门组织的纳入预算的各项收入的执行情况,需设置“一般预算收入”科目。该科目贷方记录从国库报来的各项预算收入数,以红字记录亏损补贴和退库数;借方于年终将“一般预算收入”贷方余额全数转入“预算结余”科目;结转后该科目无余额,该科目应按国家预算收入中属于预算内收入的项目设置明细科目。各级财政部门根据国库报来的“预算收入日报”所列当日预算收入数,借记“国库存款”科目,贷记“一般预算收入”科目;当日收入数为负数时,以红字借记“国库存款”科目,贷记“一般预算收入”科目(采用计算机记账的,用负数表示)。年终结账时,将“一般预算收入”科目贷方余额全数转入“预算结余”科目,借记“一般预算收入”科目,贷记“预算结余”科目。

【例5-1】 某市财政局收到国库报来本市市级“预算收入日报表”列示预算收入为800 000元。

借:国库存款　　800 000
　贷:一般预算收入　　800 000

【例5-2】 某市财政局收到国库报来本市市级“预算收入日报表”列示预算收入为负数200 000元。

借:国库存款　　200 000(红字)
　贷:一般预算收入　　200 000(红字)

【例5-3】 某市财政局为弥补煤建公司政策性亏损550 000元,根据国库报来的“预算收入日报表”及所附“收入退还书”付款通知联编制会计分录。

借:国库存款　　550 000(红字)
　贷:一般预算收入——亏损补贴　　550 000(红字)

【例5-4】 某市财政局收到“收入退还书”一份,计应退A单位预算收入80 000元,经批准同意退还。

借:国库存款　　80 000
　贷:一般预算收入　　80 000

【例5-5】 某市财政局原将中央预算收入1 000 000元,误记为本级预算收入,并按40%上解分成已入账。现根据“预算收入日报表”“分成收入计算日报表”及“更正通知书”予以更正。

借:国库存款　　1 000 000
　贷:一般预算收入　　1 000 000
借:上解支出　　400 000
　贷:国库存款　　400 000

【例5-6】 某市财政局将应属于分成的预算收入700 000元,误作为中央预算收入未入账。现根据“预算收入日报表”和“分入计算日报表”及“更正通知书”予以更正(上缴40%)。

借:国库存款　　700 000
　贷:一般预算收入　　700 000
借:上解支出　　280 000
　贷:国库存款　　280 000

六、基金预算收入的核算

基金预算收入是按规定收取,转入或通过当年财政安排,由财政管理并具有指定用途的政府性基金。各级财政部门在核算基金预算收入时,应以缴入国库数或总预算会计实际收到数额为准。为了反映和监督各级财政部门管理的政府性基金预算收入情况,需设置"基金预算收入"科目。该科目贷方记录平时取得的基金预算收入;借方记录年终转入"基金预算结余"科目的数额;平时的余额在贷方,反映财政当年基金预算收入累计数,年终结转后,该科目无余额。

【例5-7】 某市财政局按规定收取、转入或通过当年财政安排,由财政管理并指定有专门用途的政府性基金400 000元。

借:国库存款	400 000	
贷:基金预算收入		400 000

【例5-8】 年终该财政局将"基金预算收入"科目贷方累计余额1 000 000元转入"基金预算结余"科目。

借:基金预算收入	1 000 000	
贷:基金预算结余		1 000 000

七、专用基金收入的核算

专用基金收入是指总预算会计管理的各项专用基金,如粮食风险基金。专用基金收入以总预算会计实际收到数额为准。为了核算各级财政部门按规定设置或取得的专用基金收入,需设置"专用基金收入"科目。该科目贷方记录各级财政按规定设置或取得的专用基金收入;借方记录年终转入"专用基金结余"科目的数额;该科目平时的余额在贷方,反映财政部门当年专用基金收入累计数,年终转账后,无余额。

【例5-9】 某市财政局上年从上级财政部门取得专用基金收入600 000元。

借:其他财政存款	600 000	
贷:专用基金收入		600 000

【例5-10】 某市财政局从本级预算支出安排取得专用基金收入400 000元。

借:其他财政存款	400 000	
贷:专用基金收入		400 000
借:一般预算支出	400 000	
贷:国库存款		400 000

【例5-11】 年终该市财政局将本年专用基金收入累计数200 00元转入"专用基金结余"科目。

借:专用基金收入	200 000	
贷:专用基金结余		200 000

第二节 预算外收入和自筹收入的核算

一、预算外收入的核算

1. 预算外收入的内容

预算外收入是指根据国家财政制度规定，各级财政机关按一定比例征收的不纳入一般预算收入的财政资金。它包括地方公用事业附加、农业税附加、渔业税和渔业建设附加等地区性专项附加以及集中的预算外企业、地方事业单位及其他单位的收入。

2. 预算外收入的核算

为了反映和监督各级财政预算外收入的执行情况，需设置“预算外收入”科目。该科目贷方登记各级财政部门按规定组织的属于地方预算外资金范围的各项收入；借方于年终将累计预算外收入转入“预算外结余”科目的数额，结转后该科目无余额。

【例5－12】 某市财政局收到国库报来的“预算收入日报”上列农业税附加100 000元。

借：其他财政存款　　100 000
　贷：预算外收入　　100 000

【例5－13】 某市财政局收到国库报来“预算收入日报”上列其他预算外收入150 000元。

借：其他财政存款　　150 000
　贷：预算外收入　　150 000

【例5－14】 某市财政局年终将预算外收入累计余额转入“预算外结余”科目。

借：预算外收入　　250 000
　贷：预算外结余　　250 000

二、自筹收入的核算

自筹收入是指地方乡（镇）财政部门根据国家或上级政府的有关规定及本地实际情况，经相关权力部门批准筹集，并由财政部门统一掌握管理的资金。自筹主要包括乡镇企事业单位上缴的收入、支农资金，以及为生产建设、公益事业或公务开支筹集的资金等。凡不纳入财政部门管理的自筹资金，不通过财政总预算会计核算。

为了反映和监督乡镇财政部门自筹收入的执行情况，需设置“自筹收入”科目。该科贷方登记各乡镇财政部门按规定组织的属于乡镇财政自己掌握的自筹收入；借方于年终将本年累计自筹收入转入“自筹结余”科目的数额；结转后，该科目无余额。

【例5－15】 某乡（镇）财政收到A乡（镇）企业上缴的有关收入100 000元。

借：其他财政存款　　100 000
　贷：自筹收入　　100 000

【例5－16】 某乡（镇）财政部门为了扩大A乡（镇）企业的生产规模退还已上缴50 000元收入。

借：其他财政存款　　50 000
　贷：自筹收入　　150 000

【例5-17】 年终某乡(镇)财政部门将本年自筹收入200 000元余额转入“自筹结余”科目。

借:自筹收入　　200 000
　贷:自筹结余　　200 000

第三节　资金调拨收入的核算

一、资金调拨收入的内容

资金调拨收入是根据财政体制规定,在地方与中央、地方与地方各级财政之间进行资金调拨所形成的收入以及本级财政各项资金之间的调拨所形成的收入,包括上级补助收入、下级上解收入和调入资金等。

二、资金调拨收入的核算

为了反映和监督各级财政调拨收入的执行情况,需设置“补助收入”“上解收入”“调入资金”科目。

【例5-18】 某市财政局收到上级财政部门拨来的预算补助收入款600 000元,专项补助或临时补助款200 000元。

借:国库存款　　800 000
　贷:补助收入——预算补助　　600 000
　　补助收入——专用补助　　200 000

【例5-19】 某市财政局收到上级财政部门通知,将原所欠往来款1 000 000元转作预算补助。

借:与上级往来　　1 000 000
　贷:补助收入——预算补助　　1 000 000

【例5-20】某市财政局收到下级财政部门上缴的预算上缴款收入500 000元。

借:国库存款　　500 000
　贷:上解收入　　500 000

【例5-21】 某市财政局收到下级财政单位上缴财政预算款收入400 000元,抵前欠下级财政单位的往来款。

借:与下级往来　　400 000
　贷:上解收入　　400 000

【例5-22】 某市财政局年终根据上级批文从“预算外结余”调出资金700 000元弥补预算收入不足。

借:调出预算外资金(调出资金)　　700 000
　贷:调入资金　　700 000

【例5-23】 某乡(镇)财政部门根据上级批文从“自筹结余”调出100 000元作为弥补赤字。

借:调出自筹资金(调出资金)　　100 000
　贷:调入资金　　100 000

【例 5-24】 某市财政局收到省财政厅返还给本级财政的收入款项 500 000 元。

借:国库存款 500 000

　贷:补助收入 500 000

【例 5-25】 某市财政局年终将“补助收入”科目贷方累计余额 3 500 000 元,“上解收入”科目贷方累计余额 1 800 000 元,“调入资金”科目贷方累计余额 1 700 000 元转入“预算结余”科目。

借:补助收入 3 500 000

　上解收入 1 800 000

　调入资金 1 700 000

　贷:预算结余 7 000 000

三、财政周转金收入

财政周转金收入是指财政部门在办理财政周转金借出或放款业务中收取的资金占用费收入和利息收入等。

为了核算财政周转金借出所收取的占用费和利息收入,需设置“财政周转金收入”科目。该科目贷方记录取得的占用费和利息收入;借方记录年终从“财政周转金支出”科目转入的当年财政周转金支出数;收支相抵后,其差额为当年财政周转金收支结余数,应全数转入“财政周转基金”科目,转账后,该科目无余额。该科目按“占用费收入”和“利息收入”设两个明细科目。

【例 5-26】 某市财政局收到出借财政周转金的利息收入 100 000 元,占用费收入 150 000元。

借:其他财政存款 250 000

　贷:财政周转金收入——占用费收入 1 500 000

　　财政周转金收入——利息收入 100 000

【例 5-27】 年终结转其“财政周转金支出”累计发生额 200 000 元。

借:财政周转金收入 200 000

　贷:财政周转金支出 200 000

【例 5-28】 年终将财政周转金收支相抵后的净收益 50 000 元转入“财政周转基金”科目。

借:财政周转金收入 50 000

　贷:财政周转基金 50 000

如果当年财政周转金收支相抵后为净损失,则按相反的分录结转。

借:财政周转基金 50 000

　贷:财政周转金收入 50 000

第六章 财政总预算会计支出的核算

财政支出是指各级政府为实现其职能,对财政资金的再分配,包括预算支出、预算外支出、自筹支出和调拨支出。

第一节 预算支出概述

一、预算支出的内容

预算支出是指列入各级财政预算,用预算收入安排的各项支出。我国国家预算中对预算支出的分类,体现在预算支出科目中(含预算内支出、预算外支出、调拨支出、偿还负债支出和贷款支出)。

二、预算支出的执行

预算支出的执行,由行政部门负责组织指导和监督,由各支出预算部门和单位具体负责执行。财政部门主管预算资金的分配和供应,各支出预算部门和单位按照预算规定的用途具体负责资金的运用。

1. 预算支出的基本要求

2. 预算拨款原则

3. 预算拨款的办法

库款的支拨方法一般有“划拨资金”和“限额拨款”两种。

(1)划拨资金是财政部门根据主管部门申请,签发拨款凭证,通过国库办理库款支拨手续,将预算资金直接转入用款主管部门的“经费存款户”,再由主管部门开出银行结算凭证将款转拨到所属用款单位“经费存款户”的一种预算拨款方法。该方法一般每月一次或分次拨付。目前地方各级财政部门的预算拨款除基建拨款外,都采用此方法。

(2)限额拨款是财政部门根据主管部门的申请,核定一个用款的额度,给用款单位开出“限额通知书”,分季或分期下达用款额度,并通知申请用款单位和其开户银行。各用款单位又在其限额内从其开户银行支用或转拨所属单位。月末银行根据各单位支取数与财政结算。目前,中央级的行政事业费和基建拨款实行限额拨款方法。

4. 预算支出的核算基础

预算支出的拨款过程涉及预算拨款数、银行支出数和实际支出数三个数字。

第二节 预算支出的核算

财政支出是一级政府为实现其职能,对财政资金的再分配。它包括一般预算支出、基金预算支出、专用基金支出、资金调拨支出和财政周转金支出等。

一、一般预算支出的核算

一般预算支出是国家对集中的预算收入有计划地分配和使用而安排的支出。预算支出项目的具体划分和内容按(国家预算支出科目)规定执行。

为了反映和监督各级财政总预算的执行情况,需设置“一般预算支出”科目。

【例6-1】 某市财政局直接拨给煤建公司煤价补贴款800 000元。

借:一般预算支出　　800 000

　贷:国库存款　　800 000

【例6-2】 某市财政局收到各行政主管部门报来银行支出数快报,汇总本月银行支出数合计1 000 000元。

借:一般预算支出　　1 000 000

　贷:预拨经费　　1 000 000

【例6-3】 某市财政局拨给A行政事业单位基本建设款200万元,根据建行报来的“银行支出数汇总表”编制会计分录。

借:一般预算支出　　2 000 000

　贷:基建拨款　　2 000 000

【例6-4】 某市财政局将预拨给各主管行政事业单位作为行政事业经费3 500 000元转列支出。

借:一般预算支出　　3 500 000

　贷:预拨经费　　3 500 000

【例6-5】 年终某市财政局将“一般预算支出”科目借方余额500 000元全数转入“预算结余”科目。

借:预算结算　　8 000 000

　贷:一般预算支出　　8 000 000

二、基金预算支出的核算

基金预算支出是用基金预算收入安排的各项支出。基金预算支出的会计业务处理,比照预算支出的有关规定办理。

为了核算各级财政部门用基金预算收入安排的支出,需设置“基金预算支出”科目。该科目的借方记录发生的基金预算支出;贷方记录收回支出或冲销转账数;平时余额在借方,反映当年基金支出累计数,年终转入“基金预算结余”科目,结转后,无余额。该科目根据“基金预算支出科目”(不含基金预算调拨支出数)设置明细账。

发生基金预算支出时,借记“基金预算支出”科目,贷记“国库存款”“其他财政存款”等有关科目;支出收回或冲销转账时,作相反的会计分录。年终将“基金预算支出”科目余额全数转账时,借记“基金预算结余”科目,贷记“基金预算支出”科目。

【例6-6】 某市财政局用基金预算收入安排支出500 000元。

借:基金预算支出　　500 000

　贷:国库存款　　500 000

【例6-7】 该市财政局年终将用基金预算收入安排的基金预算支出累计2 000 000元转账。

借:预算结余　　2 000 000
　贷:基金预算支出　　2 000 000

三、专用基金支出的核算

专用基金支出是各级财政用专用基金收入安排的支出。基金预算支出和专用基金支出应按规定的用途开支,并做到先收后支,量入为出,专款专用。

为了核算各级财政部门用专用基金收入安排的支出,需设置“专用基金支出”科目。该科目借方登记发生的专用基金支出数;贷方记录支出收回数;余款在借方,反映专用基金支出累计数,于年终从其贷方全数转入“专用基金结余”科目,转账后,该科目无余额。

发生专用基金支出时,借记“专用基金支出”科目,贷记“其他财政存款”科目;收回支出时,作相反的会计分录。年终结账时,借记“专用基金结余”科目,贷记“专用基金支出”科目。

【例6-8】 某市财政局用专用基金收入安排一项支出600 000元。

借:专用基金支出　　600 000
　贷:其他财政存款　　600 000

【例6-9】 该市财政局年终专用基金支出累计2 500 000元,转账。

借:专用基金结余　　2 500 000
　贷:专用基金支出　　2 500 000

四、预算外支出的核算

预算外支出是用预算外收入安排的各项支出。它是地方各级财政部门从收取的各项附加收入及公用事业收入中安排的相应支出。新《财政总预算会计制度》第十三章附则第七十三条指出:“有关预算外资金的核算,由我部另行发文规定。”为了核算和监督各级财政预算外支出的发生情况,需设置“预算外支出”科目。该科目借方登记各级财政部门用预算外收入安排的支出;贷方于年终将“预算外支出”科目借方余额全数转入“预算外结余”科目。结转后该科目无余额。

【例6-10】 某市财政局用预算外收入向某事业单位拨付一笔款100 000元。

借:预算外支出　　100 000
　贷:其他财政存款　　100 000

【例6-11】 年终某市财政局将“预算外支出”科目累计发生额600 000元转入“预算外结余”科目。

借:预算外结余　　600 000
　贷:预算外支出　　600 000

五、自筹支出的核算

自筹支出是指乡(镇)财政部门用自筹收入安排的支出。为了反映和监督乡(镇)财政部门自筹资金支出的发生情况,需设置“自筹支出”科目。该科目借方登记各乡(镇)财政部门发生的自筹支出数额;贷方于年终将其借方发生额转入“自筹结余”科目的数额;转账后,该科目无余额。

【例6-12】 某乡(镇)财政部门用自筹资金拨给乡农机公司补助款50 000元作为农

机维修。

借:自筹支出 50 000

贷:其他财政存款 50 000

【例6-13】 年终该乡(镇)财政部门将"自筹支出"本年累计发生额200 000元转入"自筹结余"科目。

借:自筹结余 200 000

贷:自筹支出 200 000

六、资金调拨支出的核算

财政调拨支出是根据财政体制规定在中央与地方、地方各组财政之间进行资金调剂以及本级财政各项资金的调拨所形成的支出。它主要包括补助支出、上解支出、调出资金,调出预算外资金和调出自筹资金。

补助支出是本级财政按财政体制规定或因专项需要补助给下级财政的款项及其他转移支付的支出。

上解支出是按财政体制规定由本级财政上缴给上级财政的款项。

调出资金是为平衡一般预算收支而从基金预算的地方财政税费附加收入结余中调出,补充预算的资金。

资金调拨支出按上级财政部门的规定或实际发生数记账。

【例6-14】 某市财政局开出"拨款通知",对其下级财政拨出预算补助款1 500 000元。

借:补助支出 1 500 000

贷:国库存款 1 500 000

【例6-15】 某市财政局收到国库报来"预算收入日表",其列明分成收入1 000 000元,上缴30%,自留70%。

借:国库存款 1 000 000

贷:一般预算收入 1 000 000

借:上解支出 300 000

贷:国库存款 300 000

【例6-16】 某市财政部门为弥补预算收支不足,调出预算外资金700 000元。

借:调出预算外资金 700 000

贷:调入资金 700 000

借:国库存款 700 000

贷:其他财政存款 700 000

【例6-17】 某乡(镇)财政部门用自筹资金30 000元弥补预算收支差额。

借:调出自筹资金 30 000

贷:调入资金 30 000

借:国库存款 30 000

贷:其他财政存款 30 000

【例6-18】 某市财政局通知下级财政部门,将原欠本财政局的往来款1 200 000元转作预算补助款。

借:补助支出——一般预算补助　　1 200 650

　贷:与下级往来　　1 200 000

【例6-19】 某市财政局年终将“补助支出”借方余额3 000 000元,“上解支出”借方余额2 400 000元,“调出预算外资金”借方余额500 000元,转入“预算结余”科目和“预算外结余”科目。

借:预算结余　　5 400 000

　预算外结余　　500 000

　贷:补助支出——一般预算补助　　3 000 000

　　上解支出　　2 400 000

　　调出预算外资金　　500 000

七、财政周转金支出

财政周转金支出是指地方财政部门从上级借入财政周转金所支付的占用费以及周转金管理使用过程中按规定开支的相关费用。财政周转金支出按实际支付数额记账。

为了核算各级财政借入上级财政周转金支付的占用费及周转金管理支付的相关支出,需要设置“财政周转金支出”科目。该科目借方记录因借入上级财政周转金而支付的资金占用费,委托银行放款支付的手续费以及经财政部门确定的有关费用支出;贷方记录于年终将其全年支出转入“财政周转金收入”的数额;转账后,该科目无余额。

【例6-20】 某市财政局从上级财政部门申请借入财政周转金款项1 000 000元,按规定年利率5%支付利息50 000元。

借:财政周转金支出　　50 000

　贷:其他财政存款　　50 000

【例6-21】 某市财政局委托银行放款给下级财政部门或其他单位支付委托费10 000元。

借:财政周转金支出　　10 000

　贷:其他财政存款　　10 000

【例6-22】 该市财政局年终将财政周转金支出累计额150 000元转账。

借:财政周转金收入　　150 000

　贷:财政周转金支出　　150 000

第七章　财政总预算会计报表

财政总预算会计报表，是反映各级政府财政预算收支情况及其结果的定期书面报告，是各级政府、上级财政部门、各级人民代表大会和社会公众了解情况、掌握政策、指导和监督预算执行工作的重要资料，也是编制下半年财政预算的基础。

财政总预算会计报表可以划分为不同的种类。按其性质分类，可以分为资产负债表、预算执行情况表、财政周转金报表；按其编报的日期分类，可分为旬报、月报和年报；按包括的内容范围分类，可分为本级报表和汇总报表。

第一节　资产负债表

一、资产负债表及其格式

财政总预算会计的资产负债表是反映一级政府财政在某一特定时日实际财力状况的会计报表，是一级政府财政在执行财政总预算后财力状况结果的反映。按照编报的时间，资产负债表可分为月报和年报两种，分别反映月报和年报一级政府财政的实际财力状况。

1.月报的格式

由于财政总预算会计各月份末不结转各项收支科目的余额，待年终一次将各项收支科目的余额结转至有关的净资产科目，以反映一级财政年终财政收支的平衡情况和财力状况。因此，财政总预算会计编制的资产负债表月报就采用了“资产＋支出＝负债＋净资产＋收入”的平衡公式，即在资产负债表的月报中除了资产、负债和净资产会计要素外，还有收入和支出两个会计要素。其格式如表7－1所示。

表7－1　资产负债表(月报)

编辑单位：年　月　日　　　　　　　　　　　　　　　　　　　　金额单位：万元

资产部类			负债部类		
科目名称	年初数	期末数	科目名称	年初数	期末数
资产：			负债：		
国库存款			暂存款		
其他财政存款			与上级往来		
有价证券			借入款		
在途款			借入财政周转金		
暂付款			负债合计		
与下级往来			净资产：		
预拨经费			预算结余		
基建拨款			基金预算结余		
财政周转金放款			国有资本经营预算结余		
借出财政周转金			专用基金结余		
待处理财政周转金			预算周转金		
资产合计			财政周转基金		
			净资产合计		

表 7－1(续)

资产部类			负债部类		
科目名称	年初数	期末数	科目名称	年初数	期末数
支出：			收入：		
一般预算支出			一般预算收入		
基金预算支出			基金预算收入		
国有资本经营预算支出			国有资金经营预算收入		
专用基金支出			专用基金收入		
补助支出			补助收入		
上解支出			上解收入		
调出资金			调入资金		
财政周转金支出			财政周转金收入		
支出合计			收入合计		
资产部类总计			负债部类总计		

2. 资产负债表年报的格式

由于财政总预算会计在年末已将各项收支账户的余额结转至有关的净资产账户，各项收支账户的余额已为零，一级财政的年度预算收支平衡工作也已告一段落，因此，资产负债表年报也就只有资产、负债和净资产这三个会计要素，不再有收入和支出这两个会计要素。资产负债表年报的平衡公式为“资产 = 负债 + 净资产”，其格式如表 7－2 所示。

表 7－2　资产负债表(年报)

资产部类					负债部类				
科目名称	年初数		期末数		科目名称	年初数		期末数	
	合计	其中：本级	合计	其中：本级		合计	其中：本级	合计	其中：本级
资产：					负债：				
国库存款					暂存款				
其他财政存款					与上级往来				
有价证券					借入款				
在途款					借入财政周转金				
暂付款					负债合计				
与下级往来					净资产：				
预拨经费					一般预算结余				
基建拨款					基金预算结余				
财政周转金放款					国有资本经营预算结余				
借出财政周转金					专用基金结余				
待处理财政周转金					预算周转金				
资产合计					财政周转基金				
					净资产合计				
资产部类总计					负债部类总计				

3.资产负债表的编制

财政总预算会计在编制基础负债表时,应当根据资产、负债、净资产类科目的期末余额填列。

如果财政周转金由专门的机构管理,财政周转金的内容也可以单独编制资产负债表,即资产负债表中将不再有财政周转金的相应内容。

在编报汇总资产负债表时,财政总预算会计应将本级财政的“与下级往来”科目与下级财政的“与上级往来”科目等核对无误后相互抵销,以免重复汇总。

第二节　预算执行情况表

预算执行情况表示反映各级政府财政总预算收支执行情况及其结果的定期书面报告。按编报时间,预算执行情况表可分为旬报、月报和年报等。

一、旬报

旬报是反映各月各旬预算收支执行情况的报表。旬报于每月上旬、中旬、下旬各报一次。旬报项目一部只列报收支总数及一些主要大类数。上旬旬报列报本旬发生数;中旬旬报列报本旬发生数,需要时,同时列报上旬、中旬两旬的累计发生数;下旬旬报列报本旬发生数,需要时,同时列报上旬、中旬、下旬三旬的累计发生数。根据需要,旬报的内容还可以增加去年同期数、比去年同期增加或减少数、比去年同期增加或减少百分比等专列,以进一步丰富旬报的报告内容。

旬报要求及时、迅速。县级财政的旬报一般要求在旬后一日内上报上级财政部门,省级财政的旬报一般要求在旬后3日内上报财政部。各级财政部门在收到下级财政部门上报的旬报后,应将其与本级旬报进行汇总。汇总时,应将上下级财政之间的对应科目进行抵销。各级财政部门应将经汇总后的旬报上报上级财政部门。

旬报的具体内容和编制方法由财政部根据情况制定,并逐级布置。地方政府使用的旬报一般格式如表7－3所示。

表7－3　预算收支旬报

项目	金额(万元)	说明
一般预算收入合计		
国内增值税 消费税 营业税 企业所得税 ……		

表 7－3(续)

项目	金额(万元)	说明
一般预算支出合计		
一般公共服务 外交 国防 ……		
基金预算收入		
基金预算支出		

在表 7－3 中,“一般预算收入合计”栏反映一般预算收入实现的总数。一般预算收入的具体项目,以《政府收支分类科目》中的一般预算收入科目为依据,大多是以款级科目来反映,也有少数以项级科目来反映。“一般预算支出合计”栏反映一般预算支出发生总数。一般预算支出的具体项目,以《政府收支分类科目》中的一般预算支出科目为依据,直接以一般预算支出的类级科目来反映。同时,一般预算支出与一般预算收入仅指会计核算的一般预算支出与一般预算收入。基金预算收入和基金预算资金支出在表中设置专栏以合计数的形式反映。

二、月报

月报是反映各级政府财政每年各月预算收支执行情况的报表。月报主要反映当月预算收支的实际数额。根据需要,月报的内容还可以增加至本月止本年累计数、完成年度预算百分比、去年同期数、比去年同期增加或减少数、比去年同期增加或减少百分比等专列,以进一步丰富月报的报告内容。

月报可分为一般预算收入月报、一般预算支出月报、基金预算收支月报、国有资本经营预算支出月报。其中,一般预算收入月报反映各月一般预算收入的实际情况;一般预算支出月报反映各月一般预算支出的发生情况;基金预算收支月报反映各月基金预算收支的取得和发生情况。财政总预算会计也可以将一般预算收支、基金预算收支和国有资本运营预算收支进行合并,编报财政总预算收支月报。

月报的列报内容一般比旬报详细。通常情况下,月报要求列报到《政府收支分类科目》中“项”级科目,有些还要求列报到“目”级科目。月报在报送时,还需要附上本月收支预算执行情况的文字说明。各级财政部门在收到下级财政部门上报的月报后,应将其与本级月报进行汇总,然后将汇总的月报上报上级财政部门。月报的报送也须及时,省级财政部门一般要求在月后5 日内将一般预算收支月报报送到财政部。月报的具体内容和编制方法由财政部根据情况制定,并逐级布置。

一般预算收入月报、一般预算支出月报、基金预算收支月报和国有资本经营预算收支月报的参考格式分别如表 7－4 、表 7－5、表 7－6 和表 7－7 所示。

表7-4 一般预算收入月报

编报单位:某市财政局 年 月 金额单位:元

科目编码				科目名称	本月金额	至本月止本年累计	说明
类	款	项	目				
101				税收收入			
	01			增值税			
		01		国内增值税			
		1	01	国有企业增值税			
			02	集体企业			
			03	股份制企业增值税			
			04	联营企业增值税			
			05	港澳台和外商投资企业增值税			
			06	私营增值税			
			19	其他增值税			
			20	增值税税款滞纳金、罚款收入			
			21	福利企业增值税退税			
				……			
	02			消费税			内
		01		国内消费税			
		02		进口产品消费税			
	03			营业税			
		01		铁道营业税			
		02		金融保险业营业税(中央)			
		03		金融保险业营业税(地方)			
		04		一般营业税			
				……			
		04		企业所得税			
			01	国有冶金工业企业所得税			
			02	国有有色工业企业所得税			
			03	国有煤炭工业企业所得税			
			04	国有电力工业企业所得税			
			05	国有石油和化学工业企业所得税			
			06	国有机械工业企业所得税			
				……			
		05		工业企业所得税退税			

表 7－4(续)

科目编码				科目名称	本月金额	至本月止本年累计	说明
类	款	项	目				
			01	国有冶金工业企业所得税退税			
			02	国有有色金属工业企业所得税退税			
			03	国有煤炭工业企业所得税退税			
			04	国有电力工业企业所得税退税			
			05	国有石油和化学工业企业所得税退税			
			06	国有机械工业企业所得税退税			
				……			
	06			个人所得税			
		01		个人所得税			
		02		个人所得税税款滞纳金、罚款收入			
				……			
	07			资源税			
		01		海洋石油资源税			
				……			
	08			固定资产投资方向调节税			
		01		国有企业固定资产投资方向调节税			
				……			
	09			城市维护建设税			
		01		国有企业城市维护建设税			
				……			
		10		房产税			
				国有企业房产税			
	11			印花税			
		01		证券交易印花税			
				……			
	12			城镇土地使用税			
		01		国有企业城镇土地使用税			
				……			
		13		土地增值税			
			01	国有企业土地增值税			
				……			
		14		车船税			

表7-4(续)

科目编码				科目名称	本月金额	至本月止本年累计	说明
类	款	项	目				
		15		船舶吨税			
		16		车辆购置税			
		17		关税			
		18		耕地占用税			
		19		契税			
		20		烟叶税			
		99		其他税收收入			
	103			非税收入			
	02			专项收入			
		01		排污费收入			
		02		水资源收入			
		03		教育费收入			
				……			
		04		行政事业性收费收入			
			01	公安行政事业性收费收入			
			02	法院行政事业性收费收入			
			03	司法行政事业性收费收入			
			04	外交行政事业性收费收入			
			05	工商行政事业性收费收入			
				……			
		05		罚没收入			
			01	一般罚没收入			
			01	公安罚没收入			
			02	检察院罚没收入			
			03	法院罚没收入			
			04	工商罚没收入			
				……			
		02		缉私罚没收入			
	06			国有资产经营收入			
		01		利润收入			
		02		股利股息收入			
				……			

表 7-4(续)

科目编码				科目名称	本月金额	至本月止本年累计	说明
类	款	项	目				
	07			国有资源(资产)有偿使用收入			
		01		海域使用金收入			
		02		场地和矿区使用费收入			
				……			
	99			其他收入			
				一般预算收入合计(本级财政一般预算收入)			
110				转移性收入			
	01			返还性收入			
	02			一般转移支付收入			
	03			专项转移支付收入			
	09			调入资金			
				……			
				一般预算收入总计			

表 7-5 一般预算支出月报

编辑单位:某市财政局 年 月 金额:元

科目编码			项目	本月金额	至本月止本年累计
类	款	项			
201			一般公共服务		
	01		人大事务		
		01	行政运行		
		02	一般行政事务管理		
		03	机关服务		
		04	人大会议		
		05	人大立法		
		06	人大监督		
			……		
	02		政协事务		
	03		政府办公厅(室)及相关机构事务		
	04		发展与改革事务		

表 7－5（续）

科目编码			项目	本月金额	至本月止本年累计
类	款	项			
	05		统计信息事务		
	06		财政事务		
	07		税收事务		
	08		审计事务		
	09		海关事务		
	10		人力资源事务		
	11		纪检监察事务		
	12		人口与计划生育事务		
			……		
202			外交		
	01		外交管理事务		
	02		驻外机构		
			……		
203			国防		
	01		现役部队		
			……		
204			公共安全		
	01		武装警察		
	02		公安		
	03		国家安全		
	04		检察		
	05		法院		
			……		
205			教育		
	01		教育管理事务		
	02		普通教育		
		01	学前教育		
		02	小学教育		
		03	初中教育		
		04	高中教育		
		05	高等教育		
			……		
	03		职业教育		

表 7－5(续)

科目编码			项目	本月金额	至本月止本年累计
类	款	项			
	04		成人教育		
			……		
206			科学技术		
	01		科学技术管理事务		
	02		基础研究		
	03		应用研究		
	04		技术研究与开发		
			……		
207			文化体育与传媒		
	01		文化		
	02		文物		
	03		体育		
	04		广播影视		
			……		
208			社会保障和就业		
	01		社会保障和就业管理事务		
	02		民政管理事务		
	03		财政对社会保险基金的补助		
			……		
210			医疗卫生		
	01		医疗卫生管理事务		
	02		公立医院		
		01	综合医院		
		02	中医(民族)医院		
			……		
	03		基层医疗卫生机构		
	04		公共卫生		
			……		
211			环境保护		
	01		环境保护管理事务		
	02		环境监测与监察		
	03		污染防治		
	04		自然生态保护		

表 7－5(续)

科目编码			项目	本月金额	至本月止 本年累计
类	款	项			
			……		
212			城乡社区事务		
	01		城乡社区管理事务		
	02		城乡社区规划与管理		
	03		城乡社区公共设施		
			……		
213			农林水事务		
	01		农业		
	02		林业		
	03		水利		
	04		南水北调		
			……		
214			交通运输		
	01		公路水路运输		
	02		铁路运输		
			……		
215			采掘电力信息等事务		
	01		采掘业		
	02		制造业		
	03		建筑业		
	04		电力监管支出		
	05		工业和信息产业监管支出		
			……		
216			粮油物资储备管理等事务		
	01		粮油事务		
	02		商业流通事务		
	03		物资储备		
			……		
217			金融监管等事务支出		
	01		金融部门行政支出		
	02		金融部门监管支出		
			……		
218			地震灾后恢复重建支出		
	01		倒塌毁损民房恢复重建		
	02		基础设施恢复重建		

表7-5(续)

科目编码			项目	本月金额	至本月止本年累计
类	款	项			
		01	公路		
		02	桥梁		
		03	铁路路网		
		04	机场		
			……		
	03		公益服务设施恢复重建		
		01	学校和其他教育设施		
		02	医院及其他医疗卫生食品药品监管设施		
			……		
	04		农业林业恢复生产和重建		
		01	农业生产资料补助		
			……		
	05		工商企业恢复生产和重建		
		01	项目投资补助		
			……		
	06		党政机关恢复重建		
	07		军队武警恢复重建支出		
			……		
228			国债还本付息支出		
	08		国内债务付息		
	09		国外债务付息		
			……		
229			其他支出		
			一般预算支出合计(本级财政一般预算支出)		
230			转移性支出		
	01		返还性支出		
	02		一般性转移支付		
	03		专项转移支付		
	08		调出资金		
			……		
			一般预算支出总计		

表 7－6　基金预算收支月表

编报单位:某市财政局　年　月　　　　　　　　　　　　　　　　　金额单位:元

科目编码				科 目 名 称	本月金额	科目编码			科目名称	本月金额
类	款	项	目			类	款	项		
				政府性基金收入					教育	
101	01		27	地方教育附加收入		205	10		地方教育附加收入	
								01	农村中小学校舍建设	
								02	农村中小学教学建设	
								03	城市中小学校舍建设	
103	01	61		学校收费		205	12		学校收费支出	
			01	教育部门普通高中学费				01	教育部门普通高中学费支出	
			02	教育部门普通高中住宿费				02	教育部门普通高中学费支出	
									城乡社区事务	
103	01	44		城市公用事业附加收入		212	09		城市公用事业附加支出	
								01	城市公共设施	
								02	城市环境卫生	
								03	公有房屋	
								04	城市防洪	
103	01	47		国有土地收益基金收入		212	10		国有土地收益基金支出	
								01	征收土地收益基金支出	
								02	土地开发支出	
103	01	59							交通运输	
						214	01	70	车辆通行费(公路还贷)	
									车辆通行费支出(政府还贷 公路养护)	
									车辆通行费支出(政府还贷 公路管理)	
103	01	99		民航机场管理建设费收入		214	03	70	民航机场管理建设费收入(民航机场建设)	
									民航机场管理建设费收入(空管系统建设)	
									民航机场管理建设费收入(民航安全)	
				……					……	
				基金预算收入合计					基金预算支出合计	

表 7－7　国有资本经营预算收支月报

编报单位:某市财政局　年　月　　　　　　　　　　　　　　　　　　　　金额单位:元

科目编码				科目名称	本月金额	科目编码			科目名称	本月金额
类	款	项	目			类	款	项		
103				非税收入		213			农林水事务	
	06			国有资本经营收入			01		农业	
		01		利润收入				51	农业国有资本经营预算支出	
			05	电力企业利润收入			02		林业	
			13	运输企业利润收入			03		水利	
			21	建材企业利润收入		214			交通运输	
				……			01		公路水路运输	
		02		股利股息收入			03		民用航空运输	
			02	国有控股公司股利股息收入	215				采掘电力信息等事务支出	
			13	国有参股公司股利股息收入			01		采掘业	
				……			02		制造业	
		03		产权转让收入					……	
			04	国有股权股份转让收入		216			粮油物资储备管理等事务	
				……			02		商业流通事务	
		04		清算收入					……	
				……					……	
				国有资本经营预算收入合计					国有资本经营预算支出合计	

三、年报

财政总预算会计编制的预算执行情况表的年报是反映各级政府财政年度预算收支执行情况的报表。一般由一般预算收支决算总表、一般预算收支决算明细表、一般预算支出决算明细表、基金预算收支决算总表和基金预算收支决算明细表、国有资产经营预算收支决算总表和国有资本经营预算收支决算明细表等组成。财政总预算会计编制预算执行情况表年报时,要求根据财政部届时制定的有关规定办理。

1．一般预算收支决算总表

一般预算收支决算总表是反映各级政府一般预算预决算收入和预决算支出总体情况的会计报表,它是各级政府财政收支决算的主体报表。一般预算收支决算总表的参考格式如表 7－8 所示。

表 7－8 一般预算收支决算总表

编表单位： 年度 金额单位：元

收入			支出		
预算科目	预算数	决算数	预算科目		
一、税收收入			一、一般公共服务		
增值税			二、外交		
消费税			三、国防		
营业税			四、公共安全		
企业所得税			五、教育		
企业所得税退税			六、科学技术		
个人所得税			七、文化体育与传播		
资源税			八、社会保障和就业		
固定资产投资方向调节税			九、医疗卫生		
			十、环境保护		
城市维护建设税			十一、城乡社区事务		
房产税			十二、农林水事务		
印花税			十三、交通运输		
城镇土地使用税			十四、采掘电力信息等事务		
土地增值税					
车船税			十五、粮油物资储备管理等事务		
船舶吨税					
车辆购置税关税			十六、金融监管等事务		
关税			十七、地震灾害恢复重建支出		
耕地占用税					
契税			十八、国债还本付息支出		
烟叶税			十九、其他支出		
其他税收收入					
二、非税收收入					
专项收入					
行政事业性收费收入					
罚没收入					
国有资本经营收入					
国有资源（资产）有偿使用收入					
其他收入					
本年收入合计			本年支出合计		
转移性收入			转移性支出		
上年结余收入			补助支出		
补助收入			上解支出		
上解收入			调入资金		
调入资金			年终结余		
收入总计			支出总计		

一般预算收支决算总表应按《政府收支分类科目》中的一般预算收支科目分类填列预算数和决算数。其中,预算数根据当年安排的收支预算数额填列,决算数根据年终结算前有关预算收入和预算支出明细账中的全年实际支出数填列。

各级财政总预算会计在编报一般预算收支决算总表时,应先编出本级财政的一般预算决算总表,然后将本级财政的一般预算收支决算总表与经审核无误的所属下级财政的一般预算收支决算总表进行汇总,编出本级财政汇总的一般预算收支决算总表。在编报汇总的一般预算收支决算总表时,财政总预算会计应将本级财政的"上解收入"科目与所属下级的"财政的上解收入"科目、本级财政的"补助支出"科目与所属下级财政的"补助支出"科目等核对无误后相互抵销,以免重复汇总。经抵销后,在本级政府财政编报的汇总一般预算收支决算总表中,转移性收入中将不再有上解收入项目,转移性支出中不再有补助支出项目。

2. 一般预算收入决算明细表和一般预算支出决算明细表

(1) 一般预算收入决算明细表

一般预算收入决算明细表是反映各级财政部门决算一般预算收入明细情况的报表。该表的数字应根据财政总预算会计登记的一般预算收入明细账的全年预算收入数填列。在该表中,预算科目一般需要填列到"一般预算收入"科目的"项"级科目,对于诸如"增值税"等科目还需要填列到"一般预算收入"科目中的"目"级科目。一般预算收支决算明细表的一般格式可参照一般预算收入月报。一般收入决算明细表的具体内容和编制方法,应根据财政部有关决算报表的规定办理。

(2) 一般预算支出决算明细表

一般预算支出决算明细表是反映各级财政部门决算支出明细情况的报表。该表的数字应根据财政总预算会计登记的一般预算支出明细账的全年预算支出数填列。在该表中,预算科目一般需要填列到一般预算支出科目的"款及"科目。一般预算支出决算明细表的一般格式可参考一般预算支出月报。一般预算支出决算明细表的具体内容和编制方法,应根据财政部有关决算报表的规定办理。

3. 基金预算收支决算总表和基金预算收支明细表

(1)基金预算收支决算总表

基金预算收支决算总表是反映各级财政部门管理的政府性基金决算收入、决算支出以及决算结余总体情况的报表。基金预算收支决算总表的一般格式如表7－9所示。

表7－9　基金预算收支决算总表

编报单位:某市财政局　　　　年度　　　　金额单位:元

收入			支出		
预算科目	预算数	决算数	预算科目	预算数	决算数
政府性基金收入			教育		
地方教育附加收入			地方教育附加支出		
学校收费			学校收费支出		
教育考试教务费收入			教育考试教务费支出		

表 7－9（续）

收入			支出		
预算科目	预算数	决算数	预算科目	预算数	决算数
			文化体育与传媒		
文化事业建设费收入			文化事业建设费支出		
国家电影事业发展专项收入			国家电影事业发展专项支出		
			社会保障和就业		
残疾人就业保障金收入			残疾人就业保障金支出		
残疾人就业保障金收入			残疾人就业保障金支出		
			城乡社区事务		
政府住房基金收入			政府住房基金支出		
国有土地使用权出让金收入			国有土地使用权出让金支出		
城市公用事业附加收入			城市公用事业附加支出		
			农林水事务		
育林基金收入			育林基金支出		
育林基金收入			育林基金支出		
地方水利建设基金收入			地方水利建设基金支出		
			交通运输		
转让政府还贷道路收费权收入			转让政府还贷道路收费权支出		
车辆通行费			车辆通行费支出		
铁路建设基金收入			铁路建设基金支出		
民航基础设施建设基金收入			民航基础设施建设基金支出		
……			……		
本年收入合计			本年支出合计		
政府性基金补助收入			政府性基金补助支出		
政府性基金上解收入			政府性基金上解支出		
政府性基金调入资金			政府性基金调出资金		
政府性基金上年结余收入			政府性基金年终结余		
收入总计			支出总计		

基金预算收支决算总表应按《政府收支分类科目》中的基金预算收支科目分类填列预算数和决算数。其中，预算数根据当年安排的基金预算收支数填列，预算数根据年终结账前基金预算收入明细账和基金明细账中的全年预算收入数和全年预算支出数填列。

财政总预算会计在汇总本级基金预算总表与下级基金预算收支决算总表时，应将本级财政与下级财政之间的对应科目相互冲销。基金预算收支决算总表中的各项收入数和支出数对基金收支明细表中的有关数字起统驭作用。基金预算收支决算总表的具体内容和编制方法,根据财政部有关决算编报的规定办理。

(2)基金预算支出决算明细表

基金预算支出决算明细表是反映各级财政部门管理的政府性基金决算收入和决算支出明细情况的报表。该表的数字应根据财政总预算会计登记的基金预算收入明细账和基金预算支出明细账的数字填列。基金预算支出决算明细表的一般格式可参照基金预算收支月报。

4. 国有资本经营预算收支决算表

国有资本经营预算收支决算表是反映各级政府财政国有资本经营预算决算收入、决算支出以及决算结余情况的报表。国有资本经营预算收支决算表的一般格式如表7-10所示。

表7-10 国有资本经营预算收支决算表

编报单位:某市财政局 年度 金额单位:元

收入			支出		
预算科目	预算数	决算数	预算科目	预算数	决算数
一、利润收入			一、农林水事务		
电力企业利润收入			农业		
运输企业利润收入			林业		
建材企业利润收入			水利		
……			二、交通运输		
二、股利股息收入			公路水路运输		
国有控股公司股利股息收入			民用航空运输		
国有参股公司股利股息收入			三、采掘电力信息等事务支出		
……			采掘业		
三、产权转让收入			制造业		
国有股权股份转让收入			建筑业		
……			……		
四、清算收入			四、粮油物资储备管理等事务		
国有股权股份清算收入			商业流通事务		
			旅游业管理与服务支出		
			……		
			五、地震灾后恢复重建支出		
			工商企业恢复生产和重建		

表 7－10(续)

收入			支出		
预算科目	预算数	决算数	预算科目	预算数	决算数
国有资本经营预算收入合计			国有资本经营预算支出合计		
转移性收入			转移性支出		
地震灾后恢复重建补助收入			地震灾后恢复重建补助支出		
调入资金			调出资金		
国有资本运营预算收入总计			国有资本运营预算支出总计		

国有资本运营预算收支决算表应按《政府收支分类科目》中的国有资本经营预算收支科目分类填列预算数和决算数。其中,预算数根据当年安排的国有资本经营预算收支数填列,决算数根据年终结账前总预算会计编制的国有资本经营预算收入明细账和国有资本经营预算支出明细账中的全年收入数和全年实际支出数填列。

各级财政总预算会计在编报国有资本预算收支决算表时,应先编出本级财政的国有资本经营预算收支决算表,然后将本级财政的国有资本经营预算收支决算表与经审核无误的所属下级财政的国有资本经营预算收支决算表进行汇总,编出本级财政汇总的国有资本经营预算收支决算表。

四、基本数字表

基本数字表反映行政单位、事业单位年末机构和人员情况,按支出功能分类的类、款科目填列,其格式如表 7－11 所示。机构应填列在主要支出功能下,人员按实际开支基本工资的支出功能和科目填列,其他科目不再重复。

表 7－11　基本数字表　　单位:个、人

预算科目	年末机构个数(个)	年末人数					其中:															年末学生人数
		合计	在职人员	离休人员	退休人员	其他人员	小计	在职人员	离休人员	退休人员	其他人员	小计	在职人员	离休人员	退休人员	其他人员	小计	在职人员	离休人员	退休人员	其他人员	
一般公共服务																						
人大事务																						
政协事务																						
政府办公厅(室)及相关机构事务																						

表 7－11（续）

预算科目	年末机构个数（个）	年末人数					其中：																年末学生人数
		合计	在职人员	离休人员	退休人员	其他人员	小计	在职人员	离休人员	退休人员	其他人员	小计	在职人员	离休人员	退休人员	其他人员	小计	在职人员	离休人员	退休人员	其他人员	
发展与改革事务																						
……																						
其他支出（类）																						
其他政府性基金支出																						
其他支出（款）																						
合计																						

第三节　财政周转金报表

财政周转金报表由三张表组成，即财政周转金收支情况表、财政周转金投放情况表和财政周转基金变动情况表。

一、财政周转金收支情况表

该表用于反映各级财政周转金收入、支出及结余情况。该表分为左右两方，左方反映财政周转金利息收入、占用费收入情况；右方反映周转金占用费、业务费支出情况。各项收支应按具体项目填列。该表编报要求按照财政部规定办理。财政周转金收支情况表基本格式如表 7－12 所示。

表 7－12　财政周转金收支情况表

财政周转金收入		财政周转金支出	
项目	金额	项目	金 额
利息收入		占用费支出	
占费用收入		业务费支出	
收入合计		支出合计	

二、财政周转金投放情况表

财政周转金投放情况表是反映年度财政周转金规模、周转金放款、借出及收回情况的报表。财政周转金投放情况表的格式如图表7－13所示。

表7－13 财政周转金投放情况表

金额单位:元

项目	年初数	本期增加数	本期减少数	期末数	项目	年初数	本期借(放)出数	本期回收数	期末数
财政周转基金					财政周转基金放款				
向上级借入					1.				
					2.				
					借出财政周转金				
					1.				
					2.				
合　计					合　计				

该表包括三方面内容:一是一级财政周转金拥有的财力,包括本级财政设置的周转基金、向上级财政借入的周转金、其他可能发生可以用作周转的资金,均在该表的左方列示;二是财政周转金的放款数,要求按归口部门分列;三是借给下级财政的周转金,要求按归口部门或下级财政部门列示。三方面的数额分别来自总账“财政周转金”“借入财政周转金”“财政周转金放款”及“借出财政周转金”各账户及其明细账。“年初数”列示年初时上年转入数;“本期增加数”列示贷方发生额;“本期借(放)出数”列示借方发生额;“本期减少数”列示借方发生额;“本期回收数”列示贷方发生额。年初数＋本期增加数(或放出、借出数)－减少数(或回收数)＝期末数。

三、财政周转基金变动情况表

财政周转基金变动情况表是反映财政周转金年度内增减变化情况的报表。其格式如表7－14所示。

表 7-14　财政周转基金变动情况表

金额单位:元

项目	金额	项目	金额
财政周转金年初数			
本年预算安排 1. 2. ……			
本年占用费及利息收入			
上级拨入			
其他增加 1. 2. ……			
财政周转金期末数		待处理财政周转金期末数	

表 7-14 中数字应根据总账中“财政周转金”和“待处理财政周转金”两个科目及其明细账填列。引起“财政周转基金”总额当年增减变动情况的项目,主要有“本年预算安排数”“本年占用费及利息转入”“上级拨入”和“其他”等几个方面。“其他”项目是指由其他各方面转入的资金,其中也包括当年核销待处理财政周转金对基金的冲减数。“待处理财政周转金”科目用来核算财政周转金放款逾期仍未能归还经批准转入的科目及其收回和核销情况,引起“待处理财政周转金”总额当年增减变动的有“本年增加数”和“本年减少数”两方面因素。其中“本年增加数”为放款逾期继续转入数,“本年减少数”为当年收回数和本年核销数之和,可见“待处理财政周转金”的减少,与本年核销数的增加相关,而“待处理财政周转金”本年核销数的增加又恰恰是造成当年“财政周转基金”减少的主要项目。所以“财政周转基金”与“待处理财政周转金”两个科目的变化存在一定的联系。而“财政局转基金”“期末数”减“待处理财政周转金”期末数则反映了财政周转金的实际规模。

表 7-14 中的“财政周转金年初数”加上“本年预算安排数”“本年占用费及利息收入数”“上级拨入数”和“其他增加数”减去“本年核销(待处理周转金)数”,即为财政周转金“年末数”。填报该表时,有关预算安排增加数和其他增加数应按实有项目列出细目。“待处理财政周转金”是按规定的程序报经批准核销的数额。未经批准,不得自行核销。

第三篇　行政单位会计

第八章　行政单位会计概述

第一节　行政单位会计的特点

一、行政单位会计的概念

行政单位会计是指各级行政单位以货币为主要计量单位，对行政单位预算资金和其他资金的运动进行反映和监督的专业会计。它是预算会计体系中的重要组成部分。

二、行政单位会计的核算内容

行政单位主要依靠国家预算拨款履行其立法、行政和司法等管理职能，因此，行政单位向国家取得预算拨款收入，向所属单位拨出经费，自身为行使管理职能而发生的经费支出以及经费结余就是行政单位会计核算的主要内容。

行政单位会计核算的具体内容是行政单位会计的资产、负债、净资产、收入、支出等五大要素。

资产指行政单位占有或者使用的能以货币计量的经济资源，包括财产、债权和其他权利。行政单位的资产分为流动资产和固定资产两大类。流动资产是指可以在一年内变现或者耗用的资产，包括现金、银行存款、有价证券、暂付款、借出款以及材料等。固定资产是指单位价值在规定标准(200 元)以上，使用期限在一年以上并且在使用过程中保持其实物形态的资产，包括房屋、建筑物、专用设备、一般设备、交通设备、文物和陈列品、图书、其他符合固定资产标准的资产。

负债是指行政单位所承担的，能以货币计量，需要以资产或劳务偿付的债务，包括应缴预算收入、暂存款、借入款和代管款项等。

净资产指行政单位的资产总额减去负债总额的差额，是行政单位代表国家掌管的净资产，包括固定基金、专用基金、普通基金。

资产、负债和净资产三要素之间的关系是：

$$资产 = 负债 + 净资产$$

收入是指行政单位进行公务活动，依法从财政部门或上级主管部门取得的各项拨款，包括拨入经费、拨入专项基金、其他收入、附属机构缴款。

支出是指行政单位为履行其管理职能，进行公务活动所发生的各种开支，包括经费支出、专项资金支出、其他支出、拨出经费、拨出专项资金、补助支出等。

资产、负债、基金、收入、支出五要素之间的关系是：

$$资产 = 负债 + 净资产 + 收入 - 支出$$

$$资产 + 支出 = 负债 + 净资产 + 收入$$

三、行政单位会计的特点

行政单位会计的特点是相对于财政总预算会计和事业单位会计而言的。

1. 核算对象不同

财政总预算会计的核算对象是国家和各级政府预算资金的集中、分配及其结果。事业单位会计的核算对象是预算资金的领拨使用、事业收支、经营收支等资金活动。行政单位会计的核算对象则是纯预算收支运动。

2. 支出列报依据不同

行政单位会计和事业单位会计均是以经费的实际支出数列报支出；而财政总预算会计则是以拨款数列报支出。

3. 结账基础不同

事业单位会计的结账基础既需用收付实现制，又需用权责发生制，而行政单位会计与财政总预算会计的结账基础均是收付实现制。

4. 会计主体不同

财政总预算会计的会计主体是国家或一级政府，行政单位会计与事业单位会计的会计主体均是一个具体的单位。

第二节　行政单位会计科目与会计报表

财政部于 2013 年 11 月修订发布了《行政单位会计制度》（财库[2013]218 号），自 2014 年 1 月 1 日起全面施行。新颁布的《行政单位会计制度》通过完善会计科目和财务报表体系，详细规定会计科目使用和财务报表编制，较为全面地规范了行政单位经济业务或者事项的确认、计量、记录和报告。

一、行政单位会计科目

行政单位的会计科目是对行政单位会计核算对象的具体内容进行科学分类的一种方法。行政单位的会计科目是各级行政单位会计设置账户、确定核算内容的依据。行政单位会计与财政总预算会计相比，需增设现金、材料、固定资产等科目，与事业单位会计相比，没有应收账款、应收票据、应付账款及有关经营收支科目。这是由行政单位会计核算内容决定的。行政单位会计科目如表 8－1 所示。

表 8－1　行政单位会计科目表

类别	科目编码	科目名称
一、资产类	101	现金
	102	银行存款
	103	有价证券
	104	暂付款
	105	库存材料
	106	固定资产
	107	零余额账户用款额度
	115	财政应返还额度

表 8-1(续)

类别	科目编码	科目名称
二、负债类	201	应缴预算款
	202	应缴财政专户款
	203	暂存款
	211	应付工资(离退休费)
	212	应付其他个人收入
	213	应付地方(部门)津贴补贴
三、净资产类	301	固定基金
	303	结余
四、收入类	401	拨入经费
	404	预算外资金收入
	407	其他收入
五、支出类	501	经费支出
	502	拨出经费
	505	结转自筹基建

二、行政单位会计报表

1. 会计报表的审核

会计报表,特别是年终决算会计报表编好之后,要认真进行审核,确认无误之后才能上报。上级单位对所属单位上报的会计报表,还要再一次进行审核。

(1)政策性审核

政策性审核主要是审查行政单位的会计报表中反映的资金收支和预算执行情况是否符合国家政策、法规、制度,有无违反财经纪律的现象。

(2)技术性审核

技术性审核主要是审核会计报表的数字是否正确,规定的报表是否齐全,表内项目是否按规定填报,有无漏报、错报情况,报送是否及时,报表上各项签章是否齐全等。

2. 会计报表的汇总

主管会计单位和二级会计单位,为了反映全系统的预算执行情况和财务状况,应对经审核过的所属单位的会计报表及本单位的会计报表进行汇总,编制汇总会计报表。汇总会计报表的种类、格式均与基层单位会计报表相同。

汇总会计报表的编制方法,原则上是将相同项目的金额加计总数后填列。但在汇编资产负债表时,对上下级单位之间对应的上缴、下拨款项应予冲销之后再行汇总,以免重复计算。需要冲销:

(1)上级单位的“拨出经费”与下级单位的“拨入经费”冲销。

(2)上级单位的“拨出专项资金”与下级单位的“拨入专项资金”冲销。

(3)上级单位的“附属机构缴款”与下级单位的“补助支出”冲销。

3. 会计报表分析

会计报表分析是对会计报表所提供的数据进行加工、分解、比较、评价和说明。

会计报表分析一般采用比较分析法和构成比率分析法。

比较分析法是通过对相同内容,不同时间或不同地点的会计指标以减法形式对比,发现差异的一种方法。比较法的主要比较形式有年度预算收支实际与计划(预算),与上期、上年同期或某一完成较好的历史时期,或与其他同类单位的相同指标进行对比分析,发现差异并分析原因。

构成比率分析法是通过计算出各个组成部分在总体中所占的比重,从而找出各项目变化的规律。例如,用结构分析某行政单位业务收入、支出活动情况时,计算出各项收入占总收入的比重;各项支出占总经费支出的比重。通过对收入和支出的结构分析,就可以了解各项收入、支出的结构是否合理,便于采取措施加以改进。

第九章 行政单位资产的核算

资产是行政单位占用或使用的，能以货币计量的经济资源，包括流动资产和固定资产两大类。流动资产是指行政单位在一年内变现或耗用的资产，主要有货币资产、应收账款和材料等。

第一节 货币资金的核算

一、现金核算

行政单位在执行行政管理活动中，都需要一定数量的货币资金。为了正确、及时地进行现金结算并如实反映和严格监督现金的收支、结存情况，行政单位应当加强现金管理，遵循各种手续，保证现金的安全、完整，要指定专职的出纳员办理。

1. 现金管理原则

(1)各单位的现金除按银行规定的现金额度，保留备用库存现金外，都必须存入银行。

(2)出纳员付出现金，应当在原始凭证上加盖"现金付讫"戳记，并在当天入账，不准以白纸条抵顶现金入账。

(3)收付现金的各种原始凭证，根据各单位的具体情况由会计主管人员或会计审核，并按月连续编号。出纳员应于每日业务终了前结清当日账目，校对账面库存与实际库存是否相符。

(4)坚持"钱账分管、互相牵制"的原则，即会计和出纳分工明确，各负其责、互相牵制，做到出纳管钱不管账，会计管账不管钱。

(5)严格按照国家规定的范围使用现金，不符合现金支取条件的应通过银行转账结算。

2. 现金的核算

为了反映和监督行政单位现金收支及结存情况，需设置"现金"科目。该科目借方登记现金的增加；贷方登记现金的减少；余额在借方，反映单位库存现金实有数。有外币现金的单位还要设置外币现金账户。

【例9-1】 某行政机关从银行提款1 000元以备零用。

借：现金　　1 000

　贷：银行存款　　1 000

【例9-2】 某行政单位职员出差借支500元。

借：暂付款　　500

　贷：现金　　500

【例9-3】 某行政单位办公室报销办公用品800元。

借：经费支出　　800

　贷：现金　　800

行政单位应设置"现金日记账"，由出纳员根据收付款凭证按照业务的发生顺序逐笔登记。每日终了，应计算当日的现金收入合计数、现金支出合计数和结存数，并将结余数与库存数相核对,做到账款相符。发现不符时,应及时查明原因。

二、银行存款的核算

1. 银行存款管理规定

国家银行是全国的现金出纳中心。按照国家现金管理的规定,行政单位的各项资金拨入、调出与使用都必须在国家银行开立"银行存款"户,通过银行办理转账结算。有外币的单位,应在有关银行开立"外币存款户"。行政单位的拨入资金不准以个人名义在银行开户存取,也不得作为"储蓄存款"存入储蓄所存取款项。

2. 银行存款的结算方式

结算是指结清往来单位之间债权债务的经济行为。结算分为现金结算和转账结算两种。根据中国人民银行有关结算办法规定,目前可以采用的转账结算方式有银行汇票、商业汇票、银行本票、汇兑、支票、委托收款和异地托收承付等结算方式。由于行政单位的业务比较单一、比较简单,其转账结算主要采用支票、汇兑、银行汇票等方式。有关转账结算的具体结算程序,可参见中国人民银行颁发的《银行结算办法》以及国际结算的有关规定。

3. 银行存款的核算

为了核算和反映行政单位银行存款的增减变动及其结存情况,需设置"银行存款"科目。该科目借方反映因财政或上级主管部门拨入经费和其他原因使行政单位增加的银行存款数;贷方反映行政单位因支取和转账结算而减少行政单位的银行存款数;余额在借方,反映行政单位银行存款结存数。

【例9-4】 某行政单位收到财政部门或上级主管部门预拨经费500 000元。

借:银行存款	500 000	
贷:拨入经费		500 000

【例9-5】 某行政单位开出现金支票从银行提取现金备发工资60 000元。

借:现金	60 000	
贷:银行存款		60 000

【例9-6】 某行政单位开出银行转账支票到某商场购买材料30 000元、一般办公用品1 000元。

借:材料	30 000	
经费支出	1 000	
贷:银行存款		31 000

同现金核算一样,行政单位也应设置"银行存款日记账",由出纳人员根据银行收付凭证,按照业务发生的时间顺序逐日逐笔登记。每日终了,应计算当日银行存款收入合计数、银行存款支出合计数和银行存款结存数。收到银行的对账单时,应编制"银行存款余额调节表"检查银行存款的记录是否有差错,如有差错,应及时查明原因。

第二节　有价证券与债权的核算

一、有价证券的核算

有价证券是由国家指定的证券发行部门依照法定程序发行的，约定在一定期限内还本付息的信用凭证。有价证券包括债券和股票。

行政单位购进有价证券时，应当遵守以下管理原则：

(1)行政单位按国家规定只购买“国库券”，不得购买其他有价证券，并严格执行国务院发布的《国库券条例》，不能购买股票。

(2)行政单位购买“国库券”的现金来源只能使用国家规定其有权自行支配的自有资金(含经费结余和其他结余)购买，不得使用预算资金、专项资金购买。

(3)购买的“国库券”应作为货币资金妥善保管，保证账券相符。

(4)各单位购买的“国库券”都作为有价证券库存处理，不能作为支出数报销。

为了正确地反映和监督各行政单位购入的“国库券”及到期兑付情况，需要设置“有价证券”科目。该科目借方反映行政事业单位用其自行支配的自有资金购买的国库券额；贷方反映国库券到期收回的本金；余额在借方反映行政单位尚未到期兑付的国库券额。

【例9-7】　某行政单位按规定用结余资金购入国库券50 000元。

借：有价证券	50 000	
贷：国库存款		50 000

【例9-8】　某行政单位收回到期的国库券本息88 000元，其中本金80 000元，利息收入8 000元。

借：银行存款	88 000	
贷：有价证券		80 000
其他收入		8 000

二、暂付款的核算

暂付款是行政单位在执行预算过程中与其他单位和个人发生的临时性债权结算业务，如职工出差预借差旅费借款，因公办事借出的备用金等。

为了反映和监督行政单位暂付款的增减变动及结存情况，需设置“暂付款”科目。该科目借方登记暂付款的增加数；贷方登记暂付款的收回数；余额在借方，表示期末暂付款的结存款。该科目应按借款对象设置明细科目。

【例9-9】　某行政单位职工张明出差借支1 500元，以现金支付。

借：暂付款—张明	1 500	
贷：现金		1 500

【例9-10】　某行政单位下属部门从财务部门领取备用金3 000元，财务部门开出现金支票支付。

借：暂付款——××部门	3 000	
贷：银行存款		3 000

【例9-11】 上述职工出差回单位报销，交回发票款1 000元，交回多余现金500元。

借：现金　　500

　经费支出　　1 000

　贷：暂付款　　1 500

【例9-12】 年终行政单位的下属部门到财务部门结清备用金，交回发票4 500元，补付1 500元现金。

借：经费支出　　4 500

　贷：暂付款——××部门　　3 000

　　现金　　1 500

第三节　库存材料和固定资产的核算

一、库存材料的核算

库存材料是指行政单位大宗购入进入库存，并陆续耗用的行政用物资材料。为反映材料的购入、领用和结存情况，行政单位会计应当设置“库存材料”科目。库存材料科目借方余额，反映行政单位库存材料的实际库存数。库存材料科目应按库存材料的类别、品种等有关项目设置明细账，并根据库存材料入库单、出库单逐笔登记。

1. 材料的购入

行政单位购入的材料，按实际价格计价。包括所含增值税进项税额，不包括购进时的费用。

(1)支付方式

①用银行存款支付材料价款；

②用零余额账户支付材料价款；

③通过财政直接支付的方式支付价款。

(2)采购方式

①政府集中采购；

②政府分散采购；

③自行采购。

【例9-13】 某行政单位以定点分散采购的方式，从定点供应商购入打印机耗材一批，以存款支付价款4 000元(含税价)，已经入库。购入时用现金支付运费30元。

借：库存材料　　4 000

　贷：银行存款　　4 000

借：经费支出　　30

　贷：现金　　30

【例9-14】 某行政单位以分散采购的方式，从定点供应商购入签字笔、装订器等办公用品一批，已经入库。款项680元通过单位的零余额账户支付。

借：库存材料——办公用品　　680

　贷：零余额账户用款额度　　680

2. 材料的领用

行政单位材料领用时，用先进先出法和加权平均法确定发出成本。

【例 9－15】 某行政单位领用专用材料一批，按先进先出法确定材料价值为 2 000 元。此材料用项目经费购入，专门用于项目经费开支。

借：经费支出——项目支出　　2 000

　贷：库存材料——专用材料　　2 000

3. 材料的盘点

材料的盘盈、盘亏，属于正常的溢出或损耗，作为减少或增加当期支出处理。

【例 9－16】 某行政单位年终材料盘点清查，发现 A 材料盘盈，重置价值为 300 元，B 材料盘亏，账面价值为 200 元。经确认为材料的正常损益。

借：库存材料——A　　300

　贷：经费支出　　300

借：经费支出　　200

　贷：库存材料——B　　200

二、固定资产的核算

1. 固定资产及其分类

行政单位固定资产是指可供长期使用而不改变其实物形态的设备与设施。它是行政机关完成行政管理工作必要的物资条件。

新制度规定行政单位的固定资产指一般设备单位价值在 500 元以上，专用设备单位价值在 800 元以上，使用期限在一年以上，并在使用过程中基本保持原有实物形态的资产。

行政单位固定资产的分类为：①房屋建筑物；②专用设备；③一般设备；④其他固定资产。

2. 固定资产的计价

固定资产的计价是指以货币表现的固定资产价值。为了如实地反映固定资产价值的增减变动，保证核算统一性，各行政单位应按国家规定的统一计价原则，对固定资产进行计价。

（1）购入和调入的固定资产应分别按造价、购价和调拨价入账，包括买价、运费、包装费、安装费及购置车辆支付的附加费。注意购买固定资产过程中的差旅费不计入固定资产成本。

（2）自行建造的固定资产，按其实际耗用的料、工、费全部支出入账。

（3）基建完工的固定资产，按竣工决算所确认的价值入账。

（4）在原有固定资产基础上进行改扩建的固定资产，应按改扩建发生的支出减去改建、扩建过程中的变价收入后的净增价值，增记固定资产。

（5）接受捐赠的固定资产，按照同类固定资产的市场价格或根据所提供的有关凭据记账。接受固定资产时发生的相关费用也应计入固定资产价值。

（6）盘盈固定资产按重置完全价值入账。

行政单位的固定资产，按规定不计提折旧，因此调出、变卖、报废固定资产时，都按其原值注销。

3.固定资产的核算

为了反映和监督行政单位固定资产的增减变动及结存情况，需设置“固定资产”和“固定基金”科目。“固定资产”科目用来核算和监督行政单位占有的全部固定资产的原始价值。该科目的借方登记各种渠道增加的固定资产原值；贷方登记调出、出售、报废固定资产的原值；余额在借方反映行政单位期末占用全部固定资产原值。

“固定基金”科目用来核算行政单位以各种渠道增加固定资产所形成的固定资金。该科目贷方反映因增加固定资产而增加的固定基金；借方反映因减少固定资产而减少的固定基金；余额在贷方反映行政单位期末占用固定资产所形成的固定基金。

【例9-17】 某行政单位用预算拨款资金购入设备一台，买价、运杂费及安装费共计100 000元，贷款以银行存款支付。

借：经费支出　　100 000
　贷：银行存款　　100 000
同时：
借：固定资产　　100 000
　贷：固定基金　　100 000

【例9-18】 某行政单位用其专用基金购入汽车一辆，该汽车购价150 000元，车辆购买费50 000元，共计200 000元，均以银行存款支付。

借：专用基金　　200 000
　贷：银行存款　　200 000
同时：
借：固定资产　　200 000
　贷：固定基金　　200 000

【例9-19】 某行政单位用专用基金改扩建其办公楼。改扩建支出150 000元，改扩建过程中获得残料价值出售收入8 000元。

借：专用基金　　142 000
　贷：银行存款　　142 000
同时：
借：固定资产　　142 000
　贷：固定基金　　142 000

【例9-20】 某行政单位接受外单位捐赠汽车一辆价值200 000元，发生与该汽车有关的费用10 000元，以银行存款支付。

借：经费支出　　10 000
　（专用基金）
　贷：银行存款　　10 000
同时：
借：固定资产　　210 000
　贷：固定基金　　210 000

【例9-21】 某行政单位经上级主管部门的批准从同行业或相关部门无偿调入固定资产一项，原单位账面价值1 000 000元；调入后以专用基金进行改造花费100 000元。

借：固定资产　　1 100 000

贷:固定基金 1 100 000

借:专用基金 100 000

贷:银行存款 100 000

【例 9－22】 某行政单位经上级批准有偿出售旧固定资产一项,账面价值 800 000 元,获出售收入 500 000 元,贷款已收到存入银行。

借:固定基金 800 000

贷:固定资产 800 000

借:银行存款 500 000

贷:专用基金 500 000

【例 9－23】 某行政单位经上级批准无偿调出已使用过,但目前不需用的设备一台给相关部门,该设备原账面价值 700 000 元。

借:固定基金 700 000

贷:固定资产 700 000

【例 9－24】 某行政单位经上级批准报废已无法使用的固定资产一项,原账面价值 900 000 元,其变现收入 5 000 元,支付清理费 1 000 元。

借:固定基金 900 000

贷:固定资产 900 000

借:银行存款 4 000

贷:专用基金 4 000

【例 9－25】 某行政单位在固定资产清查过程中,盘亏设备一台,账面原值 50 000 元,现经有关部门批准同意报废。

借:固定基金 50 000

贷:固定资产 50 000

【例 9－26】 某行政单位在固定资产清查中,发现未入账的设备一台,完全重置价值为 20 000 元。

借:固定资产 20 000

贷:固定基金 20 000

第十章　行政单位负债与净资产的核算

第一节　行政单位负债的核算

行政单位的负债是指行政单位承担的能以货币计量，需要以资产偿付的债务，主要包括应缴预算款、应缴财政专户款、暂存款、应付职工工资福利等种类。

一、应缴预算款和应缴财政专户款

1. 应缴预算款

(1)应缴预算款的概念与内容

应缴预算款是指行政单位在业务活动中按规定向有关单位和个人收取的应上缴财政预算的各种款项。

行政单位应缴预算款的内容主要包括：

①纳入预算管理的政府性基金。指行政单位依据有关的法律法规向公民、法人和其他组织无偿征收的具有专门用途的财政预算资金。如各级行政单位根据规定向有关个人和组织征收的三峡工程建设基金、铁路建设基金、民航基础设施建设基金、文化事业建设费、残疾人就业保障金、政府住房基金、城市公用事业附加、地方教育附加、地方水利建设基金、车辆通行费等。

②纳入预算管理的行政性收费。指行政单位在行使管理职能的过程中，依据国家法律法规向公民、法人和其他组织收取的行政性费用。如各级公安、司法、民政、法院、财政、税务、建设、工商行政管理等行政单位为发放各种证照、簿册等而向有关单位和个人收取的证照工本费、手续费、商标注册费、企业登记注册费、房屋所有权登记费、公证费、从业资格考试费等费用。根据有关规定，行政性收费实行中央和省、自治区、直辖市两级审批制度。省、自治区、直辖市以下各级人民政府及其部门无权审批设立行政性收费项目或调整收费标准。

③罚没款项。指行政单位依据国家法律法规，对公民、法人和其他组织实施经济处罚所得的各项罚款、没收款、没收财物变价款以及行政单位取得的无主财物变价款等。如各级公安、检察院、法院、工商、新闻出版、技术监督、税务、海关、食品药品监督、卫生、交通、审计、证监会等行政单位取得的应上缴财政预算的罚没款项。

④其他应缴预算的资金。指其他按规定应缴财政预算的资金，如各级行政单位取得的应缴财政预算的各种专项收入、国有资产有偿使用收入等。

行政单位会计核算的应缴预算款的具体内容与财政总预算会计核算的预算收入的内容相对应。

(2) 应缴预算款的管理要求

应缴预算款是纳入财政预算的款项，行政单位必须加强对应缴预算款的管理。应缴预算款的管理要求主要是：

① 依法收取。应缴预算款项的收取是一项政策性很强的工作。无论是政府性基金、行

政性收费还是罚没款项等,行政单位都应当严格按照国家法律法规的规定进行收取,不可超越国家法律法规的规定自行立项、随意收取,也不可超越国家法律法规的规定自行减项、随意免收。

② 及时、足额上缴财政国库。行政单位的应缴预算款项应当按照财政部门规定的缴款方式、缴款期限及其他缴款要求,及时、足额地上缴财政国库。对于已经实行非税收入收缴制度改革、取消了收入过渡账户的行政单位,应当采用直接缴库或者集中汇缴的缴库方式,将应缴预算款项直接或者汇总缴入财政国库。直接缴库方式是指由行政单位开具《非税收入一般缴款书》,由缴款单位或个人直接将应缴预算款项缴入财政国库的缴库方式。集中汇缴方式是指由行政单位开具《非税收入一般缴款书》,缴款单位或个人将应缴预算款项缴给行政单位,行政单位于收款当日将收到的款项集中缴入财政国库的缴款方式。对于尚未实行非税收入收缴制度改革、暂未取消收入过渡账户的行政单位,或暂时实行非税收入征收单位自收汇缴方式的行政单位,收到的应缴预算款项可暂时存入行政单位开户银行作为过渡,但应当按照规定及时从行政单位开户银行缴入财政国库。行政单位不可以缓缴、截留、挪用或自行坐支应缴预算款项。每月月末,行政单位的应缴预算款项均应清理结缴。每年年终,行政单位的应缴预算款应全部结清上缴财政国库。

(3)应缴预算款的核算

应缴预算款的核算可分为两种情况进行处理:

①对于尚未实行非税收入收缴制度改革、暂未取消收入过渡账户的行政单位,应设置"应缴预算款"总账科目。行政单位收到应缴预算款项时,借记"银行存款"科目;上缴应缴预算款项时,借记该科目,贷记"银行存款"科目。

②对于已经实行非税收入收缴制度改革、取消了收入过渡账户的行政单位,开具《非税收入一般缴款书》或收到并于当日上缴应缴预算款项时,可以仅在应缴预算款备查登记簿中进行备查登记,不作会计分录;也可以同时借记和贷记"应缴预算款"科目。对于尚未实行非税收入收缴制度改革、暂未取消收入过渡账户的行政单位,"应缴预算款"科目平时为贷方余额,表示尚未上缴的应缴预算款项数额。该科目应按《政府收支分类科目》中的收入分类科目设置明细账。

【例 10-1】 某行政单位尚未实行非税收入收缴制度改革,收入过渡账户暂未取消。该行政单位收到一项应缴财政预算的政府性基金,具体科目和金额为:"非税收入——政府性基金收入——地方水利建设基金收入"25 600 元。该行政单位应编制如下会计分录:

借:银行存款　　25 600

　贷:应缴预算款　　25 600

同时,在"应缴预算款"明细账的贷方登记如下:

非税收入——政府性基金收入——地方水利建设基金收入　　25 600

【例 10-2】 某行政单位尚未实行非税收入收缴制度改革,收入过渡账户暂未取消。该行政单位收到一项应缴财政预算的行政事业性收费收入,具体科目和金额为:"非税收入——行政事业性收费收入——税务行政事业性收费收入"4 500 元。该行政单位应编制如下会计分录:

借:银行存款　　4 500

　贷:应缴预算款　　4 500

同时,在"应缴预算款"明细账的贷方登记如下:

非税收入——行政事业性收费收入——税务行政事业性收费收入 4 500

【例10-3】某行政单位尚未实行非税收入收缴制度改革，收入过渡账户暂未取消。该行政单位按规定将收到的应缴预算款项上缴财政国库，具体科目和金额为："非税收入——行政事业性收费收入——公安行政事业性收费收入"3 200元。该行政单位应编制如下会计分录：

借：应缴预算款　　3 200

　贷：银行存款　　3 200

同时，在"应缴预算款"明细账的借方登记如下：

非税收入——行政事业性收费收入——公安行政事业性收费收入 3 200

【例10-4】 某行政单位已经实行非税收入收缴制度改革，收入过渡账户已经取消。该行政单位收到一项应缴财政预算的行政性收费，具体科目和金额为："非税收入——行政事业性收费收入——工商行政事业性收费收入"2 300元。行政单位于收款当日将该款项缴入财政国库。行政单位对于此次收缴款项可以不作会计分录，仅在应缴预算款备查登记簿中进行备查登记，也可以编制如下会计分录：

借：应缴预算款　　2 300

　贷：应缴预算款　　2 300

同时，在"应缴预算款"明细账的借方和贷方同时登记如下：

非税收入——行政事业性收费收入——工商行政事业性收费收入 2 300

【例10-5】 某行政单位已经实行非税收入收缴制度改革，收入过渡账户已经取消。该行政单位向某企业开具一张《非税收入一般缴款书》，对其依法处以罚款，具体科目和金额为："非税收入——罚没收入——一般罚没收入"8 900元。该行政单位要求该企业在规定的时间内自行将罚款缴入指定的人民银行财政国库。行政单位对于此次罚款业务可以不作会计分录，仅在应缴预算款备查登记簿中进行备查登记；也可以作同时借记和贷记"应缴预算款"总账科目的会计分录，并登记"应缴预算款"的明细分类账户。

2. 应缴财政专户款

(1)应缴财政专户款的概念与内容

应缴财政专户款是指行政单位在业务活动中按规定向有关单位或个人收取的应上缴财政预算外资金专户的款项。应缴预算款与应缴财政专户款的主要区别是：应缴预算款纳入财政总预算，应缴财政专户款不纳入财政总预算，而纳入财政预算外资金收支计划；应缴预算款上缴财政国库，应缴财政专户款上缴财政预算外资金专户。

应缴财政专户款的内容主要包括：

①根据有关法律和法规的规定向有关单位和个人收取的各种行政性收费；

②根据有关法律和法规的规定向有关单位收取的主管部门集中收入；

③乡镇自筹资金和统筹资金收入；

④其他未纳入财政预算管理的财政性资金收入，如彩票发行机构和彩票销售机构上缴财政预算外资金专户的业务费用。

行政单位应缴财政专户款的具体内容与财政预算外资金会计核算的预算外资金收入的内容相对应。

(2)应缴财政专户款的管理要求

应缴财政专户款的管理要求主要是：

① 按规定收取。财政预算外资金是体现政府职能的财政性资金,行政单位应当严格按照有关规定收取,不可随意收取。

② 实行收支两条线管理。财政预算外资金属于财政性资金,不是单位的自有资金,因此,应当将其纳入财政管理。行政单位取得财政预算外资金时,应当缴入财政部门在商业银行统一开设的财政预算外资金专户。财政预算外资金的支出由财政部门按照预算外资金收支计划,纳入行政单位的部门预算,从财政预算外资金专户中核拨。

(3)应缴财政专户款的核算

应缴财政专户款的核算也可区分两种情况进行处理:

①对于尚未实行非税收入收缴制度改革、暂未取消收入过渡账户的行政单位,应设置"应缴财政专户款"总账科目。行政单位收到应缴财政专户款项时,借记"银行存款"科目,贷记该科目;上缴应缴财政专户款项时,借记该科目,贷记"银行存款"科目。

②对于已经实行非税收入收缴制度改革、取消了收入过渡账户的行政单位,开具《非税收入一般缴款书》或收到并于当日上缴应缴财政专户款项时,可以仅在应缴财政专户款备查登记簿中进行备查登记,不作会计分录;也可以同时借记和贷记"应缴财政专户款"科目。对于尚未实行非税收入收缴制度改革、暂未取消收入过渡账户的行政单位,"应缴财政专户款"账户平时为贷方余额,表示尚未上缴的应缴财政专户款项数额,该科目应按《政府收支分类科目》中的收入分类科目设置明细账。

【例 10-6】 某行政单位尚未实行非税收入收缴制度改革,收入过渡账户暂未取消。该行政单位收到一项应缴财政专户的行政性收费,具体科目和金额为:"非税收入——行政事业性收费收入——农业行政事业性收费收入"1 700 元。该行政单位应编制如下会计分录:

借:银行存款　　1 700

　贷:应缴财政专户款　　1 700

同时,在"应缴财政专户款"明细账的贷方登记如下:

非税收入——行政事业性收费收入——农业行政事业性收费收入　1 700

【例 10-7】 某行政单位尚未实行非税收入收缴制度改革,收入过渡账户暂未取消。该行政单位按规定将收到的应缴财政专户款项上缴财政预算外资金专户,具体科目和金额为:"非税收入——其他收入——主管部门集中收入"5 200 元。行政单位应编制如下会计分录:

借:应缴财政专户款　　5 200

　贷:银行存款　　5 200

同时,在"应缴财政专户款"明细账的借方登记如下:

非税收入——其他收入——主管部门集中收入　　5 200

【例 10-8】 某行政单位已经实行非税收入收缴制度改革,收入过渡账户已经取消。该行政单位收到一项应缴财政专户的行政性收费,具体科目和金额为:"非税收入——行政事业性收费收入——环保行政事业性收费收入"2 200。行政单位于收款当日将该款项缴入财政预算外资金专户。该行政单位对于此次收缴款项可以不作会计分录,仅在应缴财政专户款备查登记簿中进行备查登记;也可以编制同时借记和贷记"应缴财政专户款"总账科目的会计分录,并登记应缴财政专户款的明细分类账户。

二、暂存款和应付职工工资福利

1. 暂存款

(1)暂存款的概念与管理要求

暂存款是行政单位在业务活动中与其他单位或个人发生的临时待结算款项，是行政单位的待结算债务。

行政单位暂存款的管理要求主要是：

① 应当将暂存款与拨入经费、预算外资金收入、应缴预算款、应缴财政专户款区分清楚，不能相互混淆。

② 各项暂存款项应当及时清理和结算，不可长期挂账。

(2)暂存款的核算

为核算暂存款业务，行政单位应设置“暂存款”总账科目。行政单位收到暂存款项时，借记“银行存款”“现金”等科目，贷记该科目；冲转或结算退还暂存款项时，借记该科目，贷记“银行存款”“现金”科目。该科目平时为贷方余额，表示尚未结算的暂时存款数额。该科目应按债权单位或个人设置明细账。

【例 10 -9】 某行政单位向某企业购入办公用品一批 3 600 元。办公用品已验收入库，款项尚未支付。该行政单位应编制如下会计分录：

借：库存材料	3 600	
贷：暂存款——某企业		3 600

【例 10 -10】 续【例 10 -9】，该行政单位通过单位零余额账户支付购买该批办公用品的款项 3 600 元。该行政单位应编制如下会计分录：

借：暂存款——某企业	3 600	
贷：零余额账户用款额度		3 600

2. 应付职工工资福利

(1)应付职工工资福利的概念和管理要求

应付职工工资福利是指行政单位按照有关规定应向职工支付的工资和相关的福利，主要包括应付工资、应付津贴补贴和应付其他个人收入等种类。

应付工资是指行政单位按照国家统一规定应发放给在职人员的工资和工资性奖励，包括公务员的职务工资和级别工资、机关工人的岗位工资和技术等级工资以及机关工作人员的年终一次性奖金等。行政单位按照国家统一规定发放给离退休人员的离休、退休费及经国务院或人力资源和社会保障部、财政部批准设立的津贴补贴，属于行政单位的应付离退休费。

应付津贴补贴是指行政单位按照地方或部门出台的规定应发放给行政单位职工的地方或部门津贴补贴，具体如艰苦边远地区津贴、地区附加津贴、岗位津贴等。

应付其他个人收入是指除以上应付工资和应付津贴补贴外行政单位按照国家规定发给职工个人的其他收入，包括误餐费、夜餐费、加班费，出差人员伙食补助费、市内交通费，出国人员伙食费、公杂费、个人国外零用费，发放给个人的一次性奖励等。

行政单位应当加强和规范对工资、津贴补贴和其他个人收入发放业务的管理，全面、准确地核算工资、津贴补贴和其他个人收入的发放业务。行政单位在向职工发放应付工资（离退休）和应付地方（部门）津贴补贴时，应以银行卡的形式发放。中央和省级行政单位一律以银行卡的形式发放，不可发放现金。

行政单位应当按照规定将发放工资(离退休费)、地方(部门)津贴补贴和其他个人收入的情况，在部门决算中单独反映。

(2)应付职工工资福利的核算

为核算行政单位的应付职工工资福利，行政单位应分别设置“应付工资(离退休费)”“应付地方(部门)津贴补贴”和“应付其他个人收入”3个总账科目。行政单位应向职工发放工资福利时，借记“经费支出”科目，贷记“应付工资(离退休费)”“应付地方(部门)津贴补贴”“应付其他个人收入”科目；实际支付职工工资福利时，借记“应付工资(离退休费)”“应付地方(部门)津贴补贴”“应付其他个人收入”科目，贷记“拨入经费”“银行存款”“现金”等科目。“应付工资(离退休费)”“应付地方(部门)津贴补贴”“应付其他个人收入”总账科目应分别设置“在职人员”“离休人员”“退休人员”3个二级科目，进行明细核算。

【例10-11】 某行政单位按照国家统一规定，应向在职职工支付基本工资8 200元，应向离休人员支付离休费400元。该行政单位应编制如下会计分录：

借:经费支出	8 600	
贷:应付工资(离退休费)		8 600

同时，在“应付工资(离退休费)”明细账的贷方登记如下：

在职人员	8 200
离休人员	400

【例10-12】 某行政单位按照国家统一规定，通过财政零余额账户向在职人员发放基本工资8 200元，向离休人员发放离休费400元。该行政单位应编制如下会计分录：

借:应付工资(离退休费)	8 600	
贷:拨入经费		8 600

同时，在“应付工资(离退休费)“明细账的借方登记如下：

在职人员	8 200
离休人员	400

【例10-13】 某行政单位根据所在地方政府的规定，应向有关在职人员发放岗位津贴15 200元。该行政单位应编制如下会计分录：

借:经费支出	15 200	
贷:应付地方(部门)津贴补贴		15 200

同时，在“应地方(部门)津贴补贴”明细账的贷方登记如下：

在职人员	15 200

【例10-14】 某行政单位根据所在地方政府的规定，通过单位零余额元账户向有关在职人员发放岗位津贴15 200元。该行政单位应编制如下会计分录：

借:应付地方(部门)津贴补贴	15 200	
贷:零余额账户用款额度		15 200

同时，在“应地方(部门)津贴补贴”明细账的贷方登记如下：

在职人员	15 200

【例10-15】 某行政单位按照国家规定，应发给在职人员伙食补助费340元、市内交通费120元，以上款项合计460元。该行政单位应编制如下会计分录：

借:经费支出	460

贷:应付其他个人收入　　460

同时,在“应付其他个人收入”明细账的贷方登记如下:

在职人员　　460

【例 10－16】　某行政单位按照国家规定,发给在职人员伙食补助费 340 元、市内交通费 120 元,以上款项合计 460 元,以现金支付。该行政单位应编制如下会计分录:

借:应付其他个人收入　　460

贷:现金　　460

同时,在“应付其他个人收入”明细账的借方登记如下:

在职人员　　460

第二节　行政单位净资产的核算

一、固定基金的核算

固定基金是指行政单位所掌管的各项固定资产方面占用的基金。“固定基金”是“固定资产”的对应科目。一般来说有固定资产增加就有固定基金的增加;有固定资产的减少,就有固定基金的减少。

为了反映和监督行政单位固定基金的增减变动及其结存情况,需设置“固定基金”科目。该科目贷方反映随固定资产增加而形成固定基金的增加;借方反映随固定资产的减少而形成固定基金的减少;余额在贷方反映企业掌握的固定资产方面所占用的资金。

行政单位增加固定资产时,借记“固定资产”科目,贷记“固定基金”科目;减少固定资产时,借记“固定基金”科目,贷记“固定资产”科目。

【例 10－17】　某行政单位以预算拨款购置设备一台,价值 50 000 元,贷款从银行支付。

借:固定资产　　50 000

贷:固定基金　　50 000

同时:

借:经费支出　　50 000

贷:银行存款　　50 000

【例 10－18】某行政单位以专用基金自购设备一台,价值 100 000 元,贷款以支票支付。

借:固定资产　　100 000

贷:固定基金　　100 000

同时:

借:专用基金　　100 000

贷:银行存款　　100 000

【例 10－19】　某行政单位经批准有偿出售不需用设备一台,其账面价值 80 000 元,以 50 000 元出售。

借:固定基金　　80 000

贷:固定资产　　80 000

同时:

借:银行存款　　50 000
　贷:专用基金　　50 000

【例 10－20】　某行政单位报废无法继续使用的房屋一栋,原账面价值 1 200 000 元,收到残值收入 8 000 元,支付清理费 2 000 元。

借:固定基金　　1 200 000
　贷:固定资产　　1 200 000

同时

借:银行存款　　6 000
　贷:专用基金　　6 000

二、结余的核算

结余是指行政单位年度收入与支出相抵后的余额,包括需要结转下一年度继续使用的资金。行政单位平时不要求结转结余,一般每年年终结转一次。因此,行政单位的结余一般表现为年终结余,是年度收入与支出的差额,反映行政单位全年的预算执行情况和结果,分为基本支出结余和项目支出结余。基本支出结余是行政单位预算年度基本经费收入与基本经费支出的差额。项目支出结余是行政单位预算年度项目经费收入与项目经费支出的差额。行政单位会计应当设置"结余"账户,核算行政单位年度各项收支相抵后的累计余额。

【例 10－21】　某行政单位 2011 年年终各收支类账户余额见表 10－1,结转结余。

表 10－1　某行政单位 2011 年年终各收支类账户余额表

支出类	金额	收入类	金额
经费支出	4 200 000	拨入经费	5 000 000
其中:基本支出	3 700 000	其中:基本支出	4 000 000
项目支出	500 000	项目支出	1 000 000
拨出经费	900 000	预算外资金收入	700 000
其中:基本支出	600 000	其中:基本经费收入	700 000
项目支出	300 000	项目经费收入	0
结转自筹基建	200 000	其他收入	150 000
支出合计	5 300 000	收入合计	5 850 000

1. 结转基本支出结余

借:拨入经费——基本支出　　4 000 000
　预算外资金收入　　700 000
　其他收入　　150 000
　贷:经费支出——基本支出　　3 700 000
　　拨出经费——拨出基本经费　　600 000
　　结转自筹基建　　200 000
　　结余——基本支出结余　　350 000

2. 结转项目支出结余

借:拨入经费——项目支出	1 000 000
贷:经费支出——项目支出	500 000
拨出经费——拨出项目经费	300 000
结余——项目支出结余	200 000

第十一章　行政单位收入与支出核算

第一节　行政单位收入的核算

收入是指行政单位为完成行政任务，从同级财政部门或上级单位取得的经费预算拨款、专项资金拨款、按规定取得的其他收入和附属机构上缴收入等。它包括经费拨款收入、专项资金拨款收入、其他收入及附属机构上缴款。

一、拨入经费的核算

拨入经费是指行政单位按照经费领报关系，由财政部门或上级单位拨入的预算经费。拨入经费是行政单位的主要收入来源，是国家财政通过预算安排，拨给行政单位开展正常业务活动所需要的经费。

1. 领拨经费的依据

各级财政单位领拨经费的依据是传达财政部门或上级主管单位审校批准后的单位预算。行政单位应当根据核定的年度预算指标和工作计划，在每个季度开始前，按照国家预算收支科目，按"款"分项编制"经费拨款申请单"，报同级财政部门或上级单位核定，作为领拨经费的依据。

2. 领拨经费的原则

各行政单位领拨经费时，应坚持"按计划领拨经费、按进度领拨经费、按用款领拨经费、按级次领拨经费"等原则。

3. 领拨经费的方式

领拨经费的方式有两种：划拨资金和限额拨款。

划拨资金是财政部门根据各行政主管部门的申请按月开出"预算拨款凭证"，通知国库将财政存款划到申请单位在银行开立的存款户，由主管单位按规定用途办理转拨或支用，月末由用款单位编报单位预算支出报表的一种拨款方式。

限额拨款是财政机关根据各行政主管部门的申请在核定年度预算内分期给用款单位下达用款额度，由主管单位在额度内支用或转拨，月末由银行系统编报支出月报，报告支出情况，并和财政机关进行资金结算的一种拨款方式。目前只有中央行政管理经费和建设银行的基建拨款采用此方式。

4. 拨入经费的核算

为反映行政单位取得财政经费情况，行政单位会计应当设置"拨入经费"科目。拨入经费为收入类账户，核算行政单位按照经费领报关系，由财政部门或上级单位拨入的预算经费。该科目贷方登记拨来的预算经费数，借方登记缴回经费数或核销数，平时贷方余额反映拨入经费累计数。年终结账时，将本科目贷方余额转入"节余"科目。年终转账时，本科目无余额。

"拨入经费"科目还应按拨入经费的资金管理要求分别设置"基本支出""项目支出"两个二级科目。二级科目下按"政府预算收支科目"的支出分类对应设置相应明细科目。

【例 11-1】 某行政单位为市公安局，收到开户行转来的"到账通知书"，财政部门拨来的本月基本经费(人员经费)300 000 元，已经划入单位的银行账户。

借：银行存款　　300 000
　贷：拨入经费——基本支出　　300 000

【例 11-2】 某行政单位为海关，收到开户行转来的"到账通知书"，财政部门拨来的项目经费 100 000 元，已经划入单位的银行账户。此款项是专门用于侦办一宗重大走私案件的项目经费。

借：银行存款　　100 000
　贷：拨入经费——项目支出　　100 000

二、预算外资金收入

为了核算行政单位预算外资金收入情况，应设置"预算外资金收入"科目。当收到从财政专户核拨本单位的预算外资金收入和经财政部门核准不上缴财政专户而直接由行政单位按计划使用的预算外资金时，计入本科目的贷方；当定期结算出应缴预算外资金结余时，将本科目贷方余额全数转入"结余"科目，结转后本科目无余额。

本科目还应按预算外资金收入管理要求分别设置"基本支出""项目支出"两个二级科目。二级科目下按预算外资金项目设置相应明细科目。

【例 11-3】 某行政单位尚保留有收入过渡账户，取得预算外资金 40 000 元，按规定，该项应全额缴存至财政专户，单位应作如下会计处理：

借：银行存款　　40 000
　贷：应缴财政专户款　　40 000

【例 11-4】 按上例，该行政单位将上述款项缴存财政专户。

借：应缴财政专户款　　40 000
　贷：银行存款　　40 000

三、其他收入的核算

其他收入是指行政单位按规定获得的，除经费拨款、拨入专项资金和附属机构缴款以外的各种收入。它主要包括上级行政单位用非预算资金拨入补助收入，行政单位在公务活动中按规定收取的不必上缴财政的零星杂项收入，有偿服务收入，有价证券利息收入，存款利息收入及其他收入。行政单位按规定收取的应上缴财政的预算收入应列为负债，不应列入行政单位的收入，并应及时上缴财政。

为了核算行政单位其他收入的形成情况，需设置"其他收入"科目。该科目贷方记录行政单位其他业务收入的取得和实现；借方记录冲销转出数和从"其他支出"账户转入的全年累计发生的其他支出数；余额在贷方反映行政单位累计获得的其他收入净额，年终将其余额全数转入"普通基金"科目。

【例 11-5】 某行政单位收到到期的国库券本金 100 000 元，利息收入 10 000 元。

借：银行存款　　110 000
　贷：有价证券　　100 000
　　　其他收入　　10 000

【例 11-6】 某行政单位收到上级行政单位以非预算资金拨入的补助收入 20 000 元。

借:银行存款　　20 000

　贷:其他收入　　20 000

【例11－7】 某行政单位收到出售废旧物品收入1 000元。

借:银行存款　　1 000

　贷:其他收入　　1 000

【例11－8】 某行政单位对外提供技术服务收款收入180 000元。

借:银行存款　　180 000

　贷:其他收入　　180 000

第二节　行政单位支出的核算

支出是指行政单位为了完成公务活动而发生的,按照财务制度和开支标准办理的开支,包括经费支出、专项资金支出、拨出经费、拨出专项资金支出、补助支出及其他支出。

一、经费支出的核算

1. 经费支出的概念

行政单位的经费支出是指各级行政单位在执行其单位预算过程中,实际消耗掉的资金和物资,并取得合法报销凭证的"实际支出数"。

"实际支出数"是行政单位预算支出的核算基础。这是由预算资金运动的特点所决定的。它是上级机关和财政部门考核单位预算执行情况和核销单位预算支出的依据。

"银行支出数"是财政总预算支出的核算基础。财政部门把预算资金拨给主管部门,再由主管部门拨给所属基层单位开户银行。这是财政部门将国库存款转为预算单位经费存款的分配过程。这时的资金对于基层单位来说并没有消耗掉,仅反映财政拨款数。当基层单位从开户银行提取款项后,预算资金才进入使用过程,这就是"银行支出数"。行政单位从银行取得的"银行支出数"在单位表现为两部分:一部分实际消耗掉形成了"实际支出数";另一部分可能以材料物资、现金或暂付款形态表现作为行政单位的日常周转金,叫做"银行支出未报数"。因此行政单位"实际支出数""银行支出未报数""银行支出数"的关系是:

实际支出数＋银行支出未报数＝银行支出数

2. 经费支出的内容

行政单位经费支出的内容一般分为两类:一是按支出用途分类;一是按开支对象分类。

3. 经费支出的原则

为了加强节约,控制费用,合理开支,各行政单位办理经费支出时应遵守如下原则:

(1)按批准的预算和计划用款,不得办理无预算、无计划或超预算的开支;

(2)按财务制度和开支标准办理支出,不得随意提高标准;

(3)勤俭节约,反对浪费,讲求支出的效益;

(4)按规定的资金渠道分别开支,不得相互挪用;

(5)支出要有合法的凭证为依据。

4. 经费支出的核算

为了反映和监督经费支出的发生情况,应设置"经费支出"科目。该科目的借方登记行政单位开展业务活动依合法凭证支出的经费数;贷方登记经费支出的冲销转出数;余额在借方，反映行政单位累计发生的经费支出数，年终将其余额全数转入“经费结余”科目。该科目按经费项目设置明细科目。

【例11－9】 某行政单位为市教育局，暂未实行集中收付制度。现开出转账支票支付本月网络通信费用3 000元。

借：经费支出——基本支出　　3 000
　贷：银行存款　　3 000

【例11－10】 某行政单位为市对外经济贸易局，为组织大型招商说明会，开出转账支票向某会议中心支付场地租金26 000元。此款项为市财政部门拨入的项目经费。

借：经费支出——项目支出　　26 000
　贷：银行存款　　26 000

【例11－11】 某行政单位收到国库支付执行机构委托代理银行转来的“财政直接支付入账通知书”及原始凭证，行政单位本月公务员基本工资、津贴补贴等人员经费250 000已经由财政直接支付，款项已经转入公务员个人工资账户。

借：经费支出——基本支出　　250 000
　贷：拨入经费——基本支出　　250 000

二、拨出经费的核算

拨出经费是指主管部门或上级单位根据核定的预算对所属单位转拨的经费。转拨经费属于拨入经费的一项支出应按实际发生额记账。

为了反映和监督行政单位拨款的情况，需设置“拨出经费”科目。该科目借方记录行政单位对所属单位拨出的经费数额；贷方反映收回的拨出经费；余额在借方，表示行政单位转拨给所属单位的累计经费，年终将其余额全数转入“经费结余”科目。该科目按拨出对象设置明细科目。

【例11－12】 某行政单位根据预算安排通过开户银行转拨给所属单位本月基本经费800 000元。

借：拨出经费——基本支出　　800 000
　贷：银行存款　　800 000

【例11－13】 某行政单位根据专项业务需要，通过开户银行向所属单位转拨项目经费60 000元。

借：拨出经费——拨出项目经费　　60 000
　贷：银行存款　　60 000

三、结转自筹基建

结转自筹基建是行政单位经批准用拨入经费以外的自筹资金安排基本建设，转入建设银行或基建财务管理部门形成的支出。行政单位的基本建设资金来源，主要是财政拨款。经过批准行政单位也允许用财政经费以外的资金安排基本建设，但需要统一管理。

【例11－14】 某行政单位经上级批准，自筹资金建造单位的职工文体活动中心，现按规定将建设资金180 000元转入基本建设财务管理部门。

借：结转自筹基建　　180 000
　贷：银行存款　　180 000

第十二章　行政单位会计报表

行政单位会计报表是反映行政单位财务状况和预算执行情况的书面文件，包括资产负债表、收入支出表、经费支出明细表、基本支出明细表、项目支出明细表、基本数字表和会计报表说明书等。主管行政单位还需要编制本部门的部门收支决算表。

第一节　资产负债表

一、资产负债表的概念与平衡等式

行政单位的资产负债表是反映行政单位在某一特定日期财务状况的会计报表。行政单位的资产负债表按照编报时间可以分为月报和年报两种。其中，月报于每月末编制，反映行政单位月末资产、负债和净资产的实有数；年报于每年末编制，反映行政单位年末资产、负债和净资产的实有数。行政单位资产负债表采用"资产 - 负债 + 净资产"的平衡等式。

二、资产负债表的格式与编制方法

1. 资产负债表的格式

行政单位的资产负债表由资产、负债和净资产三个会计要素组成。行政单位资产负债表的参考格式如表 12 - 1 所示。

表 12 - 1　资产负债表

编报单位：某行政单位　　　　　　年　月　日　　　　　　单位：元

科目编号	资产类	年初数	期末数	科目编号	负债和净资产类	年初数	期末数
	一、资产类				二、负债类		
101	现金			201	应缴预算款		
102	银行存款			202	应缴财政专户款		
103	有价证券			203	暂存款		
104	暂付款			211	应付工资（离退休费）		
105	库存材料			212	应付地方（部门）津贴补贴		
106	固定资产			213	应付其他个人收入		
107	零余额账户用款额度				负债合计		
115	财政应返还额度						

表 12－1(续)

科目编号	资产类	年初数	期末数	科目编号	负债和净资产类	年初数	期末数
					三、净资产类		
				301	固定基金		
				303	结余		
					其中:		
					1. 财政一般预算经费结余		
					2. 财政政府性基金预算经费结余		
					3. 其他资金结余		
					净资产合计		
	资产合计				负债和净资产合计		

在表 12－1 所示的资产负债表中,资产合计数应当等于负债和净资产合计数。在资产项目中,“财政应返还额度”项目只可能出现在资产负债表的年报中,在资产负债表的月报中不会出现,因为财政应返还额度只在年末时才进行应计。“零余额账户用款额度”项目只可能出现在资产负债表的月报中,不会出现在资产负债表的年报中,因为零余额账户用款额度在年终要进行注销。如果行政单位已经取消了非税收入过渡账户,应缴预算款项和应缴财政专户款项直接缴入财政国库和财政预算外资金专户,那么,在负债项目中不会出现“应缴预算款”和“应缴财政专户款”项目。如果行政单位平时对应付职工福利不进行应计,而等到支付职工福利时再作相应的会计处理,那么,在负债项目中不会出现“应付工资(离退休费)”“应付地方(部门)津贴补贴”和“应付其他个人收入”项目。对于净资产项目中的结余项目,行政单位可以辅助披露“基本支出结余”和“项目支出结余”的信息。

2. 资产负债表的编制方法

资产负债表的有关栏目应当根据账簿记录和其他有关资料填列。

(1)表首。填写编报单位的名称、编制日期和货币单位。其中,编制日期如果是月报即为月末,如果是年报即为年末。

(2)年初数。指行政单位年初有关资产、负债和净资产各项目的数额。年初数根据上年决算后结转本年的各账户“期初数”填列。如果没有特殊情况,年初数全年不变。

(3)期末数。指行政单位期末有关资产、负债和净资产各项目的数字。期末数根据期末有关各账户的余额填列。由于行政单位只有到年末才结账,平时不结账,因此,资产负债表月报的有关数据,应当经过对有关账户余额的数据进行计算整理后填列。

(4)行政单位在编制本单位资产负债表后,如果有所属下级预算单位的,应当编制本部门汇总的资产负债表。本部门汇总的资产负债表应当反映本部门资产、负债和净资产合并数的情况。

(5)资产负债表中有关栏目的数字应当与其他会计报表如收入支出表中相应栏目的数字保持一致。

第二节　收入支出表

一、收入支出表的概念与作用

行政单位的收入支出表是反映行政单位月份以及年度收支预算执行情况及其结果的会计报表。收入支出表由收入、支出和结余三部分组成，其关系用公式表示为“收入 - 支出 = 结余”。按编报时间，收入支出表可分为月报和年报两种。

收入支出表可以反映行政单位各项收入和支出的实际发生情况，其中包括本月的实际发生情况和本年累计的实际发生情况；还可以反映行政单位收支结余的实际发生情况，主要是反映本年累计的实际发生情况。将收入支出表中各项收入和支出的实际发生数与经批准的单位预算中相应的预算数进行比较，可以了解行政单位本月以及本年累计的收支预算执行情况。收入支出表还可以为行政单位分析收入和支出的结构，如拨入经费与预算外资金收入的比例、拨入基本支出经费和拨入项目支出经费的比例、拨入基本支出经费和经费支出中的基本支出的比例等，提供重要的依据。

二、收入支出表的格式与编制方法

1. 收入支出表的格式

行政单位收入支出表的参考格式如表 12 - 2 所示。

表 12 - 2　收入支出表

编报单位：某行政单位　　　　年　月　　　　单位：元

收入项目			支出			结余	
	本月数	本年累计	项目	本月数	本年累计	项目	本年和历年累计
拨入经费			拨出经费			当年结余	
其中：			其中：			其中：	
1. 财政一般预算拨入经费			1. 财政一般预算拨出经费			1. 财政一般预算经费结余	
2. 财政政府性基金预算拨入经费			2. 财政政府性基金预算拨出经费			2. 财政政府性基金预算经费结余	
预算外资金收入			3. 其他拨出资金			3. 其他资金结余	
其他收入			经费支出			以前年度结余	
			其中：			其中：	
			1. 财政一般预算经费支出			1. 财政一般预算经费结余	

表 12－2(续)

收入项目			支出			结余	
	本月数	本年累计	项目	本月数	本年累计	项目	本年和历年累计
			2. 财政政府性基金预算经费支出			2. 财政政府性基金预算经费结余	
			3. 其他资金支出			3. 其他资金结余	
			结转自筹基建				
收入合计			支出合计			历年累计结余	

在表 12－2 中，收入、支出和结余一般应当按照资金性质区分。收入应当区分为拨入经费、预算外资金收入和其他收入三个种类。其中，拨入经费再区分为财政一般预算拨入经费、财政政府性基金预算拨入经费两个种类。支出应当区分为财政一般预算拨出经费或经费支出、财政政府性基金预算拨出经费或经费支出、其他拨出资金或资金支出三个种类。结余应当区分为财政一般预算经费结余、财政政府性基金预算经费结余和其他资金结余三个种类。在表 12－2 中，如果行政单位为基层会计单位，即没有所属下级会计单位，那么，收入支出表中的支出栏中不会出现拨出经费的项目。如果行政单位所属下级会计单位都实行了国库集中支付制度的改革，所属下级会计单位财政性资金的收入都由财政部门实行集中拨付，那么，收入支出表中的支出栏中也不会出现拨出经费的项目。

在表 12－2 中，行政单位可以采用辅助披露的方法披露有关结余项目中的“基本支出结余”和“项目支出结余”的信息，还可以采用辅助披露的方法披露有关收入项目中的“基本支出收入”和“项目支出收入”的信息，以及有关支出项目中的“基本支出拨出经费”“项目支出拨出经费”和“基本支出”“项目支出”的信息。在行政单位的收入支出表中，多角度地披露有关收入、支出和结余的信息，有利于满足不同信息使用者的多种信息需求。

2. 收入支出表的编制方法

收入支出表的有关栏目应当根据账簿记录和其他有关资料填列。

(1)表首。填写编报单位的名称、编制日期和货币单位。

(2)本月数。是指行政单位本月实际取得的收入数和实际发生的支出数。本月数可根据有关收入和支出账户的本月发生额填列。

(3)本年累计数。指行政单位自年初至本月末止实际取得的收入数和实际发生的支出数。本年累计数可根据有关收入和支出账户的月末余额填列。

(4)上级行政单位在编制本部门汇总收入支出表时，应将本行政单位收入支出表中“拨出经费”的数字与所属单位收入支出表中相应“拨入经费”的数字进行冲销，其余数字可以直接相加。

(5)收入支出表中相应栏目的数字，应当与其他会计报表如资产负债表、经费支出明细表中相应栏目的数字相互一致。

第三节 其他会计报表

除以上资产负债表和收入支出表,行政单位还需要根据财政部门和上级主管部门的要求编制其他有关会计报表,如经费支出明细表、基本支出明细表、项目支出明细表、基本数字表等。

一、经费支出明细表

经费支出明细表是反映行政单位在一定时期内经费支出预算执行明细情况的会计报表。它是财政部门和上级主管部门考核行政单位经费支出实际发生情况的依据,也是行政单位向财政部门和上级主管部门办理经费支出核销的依据。行政单位经费支出明细表的项目,应当按照《政府收支分类科目》中的支出经济分类科目列示。行政单位经费支出明细表的参考格式如表 12-3 所示。

表 12-3 经费支出明细表

编报单位:某行政单位　　　　年　月　日　　　　单位:元

科目编码		科目名称	实际支出数					
类	款		工资福利支出	商品和服务支出	对个人和家庭的补助	基本建设支出	其他资本性支出	其他支出
301	01	基本工资	××					
	02	津贴补贴	××					
	03	奖金	××					
		……						
302	01	办公费		××				
	D2	印刷费		××				
	03	咨询费		××				
	04	手续费		××				
	05	水费		××				
	06	电费		××				
		……						
303	01	离休费			××			
	02	退休费			××			
	03	退职费			××			
	04	抚恤费			××			
	05	生活补助			××			
		……						
309	01	房屋建筑物购建				××		

表 12－3(续)

科目编码		科目名称	实际支出数					
类	款		工资福利支出	商品和服务支出	对个人和家庭的补助	基本建设支出	其他资本性支出	其他支出
	02	办公设备购置				××		
	03	专用设备购置				××		
	04	交通工具购置				××		
	05	基础设施建设				××		
	06	大型修缮				××		
		……						
310	01	房屋建筑物购建					××	
	02	办公设备购置					××	
	03	专用设备购置					××	
	04	交通工具购置					××	
	05	基础设施建设					××	
	06	大型修缮					××	
		……						
399		……						
合计			×××	×××	×××	×××	×××	

在表 12－3 中,有关栏目应当根据“经费支出”明细账的数额填列。表 12－3 所示的经费支出明细表反映的是行政单位各项经费支出的实际发生数。将经费支出明细表中各项经费支出的实际发生数与经批准的经费支出预算明细表中相应各项经费支出的预算数进行比较,可以详细了解行政单位经费支出的预算执行情况。

二、基本支出明细表

基本支出明细表是反映行政单位在一定时期内所发生的基本支出明细情况的会计报表。它是财政部门和上级主管部门考核行政单位基本支出实际发生情况的依据,也是行政单位向财政部门和上级主管部门办理基本支出核销的依据。行政单位基本支出明细表的项目,应当按照经批准的部门预算中的“基本支出预算”项目列示。行政单位基本支出明细表的参考格式如表 12－4 所示。

表 12－4 编报单位:某行政单位

基本支出明细表　　年　月　日　　单位:元

科目编码		科目名称	人员经费		日常公用经费			合计
类	款		工资福利支出	对个人和家庭的补助	商品和服务支出	基本建设支出	其他资本性支出	
301	01	基本工资	××					
	02	津贴补贴	××					
	03	奖金	××					
302	01	办公费			××			
	02	印刷费			××			
	03	咨询费			××			
	04	手续费			××			
	05	水费			××			
	06	电费			××			
303	01	离休费		××				
	02	退休费		××				
	03	退职费		××				
	04	抚恤费		××				
	05	生活补助		××				
309	02	办公设备购置				××		
	03	专用设备购置				××		
	04	交通工具购置				××		
310	02	办公设备购置					××	
	03	专用设备购置					××	
	04	交通工具购置					××	
合计			×××		×××	×××	×××	×××

在表 12－4 中,有关栏目应当根据“经费支出”总账科目中的“基本支出”明细账科目的数额填列。“日常公用经费”中的“基本建设支出”和“其他资本性支出”项目下的具体支出科目,只包括《政府收支分类科目》中的“办公设备购置”“专用设备购置”和“交通工具购置”科目,不包括《政府收支分类科目》中的诸如“房屋建筑物购建”“基础设施建设”“大型修缮”等科目,这些科目反映在项目支出中。

行政单位的经费支出明细表与基本支出明细表的主要区别是:经费支出明细表反映行

政单位所有经费支出的内容和金额，其中，包括基本支出的内容和金额以及项目支出的内容和金额，并且直接按照《政府收支分类科目》中的“工资福利支出”“商品和服务支出”“对个人和家庭的补助”“基本建设支出”“其他资本性支出”作进一步分类。基本支出明细表只反映行政单位基本支出的内容和金额，并且按照人员经费和日常公用经费作进一步分类。基本支出明细表中的内容和金额构成经费支出明细表中的内容和数额的一部分。

三、项目支出明细表

项目支出明细表是反映行政单位在一定时期内所发生的项目支出明细情况的会计报表。项目支出明细表一般包括大型专门会议支出明细表、大型专项固定资产购置支出明细表、大型专项基础设施建设支出明细表、大型专项修缮支出明细表、专项行政任务支出明细表等。

项目支出明细表应根据财政部门和上级主管部门的要求编制，一般是每一个项目编制一张项目支出明细表。通过项目支出明细表，财政部门和上级主管部门可以详细了解行政单位项目支出的预算执行情况。项目支出明细表还可以为财政部门和上级主管部门对项目支出进行追踪问效提供参考依据。

项目支出明细表的通用参考格式如表 12－5 所示。

表 12－5　项目支出明细表

编报单位：某行政单位　　　　年　月　日　　　　单位：元

科目编码		科目名称	实际支出数					
类	款		工资福利支出	商品和服务支出	对个人和家庭的补助	基本建设支出	其他资本性支出	其他支出
301	01	基本工资	××					
	02	津贴补贴	××					
	03	奖金	××					
		……						
302	01	办公费		××				
	02	印刷费		××				
	03	咨询费		××				
	04	手续费		××				
	05	水费		××				
	06	电费		××				
		……						
303	01	离休费			××			
	02	退休费			××			
	03	退职费			××			
	04	抚恤费			××			
	05	生活补助			××			

表 12－5(续)

科目编码		科目名称	实际支出数					
类	款		工资福利支出	商品和服务支出	对个人和家庭的补助	基本建设支出	其他资本性支出	其他支出
		……						
309	01	房屋建筑物购建				××		
	02	办公设备购置				××		
	03	专用设备购置				××		
	04	交通工具购置				××		
	05	基础设施建设				××		
	06	大型修缮				××		
		……						
310	01	房屋建筑物购建					××	
	02	办公设备购置					××	
	03	专用设备购置					××	
	04	交通工具购置					××	
	05	基础设施建设					××	
	06	大型修缮					××	
		……						
399		……						
合计			×××	×××	×××	×××	×××	

在表 12－5 中,有关栏目应当根据“经费支出”总账科目下具体的项目支出明细账科目的数额填列。

如表 12－5 所示的项目支出明细表是行政单位通用的项目支出明细表。行政单位可以根据不同的具体项目,如大型专门会议项目、大型专项修缮项目、大型专项固定资产购置项目、大型专项基础设施建设项目、专项行政任务项目等,设计项目支出明细表的具体格式,反映有关项目的具体支出内容和支出金额。

行政单位还可以将各项目的项目支出明细表进行汇总,编制本单位汇总的项目支出明细表。本单位汇总的项目支出明细表的参考格式如表 12－6 所示。

表 12－6　项目支出明细表

编报单位:某行政单位　　　　　　　　年　月　日　　　　　　　　单位:元

项目情况				支出情况			
项目编号	项目名称	项目起至年月	项目预算资金总额	科目编码		科目名称	金额
				类	款		
	项目 1			301		工资福利支出	
					01	基本工资	
					02	津贴补贴	
						……	
				302		商品和服务	
					01	办公费	
					02	印刷费	
					03	咨询费	
						……	
						合计	
	项目 2			310		其他资本性支出	
					01	房屋建筑物购建	
						……	
						合计	
	项目 3			309		基本建设支出	
					05	基础设施建设	
						……	
						合计	
						总计	

四、基本数字表

基本数字表是列示行政单位基本情况的会计报表。行政单位应当按照财政部门和上级主管部门的要求,填报基本数字表的内容。行政单位基本数字表的参考格式如表 12－7 所示。

表 12－7 财政总预算会计科目表

编报单位:某行政单位　　　　　　　　年　　月　　日

项目	单位	编制数	实有数	长休人员	项目	单位	数量	项目	单位	数量
人员情况					占用资产情况			其他情况		
一、机关本级开支行政经费的人员	人				一、机动车(船)数			一、开支高层设备管理费的高层房面积	千 m^2	
其中:					(一)编制数			其中:		
(一)公务员	人				小轿车	辆		办公用房高层房面积	千 m^2	
1. 部以上	人				中型客车	辆		水泵	台	
2. 正部级	人				大客车	辆		电梯	部	
3. 副部级	人				货车	辆		宿舍高层房面积	千 m^2	
4. 正司级	人				摩托车	辆		水泵	台	
5. 副司级	人				船舶	艘		电梯	部	
6. 正处级	人				(二)实有数			二、租房面积	千 m^2	
7. 副处级	人				小轿车	辆		其中:		
8. 一般干部	人				中型客车	辆		办公用房面积	千 m^2	
(二)公勤人员	人				大客车	辆		单身宿舍面积	千 m^2	
					货车	辆		三、危房情况		
二、老干部局人员	人				摩托车	辆		(一)本年修复的危房面积	千 m^2	
其中:					船舶	艘		(二)危房面积数	千 m^2	
(一)管理机构工作人员	人							四、一般设备情况		
(二)离退休人员	人				二、购建房屋建筑面积	千 m^2		(一)微机数	台	
1. 离休人员	人				(一)办公用房面积	千 m^2		台式机	台	
2. 退休人员	人				1. 有中央空调办公用房面积	千 m^2		笔记本	台	
3. 退职人员	人				2. 无中央空调办公用房面积	千 m^2		(二)复印机数	台	

表 12-7(续)

项目	单位	编制数	实有数	长休人员	项目	单位	数量	项目	单位	数量
					(二)会议用房及其他附属设施面积	千 m^2		(三)打印机数	台	
					(三)职工宿舍面积	千 m^2		(四)传真机数	台	
								(五)办公电话数	部	
					三、开支取暖费的房屋面积	千 m^2		其中:		
					其中:			市内直拨电话	部	
					办公用房取暖面积	千 m^2		国内直拨电话	部	
					宿舍取暖面积	千 m^2		国际直拨电话	部	
								分机电话	部	
								(六)无线电话	部	
								五、主要设备情况(按品目填列)	台	
								1. …		
								2. …		

在表 12-7 中,有关的基本数字可根据人事部门和有关业务部门提供的统计数字填列。

第四节 会计报表说明书

行政单位在报送月报和年报时都应当编写会计报表说明书,会计报表说明书包括报表编制技术说明和报表分析说明两方面的内容。

行政单位编写的会计报表编制技术说明主要包括:采用的主要会计处理方法,特殊事项的会计处理方法,会计处理方法的变更情况、变更原因以及对收支情况和结果的影响等。

行政单位编写的会计报表分析说明一般包括:基本情况,影响预算执行、资金活动的原因,经费支出、资金活动的趋势,管理中存在的问题和改进措施,对上级会计单位工作的意见和建议等。

会计报表说明书是行政单位会计报表的重要组成部分,它有助于财政部门和上级主管部门更好地理解行政单位会计报表的内容,是行政单位会计报表的有机组成部分。

第五节　行政单位部门收支决算表

行政单位部门收支决算表是反映一定时期内行政单位部门预算收支实际发生情况的会计报表。它是主管行政单位通过将其本身的收支实际发生情况与其所属二级预算单位的收支实际发生情况，按照经批准的部门预算的要求，进行抵销和汇总编制而成的部门收支决算报表。将行政单位部门收支决算表与经批准的行政单位部门收支预算表进行比较，可以直接了解行政单位部门预算的执行情况。行政单位部门收支决算表可以包括部门收支决算表、部门收入决算表、部门支出决算表、部门支出决算明细表等种类。

一、部门收支决算表

部门收支决算表是反映行政单位部门收支实际取得和发生情况的会计报表。以某市政府所属行政单位市公安局为例，公安部门收支决算表的参考格式如表 12－8 所示。

表 12－8　部门收支决算表

主管行政单位名称：市公安局　　　　年度　　　　单位：元

收入		支出	
收入项目	金额	支出项目	金额
1. 财政一般预算拨入经费		1. 基本支出	
2. 财政政府性基金预算拨入经费		(1)人员经费支出	
3. 预算外资金收入		(2)日常公用经费支出	
4. 事业单位事业收入		2. 项目支出	
5. 事业单位经营收入			
6. 其他收入			
本年收入合计		本年支出合计	
7. 事业单位上级补助收入		3. 结转下年	
8. 事业单位附属单位缴款收入			
9. 上年结余结转			
(1)财政一般预算经费结转			
(2)财政政府性基金预算经费结转			
(3)其他资金结转			
本年收入总计		本年支出总计	

在表12－8中，收入项目按资金性质区分为财政一般预算拨入经费、财政政府性基金预算拨入经费、预算外资金收入、事业单位事业收入、事业单位经营收入、其他收入等。其中，事业单位事业收入和事业单位经营收入为行政单位所属二级会计单位事业单位的收入项目。事业单位上级补助收入和事业单位附属单位缴款收入是行政单位所属二级会计单位事业单位从上级单位和附属单位取得的转移性质的非财政性资金收入。行政单位及其所属二级会计单位事业单位从财政取得的财政性资金，合并反映在财政一般预算拨入经费、财政政府性基金预算拨入经费和预算外资金收入中。支出项目按部门预算管理的要求区分为基本支出和项目支出，基本支出可以再区分为人员经费支出和日常公用经费支出，项目支出可以再分别列示有关项目的具体名称。

二、部门收入决算表

部门收入决算表是反映行政单位部门收入实际取得情况的会计报表。以某市政府所属行政单位市公安局为例，公安部门收入决算表的参考格式如表12－9所示。

表12－9　部门收入决算表

主管行政单位名称：市公安局　　　　年度　　　　单位：元

单位代码	单位名称	收入总计	财政一般预算拨入经费	财政政府性基金预算拨入经费	预算外资金收入	事业单位事业收入	事业单位经营收入	其他收入	事业单位上级补助收入	事业单位附属单位缴款收入	上年结余结转
	行政单位：										
	市公安局本级										
	市公安局出入境管理处										
	市公安局经济犯罪侦查支队										
	市公安局刑事犯罪侦查支队										
	市公安局交通警察支队										
	市公安局地铁分局										
	事业单位：										
	市公安高等专科学校										
	市公安局物证鉴定中心										
	市公安局科技信息研究所										
	市公安局机关服务中心										

在表 12－9 中，部门收入按部门中包含的具体单位名称分别列示各单位有关的收入来源渠道或种类。在具体单位中，应当区分行政单位和事业单位分别列示。在表 12－9 中，市公安局本级的收入不包括市公安局转拨给其下级会计单位的预算经费。

以下再分别以某市政府所属行政单位市教育局、市财政局为例。教育部门、财政部门收入决算表的参考格式分别如表 12－10 和表 12－11 所示。

表 12－10　部门收入决算表

主管行政单位名称：市教育局　　　　年度　　　　单位：元

单位代码	单位名称	收入总计	财政一般预算拨入经费	财政政府性基金预算拨入经费	预算外资金收入	事业单位事业收入	事业单位经营收入	其他收入	事业单位上级补助收入	事业单位附属单位缴款收入	上年结余结转
	行政单位：										
	市教育局本级										
	事业单位：										
	第一幼儿园										
	第一小学										
	第二小学										
	第一初级中学										
	第二初级中学										
	第一高级中学										
	职业学校										
	实验学校										
	教师进修学院										
	教育科学研究所										
	市教育局机关服务中心										

在表 12－10 中，由于行政单位教育局所属事业单位较多，因此，部门收入决算表中大多数是所属事业单位的收入决算数，这与公安部门的收入决算表有所不同。

表 12－11　部门收入决算表

主管行政单位名称：市财政局　　　　年度　　　　单位：元

单位代码	单位名称	收入总计	财政一般预算拨入经费	财政政府性基金预算拨入经费	预算外资金收入	事业单位事业收入	事业单位事业收入	其他收入	事业单位上级补助收入	事业单位附属单位缴款收入	上年结余结转
	行政单位：										
	市财政局本级										
	事业单位：										
	财政国库支付中心										
	财政科学研究所										
	财政干部培训中心										
	市财政局机关服务中心										

三、部门支出决算表

部门支出决算表是反映行政单位部门支出实际发生情况的会计报表。以某市政府所属行政单位市公安局为例，公安部门支出决算表的参考格式如表 12－12 所示。

在表 12－12 中，公安部门的部门支出项目应当按照《政府收支分类科目》中支出功能分类科目列示。各项支出应当分别列示使用的资金来源、性质或渠道，如使用的是财政一般预算拨入经费、财政政府性基金预算拨入经费、预算外资金收入、事业单位事业收入、事业单位经营收入等。在表 12－12 中，支出也可以按预算单位的名称列示。在各预算单位的名称下，再列示具体的支出科目。

以下再分别以某市政府所属行政单位市教育局、市财政局为例，教育部门、财政部门支出决算表的参考格式分别如表 12－13 和表 12－14 所示。

四、部门支出决算明细表

部门支出决算明细表是反映行政单位部门支出实际发生明细情况的会计报表。以某市政府所属行政单位市公安局为例，公安部门支出决算明细表的参考格式如表 12－15 所示。

在表 12－15 中，工资福利支出、商品和服务支出、对个人和家庭的补助、基本建设支出、其他资本性支出等栏目中可以按照《政府收支分类科目》中的支出经济分类科目进一步列示具体的支出细目

表 12－12 部门支出决算表

年度

主管行政单位名称:市公安局

单位:元

科目编码			科目名称	支出总计	财政一般预算拨入经费	财政政府性基金预算拨入经费	预算外资金收入	事业单位事业收入	事业单位经营收入	其他收入	事业单位上级补助收入	事业单位附属单位缴款收入	上年结余结账
类	款	项											
204	02		公安										
		01	行政运行										
		02	一般行政管理事务										
		03	机关服务										
		04	治安管理										
		05	国内安全保卫										
		06	刑事侦查										
		07	经济犯罪侦查										
		08	出入境管理										
		09	行动技术管理										
		10	防范和处理邪教犯罪										
		11	禁毒管理										
		12	道路交通管理										
		13	网络侦控管理										
		14	反恐怖										
		15	居民身份证管理										
		16	网络运行及维护										
		17	拘押收教场所管理										
		18	警犬繁育及训养										
		19	信息化建设										
		50	事业运行										
		99	其他公安支出										
			合计										

表 12－13　部门支出决算表

年度

主管行政单位名称：市教育局　　　　单位：元

科目编码			科目名称	支出总计	财政一般预算拨入经费	财政政府性基金预算拨入经费	预算外资金收入	事业单位事业收入	事业单位经营收入	其他收入	事业单位上级补助收入	事业单位附属单位缴款收入	上年结余结账
类	款	项											
205	01		教育管理事务										
		01	行政运行										
		02	一般行政管理事务										
		03	机关服务										
		99	其他教育管理事务										
	02		普通教育										
		01	学前教育										
		02	小学教育										
		03	初中教育										
		04	高中教育										
		05	高等教育										
		06	化解农村义务教育债务										
		99	其他普通教育支出										
	03		职业教育										
	04		成人教育										
	05		广播电视教育										
	06		留学教育										
	07		特殊教育										
	08		教师进修及干部继续教育										
	09		教育费附加支出										
	10		地方教育附加支出										
	11		学校收费支出										
			合计										

表 12-14 部门支出决算表

主管行政单位名称：市财政局　　　　年度　　　　单位：元

科目编码			科目名称	支出总计	财政一般预算拨入经费	财政政府性基金预算拨入经费	预算外资金收入	事业单位事业收入	事业单位经营收入	其他收入	事业单位上级补助收入	事业单位附属单位缴款收入	上年结余结账
类	款	项											
201	06		财政事务										
		01	行政运行										
		02	一般行政管理事务										
		03	机关服务										
		04	预算编制业务										
		05	财政国库业务										
		06	财政监察										
		07	信息化建设										
		08	财政委托业务支出										
		50	事业运行										
		99	其他财政事务支出										
			合计										

表 12-15　部门支出决算明细表

年度

主管行政单位名称:市公安局　　　　单位:元

科目编码			科目名称	支出总计	工资福利支出	商品和服务支出	对个人和家庭的补助	基本建设支出	其他资本性支出	其他支出
类	款	项								
204	02		公安							
		01	行政运行							
		02	一般行政管理事务							
		03	机关服务							
		04	治安管理							
		05	国内安全保卫							
		06	刑事侦查							
		07	经济犯罪侦查							
		08	出入境管理							
		09	行动技术管理							
		10	防范和处理邪教犯罪							
		11	禁毒管理							
		12	道路交通管理							
		13	网络侦控管理							
		14	反恐怖							
		15	居民身份证管理							
		16	网络运行及维护							
		17	拘押收教场所管理							
		18	警犬繁育及训养							
		19	信息化建设							
		50	事业运行							
		99	其他公安支出							
			合计							

第四篇　事业单位会计

第十三章　事业单位会计概述

第一节　事业单位会计的含义与特点

一、事业单位的界定与分类

1. 事业单位的界定

事业单位的产生有着十分复杂的社会背景，随着特殊背景和特殊制约因素的变化，事业单位经历了一系列变革。长期以来，事业单位定义和外延并不规范，事业单位的基本定位和公益服务的目标模糊。因此，进行事业单位改革，完善公益服务体系，需要在规范事业单位定义、划清事业单位范围的基础上，明确事业单位在市场经济体制中的基本定位。

目前，我国有关法律法规对事业单位的定义主要有两个。一个是，1998 年国务院发布，2004 年修订的《事业单位登记管理暂行条例》，将事业单位定义为："国家为了社会公益目的，由国家机关举办或者其他组织利用国有资产举办的，从事教育、科技、文化、卫生等活动的社会服务组织。"另一个是，1999 年全国人大常委会通过的《中华人民共和国公益事业捐赠法》，将事业单位定义为："依法成立的，从事公益事业的不以营利为目的的教育机构、科学研究机构、医疗卫生机构、社会公共文化机构、社会公共体育机构和社会福利机构等。"结合上述定义，本书将事业单位定义为：事业单位是指以实现社会公共利益为目的，由国家机构或其他组织利用国有资产而依法设立的从事社会公共服务活动的组织。

事业单位必须以实现社会公共利益为目的。追求社会公共利益，是指为了不特定的多数人的利益，这种利益主要体现为社会效益，而非经济利益。但以追求社会公共利益为目的，并不意味着不进行任何营利性的经济活动，只是这种营利的目的不在于将利润分配给其成员，而是为了更好地实现公共利益。在社会主义市场经济体制下，从事社会公共服务的组织从资金来源而言，包括了国有资产、社会募捐、私人投资，而事业单位资产的初始来源是国有资产。我国事业单位是代表国家从事社会公共服务事业的组织，其成立的程序规则基本上等同于国家机关。事业单位的设立，应区分不同情况由法定审批机关批准，依法登记，或者依照法律规定直接进行法人登记。事业单位是组织机构而不是个人，要有自己的名称、组织机构和场所，有与其业务活动相适应的从业人员和经费来源，能够独立承担民事责任。

2. 事业单位的分类

我国事业单位管理体制正处于改革与完善中，对于事业单位的分类经历了三个不同的阶段：1993 年以来我国事业单位的改革按其经费来源将事业单位分成了自收自支、差额补助、全额拨款三类；2003—2007 年，又以我国文化事业单位作为试点改革对象，分为公益性和经营性两类；2007 年以后，事业单位的分类改革进一步深入，2011 年我国颁布了《中共中央国务院关于分类推进事业单位改革的指导意见》及配套文件，依据此规定将现有事业单位按照社会功能划分为承担行政职能、从事公益服务和从事生产经营活动三个类别。

(1)承担行政职能的事业单位

承担行政职能的事业单位，是指承担行政决策、行政执行、行政监督等职能的事业单位。认定行政职能的主要依据是国家有关法律法规和中央有关政策规定，这类单位逐步将行政职能划归行政机构，或转为行政机构，今后，不再批准设立承担行政职能的事业单位。

承担行政职能的事业单位具有以下几个特点：一是基本承担行政职能的事业单位管理比较规范，体现了精简、统一、效能的原则；二是委托承担行政职能的事业单位仍占一定比例，有些具有全国普遍性，如卫生监督、食品药品监督、土地执法等；三是仍存在个别既经过法律法规授权承担行政职能，又承担社会公益甚至经营服务等职能的事业单位；四是承担行政职能事业单位的经费保障呈现多样化，大多数为全额保障，也有部分差额拨款，甚至还有自收自支的。

(2)从事公益服务的事业单位

从事公益服务的事业单位是指面向社会提供公益服务和为机关行使职能提供支持保障的事业单位。根据职责任务、服务对象和资源配置方式等情况，将从事公益服务的事业单位细分为以下三类：

①公益一类。这类事业单位应具备以下条件：承担政府规定的社会公益性服务任务，面向社会无偿提供公益服务，不能通过市场配置资源，如义务教育、公共卫生等机构。这类事业单位业务活动的宗旨目标和内容、分配方式和标准等由国家确定，不得开展经营活动，其经费需由国家财政予以支撑，履行职责依法取得的收入或基金要上缴国库或财政专户，实行“收支两条线”管理。对这类事业单位的机构编制要从严控制，并加强监督和管理，使其不断提高服务质量和社会效益。

②公益二类。这类事业单位应该具备以下条件：面向社会提供公益服务；按照政府确定的公益服务价格收取费用；其资源在一定区域或程度上可以通过市场配置，如普通高等教育、非营利性医疗机构等。这类事业单位根据国家确定的公益目标，自主开展相关业务活动，并依法取得服务收入，其服务价格执行政府定价或者政府指导价。在完成规定任务的基础上，可依法开展相关的经营活动，服务收入和经营收入属于政府非税收入的应按规定纳入财政管理，实行“收支两条线”，公益事业发展所需经费由财政根据不同的情况予以相应补助。对这类事业单位要统筹规划、合理布局、科学核定人员编制。

③公益三类。这类事业单位应具备以下条件：业务活动具有公益属性，在国家政策支持下可以通过市场实现资源配置，如广播电视、党报、党刊等机构。这类事业单位实行经费自理，其开展公益服务和相关经营活动取得的收入，属政府非税收入的纳入财政管理，其服务质量和服务价格应参照相关标准执行并受政府监督。国家通过法律法规、政策措施和相关标准进行引导和规范。

在划分从事公益服务事业单位类型时，对完全符合某一类型条件的，直接确定其类型；对基本符合某一类型条件的，经过相应调整后确定其类型；对兼有不同类型特征的事业单位，可按主要职责任务和发展方向确定其类型。

(3)从事生产经营活动的事业单位

从事生产经营活动的事业单位是指不承担公益服务职责，所提供的产品或服务可以由市场配置资源，以营利为目的，主要从事生产经营活动的事业单位。这类单位要逐步转为企业或撤销，今后，不再批准设立从事生产经营活动的事业单位。

二、事业单位会计的含义与特点

1. 事业单位会计的含义

事业单位会计是指以货币为主要计量单位，运用一系列的会计方法，反映和监督事业单位预算资金与业务资金的增减变动及其结果的一种专业会计。事业单位会计是我国预算会计的组成部分，对于加强事业单位内部管理，提供及时、准确的预算信息有着重要的作用。事业单位会计包括普通事业单位会计和特殊行业事业单位会计，普通事业单位是具有一定共性的公益事业单位，特殊行业事业单位是具有显著行业业务特征的事业单位。

事业单位是主要提供公共服务的非营利组织，因而，事业单位会计介于行政单位会计和企业会计之间，既与行政单位会计和企业会计有相同之处，又有其本质区别，主要表现在其效益性与非营利性。事业单位的非营利性是指不以营利为目的，而以实现社会效益为宗旨，具体表现为部分事业单位提供的“准公共产品”，主要采取低价方式供给社会。但事业单位非营利性的实质是收支结余属于净资产，不存在所有者权益分配的问题，因此非营利性并不排斥效益性。任何事业单位都力求以最少的耗费取得最大的事业成果，不仅要讲社会效益，也要讲经济效益。事业单位会计需要反映财政预算资金的运用情况，以及单位的业务资金运用情况，合理组织收入，严格控制经费支出，认真进行会计监督，做好日常会计核算工作，参与制定单位预算、会计制度，当好领导参谋，认真进行财务分析，不断提高财务管理水平。

2. 事业单位会计的特点

(1)事业单位资金来源渠道多样。事业单位的资金来源除依赖财政部门外，还可以有自己创收的收入，因此，事业单位会计既核算预算资金的取得、使用及其结果，又核算经营资金的运动过程及其结果。

(2)事业单位会计以核算收支结余为主，部分事业单位还要进行成本核算。事业单位不以营利为目的，收入和支出有的有较紧密的配比关系，有的则并无严格的配比关系，而且大多数事业单位的业务支出并不能实现足额补偿，只能在一定意义上实现收支相抵，因此，事业单位不计算盈亏，只进行收支结余的核算。在某些事业单位中，为了考核经济效益，促进增收节支，改善事业管理，也会进行成本核算，如科研课题成本核算、医疗成本核算等。

(3)事业单位采用双重会计核算基础。事业单位会计核算一般采用收付实现制，但经营性收支业务核算可采用权责发生制。事业单位的性质介乎行政和企业之间，双重性质和多元的职能决定了在进行会计核算时，对其核算基础不应简单地予以归并。

(4)事业单位分行业制定会计制度。事业单位涉及的行业较多，如科研、教育、文化、卫生、体育等，各行业在经济业务内容、活动方式、对财政拨款的依赖程度、会计核算的要求等方面存在较大的差别，因此，事业单位的会计核算根据事业单位所处行业的不同，又分别制定了行业事业单位会计制度，如《医院会计制度》《高等学校会计制度》等。

第二节　事业单位会计规范

一、事业单位会计规范

1. 事业单位会计规范体系

《事业单位会计制度》的颁布，标志着我国事业单位会计规范体系已经基本完善。事业单位的会计规范体系包括法律、行政规章和会计准则与制度三个层次。在会计准则与制度层面上，事业单位会计的规范包括《事业单位会计准则》《事业单位会计制度》和行业事业单位会计制度。

（1）《会计法》

我国《会计法》于 1985 年 5 月 1 日首次颁布实施后，于 1993 年 12 月 29 日和 1999 年 10 月 31 日进行了两次修订，其主要目的是规范会计行为，保证会计资料真实、完整，加强经济管理和财务管理，提高经济效益，维护我国社会主义市场经济秩序。《会计法》全文共七章五十二条，除了阐述立法目的、规定适用范围、划分会计工作管理权限、国家统一会计制度外，还在会计核算、会计监督和法律责任等方面进行了规范。国家机关、社会团体、公司、企业、事业单位和其他组织必须依照本法办理会计事务。

（2）《事业单位会计准则》

为适应公共财政体制深化改革和事业单位改革发展的要求，进一步规范事业单位会计行为，提高事业单位会计信息质量，财政部于 2012 年 12 月发布了《事业单位会计准则》，自 2013 年 1 月 1 日起施行。事业单位会计准则为事业单位会计体系建立了统一的概念基础和框架，其内容包括财务报告目标、会计基本假设、会计信息质量要求、会计要素的确认与计量原则、财务报告编制要求等基本问题，是制定事业单位会计制度、行业事业会计制度的基础和依据，对事业单位会计制度体系的制定发挥着统驭作用。

（3）《事业单位会计制度》

为了进一步规范事业单位的会计核算，根据《事业单位会计准则》，财政部于 2012 年 12 月发布了《事业单位会计制度》，自 2013 年 1 月 1 日起施行。事业单位会计制度是事业单位会计要素的确认、计量、记录与报告的操作性规范，其内容主要包括制度的适用范围、会计事项确认与计量的具体方法、会计科目设置及使用说明、会计报表格式及编制说明等。

（4）行业事业单位会计制度

我国的事业单位分布在不同的领域，有些行业的事业单位的业务有其特点，有独自的会计核算要求，需要在《事业单位会计准则》的基础上单独制定相关的行业事业单位会计制度。目前，已经颁布的行业事业会计制度主要是 2011 年开始实施的《医院会计制度》，其他行业事业单位会计制度正在修订之中，如《高等学校会计制度》《中小学校会计制度》《科学事业单位会计制度》《测绘事业单位会计制度》以及《地质勘察单位会计制度》等。

2. 会计准则与会计制度的区别

（1）侧重点不同。会计准则主要侧重解决会计要素如何进行确认和计量的问题，同时也规范会计主体应当披露哪些方面的信息，其内容比较抽象简略；会计制度主要是对会计科目和会计报表进行直接规范，重点规范会计的行为和结果，侧重于记录和报告，其内容比较直观、具体。

(2)制定、修订的灵活性不同。会计准则涉及的范围通常比较小,易于增加或修改;会计制度规定得比较详尽,即使经济现象只有一点变动,也要修订整个会计制度,如果新业务涉及所有行业,则各个行业的会计制度都要修订,所以会计准则的制定和修订要比会计制度方便得多。

(3)职业判断的需求不同。会计准则规范的内容比较抽象、简要,需要会计人员结合本单位实际进行正确选择,需要较多的专业判断;会计制度所规范的内容比较直观、具体,可操作性强,不需要会计人员运用会计原理进行判断选择。

二、事业单位的财务管理

1. 事业单位财务管理的内容

为了贯彻落实党的十七大和十七届六中全会精神,深入贯彻落实科学发展观,保障和促进各项社会事业健康繁荣发展,进一步加强和规范事业单位财务管理,提高资金使用效益,财政部于2012年2月7日颁布了《事业单位财务规则》(财政部令第68号),自2012年4月1日起施行。《事业单位财务规则》分总则、单位预算管理、收入管理、支出管理、结转和结余管理、专用基金管理、资产管理、负债管理、事业单位清算、财务报告和财务分析、财务监督、附则共计12章68条。

此次颁布的《事业单位财务规则》,全面反映了各项财政改革成果,创新和充实了事业单位财务管理的内容和手段,并且按照科学化、精细化管理的要求,进一步规范了事业单位的财务管理,同时还注重解决当前事业单位财务管理中存在的突出问题,具体表现在:一是进一步明确《事业单位财务规则》的适用范围。明确指出《事业单位财务规则》适用于各级各类事业单位的财务活动。同时,为适应事业单位分类改革的需要,在附则中规定了参照公务员法管理的事业单位以及公益服务性组织和社会团体对于本规则的适用问题。二是强化事业单位的预算管理。进一步完善事业单位的预算管理办法,加强事业单位预算编制和执行管理,并明确事业单位决算管理的有关要求。三是规范事业单位收入管理。修改完善财政补助收入的定义,并进一步明确事业收入的范围,增加收入管理的有关要求。四是规范事业单位支出管理。修改完善支出的分类和事业支出的定义,并根据财政改革的有关要求,全面强化支出管理要求。五是完善事业单位结转和结余资金管理。分别界定了结转和结余概念,在此基础上,将结转和结余划分为财政拨款结转和结余资金、非财政拨款结转和结余资金两部分,并分别作了原则性规定。六是加强事业单位资产管理。根据改革实践,进一步完善资产的分类和定义,规范资产的配置、使用、处置以及对外投资管理,建立资产的共享共用制度。七是加强事业单位负债管理。明确事业单位建立健全财务风险控制机制,规范和加强借入款项管理,防范财务风险。八是建立健全事业单位财务监督制度。增设"财务监督"一章,具体规定财务监督的主要内容、监督机制和内外部监督制度。此外,《规则》还根据需要对事业单位财务管理的主要任务、专用基金管理、财务分析指标等内容作了进一步的修改完善。

2. 事业单位财务管理的特点

(1)资金来源的多样性。这是指其资金来源具有多样性。事业单位的资金来源主要包括财政补助收入、上级补助收入、事业收入、经营收入、附属单位上缴收入、其他收入。这种资金来源的多样性使得事业单位的财务管理变得比较复杂。不同性质的资金来源,需要有不同的财务制度加以管理。

(2)管理目的的服务性。这是指财务管理要从财力上支持符合规章制度的管理活动开支,这是事业单位财务管理责无旁贷的义务。

(3)管理程序的严密性。这是指财务管理必须坚决维护有关财务管理方面的法律法规,必须遵循法定的程序,使用合法的手段和工具。

(4)资金使用的节约性。这是指在财务管理活动中应该节约使用每一笔资金,反对任何铺张浪费。

3. 事业单位财务管理的原则与任务

《事业单位财务规则》规范了事业单位的财务行为,明确了事业单位财务管理的目标、基本原则和主要任务。

事业单位财务管理的基本目标是:规范事业单位的财务行为,加强事业单位财务管理和监督,提高资金使用效益,保障事业单位健康发展。

事业单位财务管理的基本原则是:执行国家有关法律、法规和财务规章制度;坚持勤俭办事业的方针;正确处理事业发展需要和资金供给的关系,社会效益和经济效益的关系,国家、单位和个人三者的利益关系。

事业单位财务管理的主要任务是:合理编制单位预算,严格预算执行,完整、准确编制单位决算,真实反映单位财务状况;依法组织收入,努力节约支出;建立健全财务制度,加强经济预算,实施绩效评价,提高资金使用效益;加强资产管理,合理配置和有效利用资产,防止资产流失;加强对单位经济活动的财务控制和监督,防范财务风险。

三、会计组织体系

事业单位会计组织系统主要依据预算经费的管理层次来进行设置,因此与预算的管理层次相适应。我国目前的预算经费拨付方式正在进行改革,由过去的向预算单位逐级直接拨付经费方式逐步改为国库单一账户体系存储、支付和清算,事业单位会计组织系统中各级组织的职责也发生了相应的变化。

1. 划拨方式下事业单位会计组织体系

根据事业单位的机构建制和经费领拨关系,事业单位的会计组织系统分为主管会计单位、二级会计单位和基层会计单位三级。主管会计单位(简称“主管单位”),即向财政部门领报经费,并发生预算管理关系,有所属会计单位的会计单位。也就是说,主管会计单位直接向财政部门领报经费,有所属会计单位并向其所属会计单位转拨经费。二级会计单位(简称“二级单位”),即向主管会计单位或上一级会计单位领报经费,并发生预算管理关系,有下一级会计单位的会计单位。也就是说,二级会计单位不直接向财政部门领报经费,而是向主管会计单位或上一级会计单位领报经费,有所属会计单位并向其所属会计单位转拨经费。三级会计单位(也称“基层会计单位”),即向上一级会计单位领报经费,并发生预算管理关系,没有下级会计单位的会计单位,向同级财政部门领报经费,没有下级会计单位的,视同基层会计单位。也就是说,不论是向财政部门领报经费,还是主管会计单位或二级会计单位向上一级会计单位领报经费,只要没有所属会计单位的就是或者视同是基层会计单位。以上的会计单位,都应建立独立的单位预算,实行比较完整的会计核算制度。不具备独立核算条件的,实行单据报账制度,作为“报账单位”管理。

需要注意的是:以上三级会计单位都是独立的会计单位;二级单位和基层单位都不直接与财政部门发生经费的领报关系;个别中央主管部门系统的所属单位多于三级的,其主管单位与基层单位之间的中间层次都作为二级会计单位管理；上下级不同级别的总预算会计体系的单位预算会计之间没有相应的级次关系；分层于不同级次的财政总预算会计的主管会计单位之间，不能直接发生经费的领报关系。

2. 国库单一账户体系下的事业单位会计组织系统

在国库单一账户体系下，资金不再通过各级会计单位的账户层层下拨，而是由财政国库统一管理和支付，各预算级次单位的财务关系亦有所变化。一级预算单位是指向财政部门汇总报送分月用款计划并提出财政直接支付申请的预算单位；二级预算单位是指向一级预算单位汇总报送分月用款计划并提出财政直接支付申请且有下属单位的预算单位；基层预算单位是指只有本单位开支，无下属单位的预算单位。一级、二级预算单位的本单位开支，视为基层预算单位管理。

第三节 事业单位会计目标与会计信息质量要求

一、事业单位会计目标

所谓会计目标是指会计主体对外提供会计信息的目的。会计目标的设置影响到会计主体、会计报表体系的设计、提供信息的范围和质量规范，进而影响到会计要素确认和计量等会计政策的选择。因此，它是会计的重要理论问题，许多国家把它列为会计准则理论框架的首要问题。

1. 事业单位会计基本目标

研究会计的基本目标，通常包括三方面的内容：一是会计信息满足何种需要；二是信息使用者是谁；三是提供哪些会计信息。

在会计理论上，对会计目标有受托责任观和决策有用观两种不同观点。受托责任观强调会计目标能有效地反映受托经营责任的履行情况。各会计主体对所接受的资财要承担经营管理的责任，为了监督、评价这种责任的履行情况，各会计主体必须提供有关的会计信息，这种会计信息要有助于资财提供者监督、评价会计主体承担的经管责任。决策有用观强调会计目标在于向信息使用者提供有助于进行经济决策的数量化信息。会计信息的使用者利用会计信息主要是为了作出有关决策，为了适应这一需要，会计信息必须首先具有对决策有用的性质，会计信息是经济决策的基础。上述两种观点不应该是对立的，而是相辅相成的。会计起源于受托责任的考评，随着社会经济的发展，竞争和市场风险的形成，单位决策范围的扩大，为经济决策服务逐步提到重要的地位。但就我国事业单位会计目标而言，则应该以受托责任评价为主，同时兼顾为会计信息使用者决策服务。

我国事业单位主要是由中央、省（直辖市）、市三级政府举办，事业单位负有国有资产保值的责任，应向各级政府报告国有资产的受托管理情况。随着社会主义市场经济的发展和事业单位“改制”的进行，事业单位的多元化投资体制已逐步形成，有的还引入外资，建立对外合作办事业的体制。为了弥补政府经费的不足，事业收费也成为事业单位经费的一个重要来源。当事业的扩大发展面临资金缺口时，事业单位也向金融机构贷款。因此，事业单位会计既要重视受托责任性，也不能轻视决策有用性。

2. 事业单位会计的具体目标

我国最新颁布的《事业单位会计准则》中明确指出：事业单位会计核算的目标是向会计

信息使用者提供与事业单位财务状况、事业成果、预算执行等有关的会计信息，反映事业单位受托责任的履行情况，有助于会计信息使用者进行社会管理、作出经济决策。事业单位提供的会计信息应当与反映事业单位受托责任的履行情况、满足财务报告使用者的决策需要相关，符合国家宏观经济管理、预算管理和对事业单位加强财务管理的要求，有助于财务报告使用者对事业单位过去、现在或者未来的情况进行评价或者预测。

确定事业单位会计的具体目标，首先需要明确会计信息使用者及其需要。事业单位会计信息使用者包括政府及其有关部门、举办(上级)单位、债权人、事业单位自身和其他利益相关者。事业单位会计是我国预算会计的重要组成部分，以部门预算资金为会计核算对象，反映事业单位预算资金的收支情况和结果。同时，事业单位作为公益性社会组织，在向社会提供服务时产生业务资金运动，事业单位会计还需要反映其业务运营情况。

不同的会计信息使用者对事业单位会计信息有着不同的需求。内部会计信息使用者，要求提供对组织内部管理有用的会计信息，侧重于反映预算收支情况及结果，为财政预算管理和事业单位的财务管理服务。外部会计信息使用者，要求提供反映社会受托责任的会计信息，以便进行业绩评价与考核，为合理配置社会资源进行经济决策服务。因此，事业单位会计不但要为财政预算管理服务，还要为事业单位的财务管理服务；不但要反映事业单位受托责任履行情况，还要提供有助于作出经济决策的信息。

二、事业单位会计假设

会计假设是会计核算的前提条件，是对会计核算设定的基本条件。《事业单位会计准则》规定，事业单位会计包括会计主体假设、持续经营假设、会计分期假设和货币计量假设四个基本前提条件。

1. 会计主体假设

《事业单位会计准则》规定，“事业单位应当对其自身发生的经济业务或者事项进行会计核算。会计主体是指会计信息所反映的特定单位或组织，它规范了会计工作的空间范围。会计核算应当以事业单位自身发生的各项经济业务为对象，记录和反映事业单位自身的各项经济活动。”

明确会计主体假设的主要意义在于：一是明确会计主体，才能划定会计所要处理的各项交易或事项的范围；二是明确会计主体，才能把握会计处理的原则和要求；三是明确会计主体，才能将会计主体的经济活动与会计主体所有者及职工个人的经济活动区分开来。

会计主体并不等同于法律主体。一般来说，法律主体往往是一个会计主体，但会计主体并不一定是法律主体。

2. 持续经营假设

《事业单位会计准则》规定，“事业单位会计核算应当以事业单位各项业务活动持续正常地进行为前提。持续经营是指会计核算应当以事业单位各项业务活动持续正常地进行为前提，在可预见的未来将正常地进行下去。”

明确持续经营假设的主要意义在于：会计核算以单位持续正常的业务活动为前提，可以使会计原则建立在非清算基础之上，从而为解决很多常见的资产计价和收入确认提供了基础。

3. 会计分期假设

《事业单位会计准则》规定，“事业单位应当划分会计期间、分期结算账目和编制财务会计报告。会计期间至少分为年度和月度。会计年度、月度等会计期间的起讫日期采用公历日期。”会计核算应当划分会计期间，分期结算账目和编制会计报表。会计期间分为年度、季度和月份。会计年度、季度和月份采用公历日期。我国《预算法》第十条规定：预算年度自公历1月1日起，至12月31日止。

明确会计期间假设的主要意义在于：它界定了会计信息的时间段落，为分期结算会计账目和编制财务会计报告，贯彻落实相关会计核算原则奠定了理论与实务基础。

4. 货币计量假设

《事业单位会计准则》规定，“事业单位会计核算应当以人民币作为记账本位币。发生外币业务时，应当将有关外币金额折算为人民币金额计量。”货币计量是指在会计核算中采用货币作为统一计量单位，记录和反映单位的业务活动。《会计法》规定，单位的会计核算以人民币为记账本位币，发生外币收支的，应当按照中国人民银行公布的当日人民币外汇汇率折算为人民币核算。《预算法》第十一条规定：预算收入和预算支出以人民币元为计算单位。

明确货币计量假设的主要意义在于：确认了以货币作为统一的计量单位，使会计信息具有可比性，为各项会计核算原则的确立奠定了基础。

三、事业单位会计信息质量要求

会计信息质量要求是指进行会计核算必须遵循的基本规则和要求，它是指导会计工作的规范和衡量会计工作成败的标准，对会计核算具有重要的指导意义。

1. 可靠性

可靠性要求事业单位应当以实际发生的经济业务或者事项为依据进行会计核算，如实反映各项会计要素的情况和结果，保证会计信息真实可靠。

2. 全面性

事业单位应当将发生的各项经济业务或者事项统一纳入会计核算，确保会计信息能够全面反映事业单位的财务状况、事业成果、预算执行等情况。

3. 及时性

及时性要求事业单位对于已经发生的经济业务或者事项，应当及时进行会计核算，不得提前或者延后。

4. 可比性

可比性要求事业单位提供的会计信息应当具有可比性。

同一事业单位不同时期发生的相同或者相似的经济业务或者事项，应当采用一致的会计政策，不得随意变更。确需变更的，应当将变更的内容、理由和对单位财务状况及事业成果的影响在附注中予以说明。

同类事业单位中不同单位发生的相同或者相似的经济业务或者事项，应当采用统一的会计政策，确保同类单位会计信息口径一致，相互可比。

5. 相关性

相关性要求事业单位提供的会计信息应当与事业单位受托责任履行情况的反映、会计信息使用者的管理、决策需要相关，有助于会计信息使用者对事业单位过去、现在或者未来的情况作出评价或者预测。

6. 可理解性

可理解性要求事业单位提供的会计信息应当清晰明了，以便于会计信息使用者的理解和使用。

第四节　事业单位会计要素

一、事业单位会计要素

会计对象是会计所要核算和监督的内容。从一般意义上讲，凡是能以货币表现的经济活动，都是会计核算和监督的内容。以货币表现的经济活动，通常也称为资金运动。事业单位会计对象所反映的资金运动，属于国家对国民收入的再分配过程。

会计要素是对会计对象进行的基本分类，是设计会计报表结构和内容的依据，也是对经济业务事项进行确认和计量的依据。对会计要素进行严格的定义，能够为会计核算奠定坚实的基础。事业单位会计的基本要素包括资产、负债、净资产、收入、支出等五个部分。

1. 资产

资产是指事业单位占有或者使用的以货币计量的经济资源，包括各种财产、债权和其他权利。一般来说，资产具有三个方面的基本特征：(1)资产是由特定会计主体所拥有或控制的；(2)资产必须能以货币计量；(3)资产蕴含着服务潜力或未来经济利益。事业单位的资产按照流动性，分为流动资产和非流动资产。

流动资产是指预计在1年内(含1年)变现或者耗用的资产，包括货币资金、短期投资、应收及预付款项、存货等。货币资金包括库存现金、银行存款、零余额账户用款额度等。短期投资是指事业单位依法取得的，持有时间不超过1年(含1年)的投资。应收及预付款项是指事业单位在开展业务活动中形成的各项债权，包括财政应返还额度、应收票据、应收账款、其他应收款等应收款项和预付账款。存货是指事业单位在开展业务活动及其他活动中为耗用而储存的资产，包括材料、燃料、包装物和低值易耗品等。

非流动资产是指流动资产以外的资产，包括长期投资、在建工程、固定资产、无形资产等。长期投资是指事业单位依法取得的，持有时间超过1年(不含1年)的各种股权和债权性质的投资。在建工程是指事业单位已经发生必要支出，但尚未完工交付使用的各种建筑(包括新建、改建、扩建、修缮等)和设备安装工程。固定资产是指事业单位持有的使用期限超过1年(不含1年)，单位价值在规定标准以上，并在使用过程中基本保持原有物质形态的资产，包括房屋及构筑物、专用设备、通用设备等。单位价值虽未达到规定标准，但是耐用时间超过1年(不含1年)的大批同类物资，应当作为固定资产核算。无形资产是指事业单位持有的没有实物形态的可辨认非货币性资产，包括专利权、商标权、著作权、土地使用权、非专利技术等。

2. 负债

负债是指事业单位所承担的能以货币计量，需要以资产或者劳务偿还的债务。一般来说，负债具有四个方面的基本特征：(1)负债是指已经发生的，并在未来一定时期内必须偿付的经济责任；(2)负债的实质是未来的经济利益的丧失或牺牲；(3)负债能以货币进行确切计量或者可以合理地预计；(4)负债一般都有确切的债权人和到期日。

事业单位的负债按照流动性，分为流动负债和非流动负债。

流动负债是指预计在1年内(含1年)偿还的负债。事业单位的流动负债包括短期借款、应付及预收款项、应付职工薪酬、应缴款项等。短期借款是指事业单位借入的期限在1年内(含1年)的各种借款。应付及预收款项是指事业单位在开展业务活动中发生的各项债务,包括应付票据、应付账款、其他应付款等应付款项和预收账款。应付职工薪酬是指事业单位应付未付的职工工资、津贴补贴等。应缴款项是指事业单位应缴未缴的各种款项,包括应当上缴国库或者财政专户的款项、应缴税费,以及其他按照国家有关规定应当上缴的款项。

非流动负债是指流动负债以外的负债。事业单位的非流动负债包括长期借款、长期应付款等。长期借款是指事业单位借入的期限超过1年(不含1年)的各种借款。长期应付款是指事业单位发生的偿还期限超过1年(不含1年)的应付款项,主要指事业单位融资租入固定资产发生的应付租赁款。

3. 净资产

净资产是指事业单位资产扣除负债后的余额。事业单位的净资产包括事业基金、非流动资产基金、专用基金、财政补助结转结余、非财政补助结转结余等。

事业基金是指事业单位拥有的非限定用途的净资产,其来源主要为非财政补助结余扣除结余分配后滚存的金额。非流动资产基金是指事业单位非流动资产占用的金额。专用基金是指事业单位按规定提取或者设置的具有专门用途的净资产。财政补助结转结余是指事业单位各项财政补助收入与其相关支出相抵后剩余滚存的、须按规定管理和使用的结转和结余资金。非财政补助结转结余是指事业单位除财政补助收支以外的各项收入与各项支出相抵后的余额。其中,非财政补助结转是指事业单位除财政补助收支以外的各专项资金收入与其相关支出相抵后剩余滚存的、须按规定用途使用的结转资金;非财政补助结余是指事业单位除财政补助收支以外的各非专项资金收入与各非专项资金支出相抵后的余额。

4. 收入

收入是指事业单位开展业务及其他活动依法取得的非偿还性资金。事业单位的收入包括财政补助收入、事业收入、上级补助收入、附属单位上缴收入、经营收入和其他收入等。

财政补助收入是指事业单位从同级财政部门取得的各类财政拨款,包括基本支出补助和项目支出补助。事业收入是指事业单位开展专业业务活动及其辅助活动取得的收入。其中:按照国家有关规定应当上缴国库或者财政专户的资金,不计入事业收入;从财政专户核拨给事业单位的资金和经核准不上缴国库或者财政专户的资金,计入事业收入。上级补助收入是指事业单位从主管部门和上级单位取得的非财政补助收入。附属单位上缴收入是指事业单位附属独立核算单位按照有关规定上缴的收入。经营收入是指事业单位在专业业务活动及其辅助活动之外开展非独立核算经营活动取得的收入。其他收入是指财政补助收入、事业收入、上级补助收入、附属单位上缴收入和经营收入以外的各项收入,包括投资收益、利息收入、捐赠收入等。

5. 支出

支出或者费用是指事业单位开展业务及其他活动发生的资金耗费和损失。事业单位的支出或者费用包括事业支出、对附属单位补助支出、上缴上级支出、经营支出和其他支出等。

事业支出是指事业单位开展专业业务活动及其辅助活动发生的基本支出和项目支出。

对附属单位补助支出是指事业单位用财政补助收入之外的收入对附属单位补助发生的支出。上缴上级支出是指事业单位按照财政部门和主管部门的规定上缴上级单位的支出。经营支出是指事业单位在专业业务活动及其辅助活动之外开展非独立核算经营活动发生的支出。其他支出是指事业支出、对附属单位补助支出、上缴上级支出和经营支出以外的各项支出,包括利息支出、捐赠支出等。

二、事业单位会计等式

会计等式反映会计要素的基本关系,它是复式记账赖以建立的基础,也是设计会计报表结构的基本依据。

事业单位要进行业务活动,必须取得一定数量的资产。资产的供给者可以用现金、实物等形式投入事业单位,以供事业单位提供公共服务使用。事业单位的资产供给者有两种类型:一种是出资人,事业单位的出资人提供资金给事业单位永久使用,不要求收回资金,不要求取得投资回报,但要求按指定的用途使用。限定资金的使用范围,这就是出资人尽了出资义务以后所享有的权利。另一种是债权人,当事业单位出资人投入的资金不敷使用时,债权人直接向事业单位供应资金,或者在业务往来中向事业单位暂时提供其应收的款项,要求事业单位承诺定期偿还所欠款项,通常还要按一定利率定期取得利息。按期收回本金并收取利息,这就是债权人尽了出资义务以后所享有的权利。出资人提供的资金形成事业单位的净资产,债权人提供的资金形成事业单位的负债。净资产和负债投入,就同时形成事业单位的资产。净资产和负债在事业单位反映着权利、义务关系。净资产和负债,对出资人和债权人来说,反映其限定资金使用范围和按期收取本息的权利,对事业单位来说,反映其按规定用途使用资金和按期还本付息的义务。而履行权利、义务的保障则是事业单位的全部资产。事业单位有多少资产,资金供给者就有多少权利。因此,资产同净资产、负债在任何情况下总是保持着数额相等的关系。这种数量关系可用等式表示如下:

资产 = 负债 + 净资产

事业单位为完成业务活动,必然要产生一定的费用支出,同时相应地取得业务收入,收入减去支出,便是结余(或超支)。因此,在事业单位的各项业务活动中,除了涉及资产和负债、净资产外,还有不少是与收入和支出有关的。

在一定时期内所获得的收入大于所发生的支出,其差额即为结余;若收入小于所发生的支出,其差额即为负结余,又称超支。由此,可以得到收入、支出和结余这三个会计要素的等式:

收入 - 支出 = 结余

事业单位资金使用的结余,将使可用于业务活动的净资产增加;所发生的超支,则会冲减净资产。从收入、支出、结余三者同净资产之间的关系来看,收入的发生亦可视同净资产增加,支出的发生亦可视同净资产减少。收入、支出的账务处理就是根据这种关系来确定的。

综上所述,基本会计等式将有所扩展。

在会计年度开始之际,基本的会计等式即为前述的"资产 = 负债 + 净资产"。

在会计年度期间,一方面会取得收入,并因此增加资产(或减少负债);另一方面要发生支出,并因此而减少资产(或增加负债)。在会计年度过程中,基本的会计等式就转化为下列扩展的会计等式:

支出 + 资产 = 负债 + 净资产 + 收入

将上式中等号两边同时减去支出，就得到下列等式：

资产 = 负债 + 净资产 + (收入 - 支出)

在会计年度结束之后，将支出与收入相配合，结算出结余(或超支)。此项结余(或超支)与年度开始时的净资产归并在一起，于是，会计年度终了结账之后，会计等式又恢复为期初的形式，即

资产 = 负债 + 净资产

三、事业单位会计的确认基础

1. 会计确认基础的三种观点

(1)收付实现制

收付实现制也称现金制(Cash System)，是以收到或者付出现金的时间作为标准进行确认收入或费用。在收付实现制下，所有收到的现金都作为本期收入，所有支出的现金都作为本期费用；然而在现实经济活动中，由于商业信用的广泛存在，一个经营主体纯粹的现金收支业务是不可能存在的。尽管收付实现制为资本运动过程中的现金流量要素提供了确认基础，但它无法解决属于债权、债务关系中的资产、负债、利润分配等会计要素的确认问题。

(2)现金流动制

现金流动制(Cash Flow System)也称完全修正的收付实现制(Fully Modified Cash System)，也是当前会计理论界探讨比较多的问题。现金流动制是将期末持有的净资产视为虚拟现金流入额，期初持有的净资产视为虚拟现金流出额，然后将虚拟现金流入量和虚拟现金流出量进行比较的差额视为虚拟现金净流量，来确定当期所实现的利润额。在现金流动制下，不仅涉及已经发生的实际现金收支，还包括可能将要发生的虚拟现金流动，利润额的确定是通过采用盘存法，将前后两期净资产的变动额(虚拟现金变动额)视为当期所实现的利润。在现金流动制下，要求全部资产和全部负债应以现行市价、未来现金流量现值等公允价值进行计量，这实际上是财务报告的计量观和收益决定的资产/负债观。

(3)权责发生制

权责发生制也称应计制(Accrual System)，是以权利或责任是否发生的时间作为标准进行确认资产、负债、收入和费用等会计要素。在权责发生制下，以收款权利或者付款责任是否在本期发生来确认本期的收入或者费用，即把属于本期已实现的收入或者已承担的费用以及属于本期的资产或负债，不论款项是否收付都作为本期的收入或费用以及资产或费用处理；反之亦然。

2. 事业单位会计确认基础的现实选择

《事业单位会计准则》规定：事业单位会计核算一般采用收付实现制，部分经济业务或者事项采用权责发生制核算的，由财政部在会计制度中具体规定。行业事业单位的会计核算采用权责发生制的，由财政部在相关会计制度中规定。

《事业单位会计制度》规定：事业单位会计核算一般采用收付实现制，但部分经济业务或者事项的核算应当按照本制度的规定采用权责发生制。采用权责发生制基础确认的事项主要有两项：一是事业单位年终注销未完成实际支付的直接额度和未下达的授权额度时，可以确认本年度的财政补助收入；二是事业单位的经营类业务，要求合理配比一定期间

内的收入与费用，一般采用权责发生制基础确认各项收入和费用。

四、事业单位会计科目

根据《事业单位会计制度》的规定，事业单位会计共设置会计科目48个，其中：资产类科目17个，负债类科目11个，净资产类科目9个，收入类科目6个，支出类科目5个。事业单位的会计科目如表13－1所示。

表13－1 事业单位会计科目表

序号	编号	科目名称	序号	编号	科目名称
		一、资产类	25	2303	预收账款
1	1001	库存现金	26	2305	其他应付款
2	1002	银行存款	27	2401	长期借款
3	1011	零余额账户用款额度	28	2402	长期应付款
4	1101	短期投资			三、净资产类
5	1201	财政应返还额度	29	3001	事业基金
6	1211	应收票据	30	3101	非流动资产基金
7	1212	应收账款	31	3201	专用基金
8	1213	预付账款	32	3301	财政补助结转
9	1215	其他应收款	33	3302	财政补助结余
10	1301	存货	34	3401	非财政补助结转
11	1401	长期投资	35	3402	事业结余
12	1501	固定资产	36	3403	经营结余
13	1502	累计折旧	37	3404	非财政补助结余分配
14	1511	在建工程			四、收入类
15	1601	无形资产	38	4001	财政补助收入
16	1602	累计摊销	39	4101	事业收入
17	1701	待处置资产损益	40	4201	上级补助收入
			41	4301	附属单位上缴收入
		二、负债类	42	4401	经营收入
18	2001	短期借款	43	4501	其他收入
19	2101	应缴税费			五、支出类
20	2102	应缴国库款	44	5001	事业支出
21	2103	应缴财政专户款	45	5101	上缴上级支出
22	2201	应付职工薪酬	46	5201	对附属单位补助支出
23	2301	应付票据	47	5301	经营支出
24	2302	应付账款	48	5401	其他支出

表13－1中列示的是总账科目，为了反映会计要素项目的具体情况，财政部门对部分总账科目规定了明细科目。事业单位应当按照财政部门的规定设置、使用明细科目。各个事业单位在不影响执行财政部门规定的明细科目的前提下，可根据本单位的需要，增设明细科目。

事业单位应当按照会计制度的规定设置和使用会计科目。在不影响会计处理和编制财务报表的前提下，可以根据实际情况自行增设、减少或合并某些会计科目，以及自行设置本制度规定之外的明细科目。会计制度统一规定会计科目的编号，以便于填制会计凭证、登记账簿、查阅账目、实行会计信息化管理，事业单位不得打乱重编。事业单位在填制会计凭证、登记会计账簿时，应当填列会计科目的名称，或者同时填列会计科目的名称和编号，不得只填列科目编号、不填列科目名称。

第五节　事业单位会计改革

一、《事业单位会计准则》修订的背景及必要性

1. 会计准则修订的背景

我国原事业单位会计标准体系基本形成于1998年前后，包括事业单位会计准则、事业单位会计制度以及医院、高校、中小学、科学事业单位、测绘事业单位等行业会计制度。在该体系中，各项会计制度的主要内容是对会计科目和会计报表进行规范；1997年5月发布、自1998年1月1日实施的《事业单位会计准则(试行)》则规定了事业单位会计基本假设、会计核算的一般原则、各会计要素的定义和内容分类、主要项目的计量方法、会计报表构成等。《事业单位会计准则(试行)》虽对事业单位会计的一些基本概念和原则作了初步的探索，但缺乏系统性，如欠缺对事业单位财务报告目标、会计要素的确认条件等重大概念问题的阐述，未对医院、高校等行业会计制度的制定起到统驭作用。从这一意义上讲，统驭我国各类事业单位会计制度制定，为事业单位会计标准体系提供统一的概念基础和制定依据的事业单位会计准则尚未建立。

随着我国财政预算改革的逐步推进，医疗卫生、教育体制以及事业单位改革的不断深化，1998年前后形成的事业单位会计制度体系在诸多方面暴露出不适应和不协调，已经难以满足新形势下事业单位改革和发展的需要，迫切需要推进会计改革。《高校会计制度》的修订已公开两次发布征求意见稿；《医院会计制度》于2012年1月1日起在全国施行；《事业单位财务规则》于2012年4月1日起施行；《事业单位会计准则》和《事业单位会计制度》于2013年1月1日起在全国施行；其他行业会计制度的修订问题正在加紧研究当中。

2. 会计准则修订的必要性

原准则自1997年开始实施，对规范事业单位会计核算工作，保证会计信息质量发挥了积极作用。但十多年来，经济社会情况发生了很多变化，财政管理改革和事业单位会计管理工作不断发展，客观要求对原准则进行修订。一是适应财政管理改革的需要。2000年以来，围绕公共财政体制建设，开展的很多财政改革涉及会计科目及核算方法的调整，为了确保相关财政改革政策的贯彻落实，需要修订原准则。二是配合《事业单位财务规则》实施的需要。2012年2月，财政部发布了新的《事业单位财务规则》，只有修订原准则和相关会计

制度才能使《财务规则》的主要修订内容通过日常会计核算与管理真正落到实处。三是完善事业单位财务会计制度,落实全国打击发票违法犯罪活动工作要求的需要。2012 年全国打击发票违法犯罪活动工作协调小组明确把修订出台新《会计准则》和《事业单位会计制度》列为"坚持不懈地推进制度机制建设,完善治本之策"的重要任务和措施之一。

二、《事业单位会计准则》修订的主要内容

新《会计准则》共分为总则、会计信息质量要求、资产、负债、净资产、收入、支出或者费用、财务会计报告、附则等 9 章 49 条。在维持原准则基本框架结构的基础上,删除了 7 条,新增了 15 条,对剩余的条款合并调整,并对大部分内容作了修改和完善。与原准则相比。新《会计准则》主要在以下方面作了调整:

(1)扩大了准则的统驭范围。按照《财务规则》的规定,《财务规则》是制定所有行业财务制度的基本依据。与其一致,新《会计准则》将统驭范围由原先的事业单位会计制度扩大到事业单位会计制度和行业事业单位会计制度。

(2)明确了事业单位会计核算目标。新《会计准则》第四条首次明确了事业单位会计核算的目标,规定首先应当反映"受托责任",同时兼顾"决策有用",体现了事业单位提供会计信息要满足财务管理和预算管理双重需要的特点。

(3)合理界定了会计核算基础。原准则规定"会计核算一般采用收付实现制,但经营性收支业务核算可以采用权责发生制"。此次,与《财务规则》相协调,新《会计准则》第九条规定,事业单位会计核算一般采用收付实现制;部分经济业务或者事项,以及行业事业单位,采用权责发生制核算的,在有关会计制度中具体规定。

(4)合理界定了会计要素。考虑医院等采用权责发生制核算的行业事业单位,其会计要素应当以"费用"替代"支出"。新《会计准则》第十条规定,事业单位会计要素包括资产、负债、净资产、收入、支出或者费用。

(5)强化了事业单位会计信息质量要求,包括将第二章标题由"一般原则"改为"会计信息质量要求";在对原可靠性、相关性、可比性、及时性、可理解性原则要求的基础上,增加了"全面性"要求。

(6)在资产构成项目中增加"在建工程",为各会计制度将基建账套相关数据并入会计"大账"提供了依据。

(7)明确了各会计要素确认计量的一般原则。特别是针对各会计制度中接受捐赠、无偿划拨等资产计量口径不统一、不明确以及实际执行中资产不入账等问题,明确了不支付对价情况下取得资产的计量原则。

(8)明确了事业单位对固定资产计提折旧、对无形资产进行摊销的,由财政部在相关财务会计制度中规定。有利于反映资产随着时间推移和使用程度发生的价值消耗,促进事业单位落实"实物管理与价值管理相结合"的资产管理理念和原则,为事业单位进行成本核算提供会计数据支持。

(9)调整了净资产项目构成。适应部门预算管理要求,并与《财务规则》的相关规定相协调,新《会计准则》有关净资产内容中增加了"财政补助结转结余""非财政补助结转结余"等项目。

(10)完善了财务会计报告体系。新《会计准则》引入"财务会计报告"概念,对其构成

进行明确，并统一规定了相关报表的基本列报格式。

三、《事业单位会计制度》修订的背景

原《制度》发布于 1997 年，自 1998 年 1 月 1 日起施行，对规范事业单位会计核算、服务事业单位预算管理发挥了积极的作用。近年来，随着我国公共财政体制改革的不断深化，以及事业单位自身改革发展的逐步推进，对事业单位的预算管理和财务管理都提出了新的、更高的要求，《制度》已经难以满足事业单位管理和发展的需要。

1. 现行《制度》滞后于我国公共财政体制改革

2000 年以来，国库集中收付、政府收支分类、部门预算等各项财政改革陆续开展，对事业单位预算编制、资金运转、资产管理等各方面产生了深刻的影响，同时涉及事业单位会计核算方法的调整和改进。目前，适应社会主义市场经济发展要求的公共财政体制已基本建立，各项改革趋于稳定和完善，对《制度》进行全面修订的时机已经成熟。

2. 现行《制度》未涵盖事业单位基建项目，会计信息不完整

目前，与原《事业单位财务规则》（财政部令第 8 号）相配套，事业单位基本建设按照《国有建设单位会计制度》另设账套核算，与之相关的资产负债未在事业单位会计报表中得到全面反映，造成会计信息不完整，不利于加强事业单位的资产负债管理，进而不利于防范和降低财政风险。财政部去年发布的新《事业单位财务规则》（以下简称《财务规则》）新增了基本建设相关规范条款，同时按照编制部门（综合）预算的要求，有必要同步修订《制度》，增加基本建设会计核算和报表披露内容。

3. 现行《制度》不能反映固定资产真实价值

大部分事业单位不计提固定资产折旧，使得固定资产在处置之前一直按照原值记录和列示，无法如实反映固定资产在报告时点的实际价值，不能提供固定资产在报告期间的损耗信息，进而不利于事业单位的资产管理与成本核算。在《制度》中引入固定资产计提折旧（以及无形资产计提摊销）的有关核算内容，既能解决上述不足，也符合《事业单位国有资产管理暂行办法》（财政部令第 36 号）中提出的资产“实物管理与价值管理相结合的原则”。

4. 事业单位出现了一些新要求、新业务，需予以满足和规范

随着社会事业的改革和发展，事业单位的内外部环境都发生了较大的变化，出现了一些新的管理要求和新的业务活动。比如，部分事业单位举债数额较大，更注重资产负债率等财务风险分析，而《制度》中未明确区分流动资产和非流动资产、流动负债和非流动负债，不利于事业单位财务分析。这些新要求和新业务要求对《制度》进行相应的补充和完善。

5. 事业单位会计科目与报表体系不完善

现行事业单位会计科目体系不完整，列示的项目和内容不尽合理，如资产负债表中列示收入和核算内容不全面，有关确认计量标准不明确；会计报表列支出项目；会计信息披露不充分，缺乏对报表附注披露内容的规范。上述问题需要在《制度》修订中加以解决。

四、《事业单位会计制度》主要修订的内容

1. 新增财政改革政策涉及的会计核算

在《制度》中新增了有关国库集中支付、政府收支分类、工资和津贴补贴、财政拨补助转结余管理等公共财政改革会计核算内容，与上述改革政策进行全面和有机的衔接。

2. 配合《财务规则》做出相应修改

财政部发布的《财务规则》对事业单位预算管理、收入支出管理、结转结余资金管理和资产管理等方面的内容进行了修改，如规定对事业单位各种性质的收入与支出相抵后的余额均要区分为结转和结余进行管理，既要分为事业结转结余和经营结转结余，同时还要区分为财政补助结转结余和非财政补助结转结余。

又如，将事业单位在建工程纳入单位统一的财务管理，为与之相协调一致，《制度》中调整了有关会计科目设置及其核算内容和核算方法。

3. 计提固定资产折旧和无形资产摊销

《制度》规定对事业单位除文物和陈列品、动植物、图书和档案、以名义金额计量的固定资产之外的固定资产计提折旧、对无形资产计提摊销，以反映资产因使用中的消耗而发生的价值减少，从而真实体现资产价值。为兼顾事业单位预算管理和财务管理需求，《制度》中采用了“虚提”折旧和摊销模式，即在计提折旧和摊销时冲减净资产“非流动资产基金”（而非计入当期支出）。

4. 进一步完善会计科目设置和相关会计核算

《制度》对现行会计科目体系进行了全面梳理和完善。除上面提及的调整内容外，《制度》还为加强财务风险分析将原“借入款项”科目区分为“短期借款”和“长期借款”科目，将原“其他应付款”科目区分为“其他应付款”和“长期应付款”科目等。此外，《制度》对各科目的核算内容、核算要求、账务处理等作了更为全面、详细的规定。

5. 完善财务报表体系和会计报表格式

《制度》在财务报告中增加了财政补助收入支出表，改进了资产负债表和收入支出表的结构和项目。主要如：取消了资产负债表中的收入和支出项目；为便于对事业单位进行财务分析，在资产负债表中按照流动性和非流动性排列资产负债表项目；为合理反映事业单位的收支补偿机制，按照多步式结构设计收入支出表。

这一方面使事业单位的财务报表格式与国际惯例和企业会计更为协调，增强了通用性；另一方面，也兼顾了事业单位的实际情况，使事业单位的财务报表体系更为完整，以满足财务管理、预算管理、绩效考核等多方面的信息需求。

6. 明确规定基建数据并入会计“大账”

在新制度实施前，事业单位基建数据是根据《基本建设财务管理规定》来处理的，即设立基建账套，单独核算，以月报形式反映资金的来源和占用。在年终决算时，将基建投入等并入会计大账。新事业单位会计制度明确规定，将基建数据并入会计“大账”，全面及时地反映了事业单位的资产负债信息，将表外数据及时并入表内，有效防范风险。

7. 突出强化资产计价和入账管理

新制度针对事业单位实务中普遍存在的对于接受捐赠、无偿调入资产计量口径不统一、相关资产不入账等问题，进一步明确了该种情况下资产的计量原则，要求在没有相关凭据、同类或类似资产的市场价格也无法可靠取得的情况下，将所取得的资产按照名义金额入账，并要求在会计报表附注中披露以名义金额计量的资产情况。这些规定有利于提高事业单位会计信息的可比性，有利于促进取得的资产及时入账，通过资产的账实核等手段加强国有资产管理，确保国有资产安全完整。

8. 规范核算非财政补助结转结余及其分配

新制度严格区分财政补助和非财政补助结转结余，通过设置“非财政补助结转”“事业结余”“经营结余”等科目，进一步将非财政补助资金区分结转和结余分别核算，并对非财政补助结余的形成及其分配情况设计了科学的账务处理流程。这些规定符合“财政拨款结转结余不参与预算单位的结余分配、不转入事业基金”“专项资金专款专用”等部门预算管理规定，有助于进一步规范事业单位的支出和分配行为，促进事业单位健康、可持续发展。

第十四章　事业单位资产的核算

事业单位的资产属于国有资产,规范和加强事业单位资产的管理与核算,对于维护国有资产的安全完整,合理配置和有效利用国有资产,保障和促进各项事业发展意义重大。事业单位资产的内容包括货币资金、短期投资、应收及预付款项、存货、长期投资、在建工程、固定资产、无形资产等。资产是事业单位会计核算中五大要素之一,是事业单位会计核算的主要内容。

第一节　资 产 概 述

一、资产的确认

资产是指事业单位占有或者使用的能以货币计量的经济资源,包括各种财产、债权和其他权利。资产作为一项经济资源,是事业单位开展业务活动的物质基础,能够给事业单位带来服务能力或者能带来经济利益。事业单位的资产为国家所有,由事业单位实际占有,被事业单位使用。

事业单位的资产按照流动性,可分为流动资产和非流动资产。流动资产是指预计在1年内(含1年)变现或者耗用的资产,包括货币资金、短期投资、应收及预付款项、存货等。非流动资产是指流动资产以外的资产,包括长期投资、在建工程、固定资产、无形资产等。

事业单位的资产按来源包括事业单位使用国家财政性资金形成的资产、国家调拨给事业单位的资产、事业单位按照国家政策规定运用国有资产组织收入形成的资产,以及接受捐赠和其他经法律确认为国家所有的资产。

二、资产的计量

事业单位资产的计量包括初始计量和后续计量。

1. 资产的初始计量

事业单位的资产应当按照取得时的实际成本进行计量。除国家另有规定外,事业单位不得自行调整其账面价值。取得资产的实际成本应当区分支付对价和不支付对价两种方式:

(1)以支付对价方式取得的资产,应当按照取得资产时支付的现金或者现金等价物的金额,或者按照取得资产时所付出的非货币性资产的评估价值等金额计量。其中,应收及预付款项应当按照实际发生额计量。

(2)取得资产时没有支付对价的,其计量金额应当按照有关凭据注明的金额加上相关税费、运输费等确定;没有相关凭据的,其计量金额比照同类或类似资产的市场价格加上相关税费、运输费等确定;没有相关凭据、同类或类似资产的市场价格也无法可靠取得的,所取得的资产应当按照名义金额入账。名义金额一般为人民币1元。

2. 资产的后续计量

事业单位不需要对各项资产进行减值测试计提减值准备,后续计量表现在固定资产折旧和无形资产摊销。

事业单位对固定资产计提折旧和无形资产进行摊销，有利于反映资产随着时间推移和使用程度不同而发生的价值转移，有利于促进事业单位落实“实物管理与价值管理相结合”的资产管理理念和原则，同时也为事业单位进行成本核算提供会计数据支持，因此，有条件的事业单位（如高校、医院、科学事业单位等）应该对固定资产计提折旧，对无形资产进行摊销。

三、资产的管理

事业单位应当建立健全单位资产管理制度，加强和规范资产配置、使用和处置管理，维护资产安全完整，保障事业健康发展。

1. 规范资产配置

事业单位资产配置方式主要有购置、调剂等。事业单位应当按照科学规范、从严控制、保障事业发展需要的原则合理配置资产。事业单位资产配置标准由同级财政部门会同有关主管部门根据有关规定共同制定。事业单位用财政性资金购置规定限额以上资产时，应当按照规定程序经主管部门审核同意后报同级财政部门审批。事业单位用其他资金购置规定限额以上的资产的，需报主管部门审批，主管部门将审批结果定期报同级财政部门备案。财政部门对要求配置的资产，能调剂解决的，原则上不重新购置。

2. 合理使用资产

事业单位应当提高资产使用效率，按照国家有关规定实行资产共享、共用。事业单位利用国有资产对外投资、出租、长期出借和担保等，应当进行必要的可行性论证，并提出申请，经主管部门审核同意后报财政部门审批。使用中对存货、固定资产进行定期或者不定期的清查盘点，保证账实相符。

3. 合法处置资产

事业单位资产处置应当遵循公开、公平、公正和竞争、择优的原则，严格履行相关审批程序。事业单位占有、使用的房屋建筑物、土地和车辆的处置，货币性资产损失的核销，以及单位价值或者批量价值在规定限额以上资产的处置，经主管部门审核后报同级财政部门审批；规定限额以下资产的处置报主管部门审批，主管部门将审批结果定期报同级财政部门备案。

第二节　货币资金

货币资金是指可以立即投入流通，用于购买商品和劳务，或用于偿还债务的交换媒介，包括库存现金、银行存款、零余额账户用款额度等。

一、库存现金

现金有狭义和广义之分。狭义的现金仅指单位的库存现金；广义的现金除了库存现金外，还包括银行存款和其他符合现金特点的票证。事业单位的库存现金即狭义的现金，是指存放于事业单位、由出纳人员经管的货币。现金是流动性最强、支付手段最直接的资产，最易被挪用或侵占，因此，事业单位必须加强对库存现金的管理，严格遵守国家有关现金管理制度，正确进行现金收支的核算，监督现金使用的合法性与合理性。

1. 现金管理制度

(1)现金使用范围

事业单位与其他单位之间的财务及经济往来活动中,一般应采取非现金结算的方式。但是,有的财务及经济活动需采取现金结算的方式。根据国家现金管理制度规定,事业单位可用现金支付的范围包括:

①职工工资、津贴;

②个人劳务报酬;

③根据国家规定颁发给个人的科学技术、文化艺术、体育等各种奖金;

④各种劳保、福利费用以及国家规定的对个人的其他支出;

⑤出差人员必需随身携带的差旅费;

⑥结算起点(1 000 元)以下的零星支出;

⑦中国人民银行确定需要支付现金的其他支出。

除上述情况可以用现金支付外,其他款项的支付应通过银行转账结算。

(2)库存现金的限额

库存现金的限额是指为了保证事业单位日常零星开支的需要,允许留存的最高数额。这一限额由开户银行根据单位的实际需要核定,一般按照单位 3 ~5 天日常零星开支的需要确定,边远地区和交通不便地区开户单位的库存现金限额,可按多于 5 天但不超过 15 天日常零星开支的需要确定。核定后的库存现金限额,开户单位必须严格遵守,超过部分应于当日终了前存入银行。需要增加或减少库存现金限额的单位,应向开户银行提出申请,由开户银行核定。

(3)现金收支的日常管理

开户单位收入现金应于当日送存开户银行,当日送存确有困难的,由开户银行确定送存时间。开户单位支付现金,可以从本单位库存现金中支付或从开户银行提取,不得从本单位的现金收入中直接支付,即不得“坐支”现金。因特殊情况需要坐支现金的单位,应事先报经有关部门审查批准,并在核定的范围和限额内进行,同时,收支的现金必须入账。开户单位从开户银行提取现金时,应如实写明提取现金的用途,由本单位财会部门负责人签字盖章,并经开户银行审查批准后方可予以支付。此外,不准用不符合制度规定的凭证顶替库存现金,即不得“白条顶库”;不准谎报用途套取现金;不准用银行账户代其他单位和个人存入或支取现金;不准将单位收入的现金以个人名义存入储蓄,不准保留账外公款,即不得“公款私存”,不得设置“小金库”等。银行对于违反上述规定的单位,将按照违规金额的一定比例予以处罚。

(4)现金管理的内部控制制度

①实行岗位分管原则。事业单位应当建立现金管理的岗位责任制,明确相关部门和岗位职责权限,确保办理货币资金业务的不相容岗位相互分离、制约和监督。出纳人员不得兼任稽核、会计档案保管和收入、支出、费用、债权债务账目的登记工作;非出纳人员,不得经管现金、有价证券和票据(不含支票);实行会计电算化的单位,出纳员、程序编制人员不得兼任微机记账工作。

②严格履行现金收付手续。现金的支付必须由经办人在付款单据上写明用途并签字,审批人应在付款单据上写明审批意见并签字,无签字审批的,出纳员不得办理支付。办理任何现金收支,都必须以合法的原始凭证为依据。收付现金的各种原始单据,应有专人进

行审核,出纳员按月连续编号,作为现金出纳的顺序号。出纳员付出现金后,应当在原始单据上加盖“现金付讫”戳记,并在当天登记入账。收到现金后,应开给对方收据。一切现金收入必需当天入账,尽可能在当天存入银行。

③现金盘点和督查。出纳人员应每天清点现金,登记库存现金日记账,做到账账相符、账实相符。单位应建立现金清查制度,定期和不定期地进行现金盘点,若发现账款不符,应及时查明原因,并作相应处理。

2. 现金日常的账务处理

事业单位应设置“库存现金”账户,用于核算事业单位库存现金的收入、支出和结存情况。该账户属于资产类,借方登记现金的增加;贷方登记现金的减少。期末余额在借方,反映事业单位实际持有的库存现金的金额。

事业单位应当设置“现金日记账”,由出纳人员根据收付款凭证,按照业务发生顺序逐笔登记。每日终了,应当计算当日的现金收入合计数、现金支出合计数和结余数,并将结余数与实际库存数核对,做到账款相符。

现金收入业务较多,单独设有收款部门的事业单位,收款部门的收款员应当将每天所收现金连同收款凭据等一并交财务部门核收记账;或者将每天所收现金直接送存开户银行后,将收款凭据及向银行送存现金的凭证等一并交财务部门核收记账。

事业单位有外币现金的,应当分别按照人民币、各种外币设置“现金日记账”进行明细核算。有关外币现金业务的账务处理参见“银行存款”科目的相关规定。

【例 14-1】 某事业单位发生的现金日常核算业务如下:

[1]从银行提取现金 500 元。

借:库存现金　　500

　贷:银行存款　　500

[2]张华预借差旅费 3 000 元。

借:其他应收款——张华　　3 000

　贷:库存现金　　3 000

[3]张华出差回来报销差旅费 2 500 元,剩余款项以现金退回。

借:事业支出　　2 500

　　库存现金　　500

　贷:其他应收款——张华　　3 000

3. 现金的清查

现金清查是指对库存现金的盘点与核对,包括出纳人员每日终了前进行的现金账款核对和清查小组进行的定期或不定期的现金盘点、核对。现金清查一般采用实地盘点法。清查小组清查时,出纳人员必须在场,清查的内容主要是检查是否挪用现金、白条顶库、超限额留存现金,以及账款是否相符等。对于现金清查的结果,应编制“现金盘点报告单”,注明现金溢缺的金额,并由出纳人员和盘点人员签字盖章。如果有挪用现金、白条顶库情况,应及时予以纠正;对于超限额留存的现金要及时送存银行。如果账款不符,发现现金溢余或短缺的,应当及时进行处理。如发现现金溢余,属于应支付给有关人员或单位的部分,借记本账户,贷记“其他应付款”;属于无法查明原因的部分,借记本账户,贷记“其他收入”。如发现现金短缺,属于应由责任人赔偿的部分,借记“其他应收款”,贷记本账户;属于无法查明原因的部分,报经批准后,借记“其他支出”,贷记本账户。

【例 14－2】 某事业单位发生的现金溢缺的核算业务如下：

[1]现金清查中，发现库存现金长款 230 元，为无主款。

借：库存现金 230

　贷：其他收入 230

[2]现金清查中，发现有无法查明原因的库存现金短缺 180 元，经批准列“其他支出”。

借：其他支出 180

　贷：库存现金 180

[3]现金短缺 100 元属于出纳员李伟的责任，应由该出纳员赔偿。

借：其他应收款——李伟 100

　贷：库存现金 100

[4]收到上述出纳员李伟赔款 100 元。

借：库存现金 100

　贷：其他应收款——李伟 100

二、银行存款

1. 银行账户的管理

银行存款是指事业单位存放于银行或其他金融机构的货币资金，包括人民币存款和外币存款。事业单位的货币资金除少量按核定的限额保留库存现金以供零星开支外，超过限额的现金必须存入国家核定设立的银行或其他金融机构。除国家规定的可以用现金办理的结算外，其余都必须办理转账结算。

(1)银行存款账户的开设

事业单位应当根据业务需要，按照规定在其所在地银行开设账户，运用所开设的账户进行存款、取款以及各种收支转账业务的结算。按照国家《银行账户管理办法》的规定，将事业单位的存款账户分为四类，即基本存款账户、一般存款账户、专用存款账户和临时存款户。基本存款账户是用于核算单位经费、办理日常转账结算和现金收付等业务的账户。凡具有法人资格的单位经财政部门批准后，只能开立一个基本存款账户。一般存款账户是因借款转存或其他结算需要开立的账户。一般存款账户只能用于办理转账结算和现金缴存，不能支取现金。专用存款账户是对有特定用途资金进行专项管理和使用开立的银行账户，如基本建设资金存款专户、党费、工会经费存款专户等。临时存款账户是存款人因临时需要并在规定期限内使用而开立的银行结算账户。单位必须经同级财政部门批准，方可到银行开立各类存款账户。

(2)银行账户的管理要求

①不准多头开户，一个单位只能开设一个基本存款户。

②由单位财务部门统一开立银行账户，各项收支必须纳入单位财务部门的统一监管，非独立核算单位不得另设账户。

③不准出租、出借或转让给其他单位或个人使用。

④账户必须有足够的资金保证支付，不准签发空头支票。

⑤按规定使用银行票据，按时与开户行对账。

⑥单位撤销、合并、迁移时，及时办理销户手续。

2. 银行存款日常的账务处理

事业单位应设置“银行存款”账户，用于核算事业单位存入银行或其他金融机构的各种存款。该账户属于资产类，事业单位将款项存入银行或其他金融机构时，借记本账户；提取和支出存款时，贷记本账户。期末借方余额，反映事业单位银行存款数额。

事业单位发生外币业务的，应当按照业务发生当日（或当期期初，下同）的即期汇率，将外币金额折算为人民币记账，并登记外币金额和汇率。期末，各种外币账户的外币余额应当按照期末的即期汇率折算为人民币，作为外币账户期末人民币余额。调整后的各种外币账户人民币余额与原账面人民币余额的差额，作为汇兑损益计入相关支出。

为了全面、系统、连续、详细地反映有关银行存款收支的情况，事业单位应当按开户银行或其他金融机构、存款种类及币种等，分别设置“银行存款日记账”，由出纳人员根据收付款凭证，按照业务的发生顺序逐笔登记，每日终了应结出余额。

【例 14－3】　某事业单位发生的有关银行存款业务如下：

[1]收到附属独立核算单位的缴款 200 000 元。

借：银行存款　　200 000
　贷：附属单位上缴收入　　200 000

[2]收到银行转来自来水费支付账单 1 000 元。

借：事业支出　　1 000
　贷：银行存款　　1 000

[3]事业单位开出转账支票一张，支付购材料所欠货款 2 340 元。

借：应付账款　　2 340
　贷：银行存款　　2 340

[4]收到国外机构捐赠的款项 100 万美元，当日汇率（1∶6.3）。

借：银行存款——美元户 100 万（100 万 ×6.3）　　6 300 000
　贷：其他收入　　6 300 000

[5]月末，美元户余额 100 万美元，汇率 1∶6.4。

借：银行存款——美元户　　100 000
　贷：事业支出　　100 000

三、零余额账户用款额度

零余额账户用款额度是在国库单一账户制度下，财政部门授权事业单位使用的预算资金额度。在国库单一账户制度下，事业单位经财政部门审批，在商业银行（代理银行）开设的零余额账户，用于财政授权支付以及与国库单一账户进行清算。财政部门根据预算安排和资金使用计划，定期向事业单位下达财政授权支付额度。事业单位可以在下达的额度内，自行签发授权支付指令，通知代理银行办理资金支付业务。该账户每日发生的支付，于当日营业终了前由代理银行在财政部门批准的用款额度内与国库单一账户清算，该账户无余额过夜，故称零余额账户。营业中单笔支付额 5 000 万元人民币以上（含 5 000 万元），应及时与国库单一账户进行清算。年度终了，该账户的余额由代理银行与预算单位对账，经预算单位签字后自动注销。

1. 零余额账户的管理要求

①零余额账户的开设和撤销，应当由财政部门根据预算单位的申请，通知代理银行办

理,单位不得自行办理。

②只有独立核算的基层预算单位,才能开设一个零余额账户。一级、二级、三级等各级预算单位本级,在开设零余额账户方面视同一个基层预算单位管理,只能开设一个零余额账户。非独立核算的单位,包括单位财务机构以外的职能部门,均不得开设零余额账户。

③预算单位零余额账户可以办理转账、提现等结算业务,原则上不得向本单位实有资金账户划拨资金,但《支付管理办法》规定的住房公积金、提租补贴、工会会费三类经费除外。

④不得违反规定向上级主管单位、所属下级单位账户划拨资金。

⑤预算单位零余额账户只用于办理支付业务,单位的经营收入、往来收入等非财政性资金,不得进入零余额账户。

⑥月度财政授权支付额度在年度内可累加使用。

⑦年度终了,代理银行和单位进行对账签证,代理银行将余额全部注销。银行对账签证单作为单位的记账凭证。

⑧因凭证要素填写错误在支付之前退票的,单位核实原因重新通知代理银行办理支付;资金支付后,因收款单位账户名称或账号填写错误而发生资金退回零余额账户的,代理银行在当日将资金退回国库单一账户并通知单位,恢复额度。

2. 零余额账户用款额度的账务处理

事业单位应设置"零余额账户用款额度"账户,用于核算实行国库集中支付的事业单位根据财政部门批复的用款计划收到和支用的零余额账户用款额度。该账户属于资产类账户,在财政授权支付方式下,收到代理银行盖章的"授权支付到账通知书"时,根据通知书所列数额,借记本账户,贷记"财政补助收入";提取现金或按规定支用额度时,借记有关账户,贷记本账户。因购货退回等发生国库授权支付额度退回的,属于以前年度支付的款项,按照退回金额,借记本账户,贷记"财政补助结转""财政补助结余""存货"等有关账户;属于本年度支付的款项,按照退回金额,借记本账户,贷记"事业支出""存货"等有关账户。年度终了,将本年末下达和已经下达但未使用的授权支付额度予以注销;下年初,确认恢复到账的授权支付额度(年终注销与年初恢复的账务处理在"财政应返还额度"账户中讲解)。期末借方余额,反映事业单位尚未支用的零余额账户用款额度。本账户年末应无余额。

【例 14-4】 某事业单位发生的零余额账户用款额度业务如下:

[1]收到代理银行转来的"财政授权支付额度到账通知书",本月获得财政用款额度1 000万元。

借:零余额账户用款额度	10 000 000	
贷:财政补助收入		10 000 000

[2]签发支付令,从零余额账户支付购买材料款4 000 元。

借:事业支出(存货)	4 000	
贷:零余额账户用款额度		4 000

[3]从零余额账户支取现金18 000 元。

借:库存现金	18 000	
贷:零余额账户用款额度		18 000

[4]2013 年7 月,单位以财政授权支付方式支付10 万元,购入一批事业活动用低值易耗品,购入当月全部被各部门领用。8 月,因部分低值易耗品质量未达到要求,单位按合同

规定将其退回供应商，并收到供应商退款的2万元支票，将收到的退款支票存入零余额账户，代理银行在当日将资金退回国库单一账户并通知单位恢复额度。

借：零余额账户用款额度　　20 000

　贷：事业单位支出　　20 000

第三节　应收及预付款项

应收及预付款项是指事业单位在开展业务活动中形成的各项债权，包括财政应返还额度、应收票据、应收账款、其他应收款等应收款项和预付账款。

一、财政应返还额度

财政应返还额度是指实行国库集中支付的事业单位，年度终了应收财政下年度返还的资金额度，即反映结转下年使用的用款额度。

1. 国库集中支付方式

国库集中支付是指以国库单一账户体系为基础，将所有财政性资金都纳入国库单一账户体系，支出通过国库单一账户体系支付到商品和劳务供应者或用款单位的一项国库管理制度。国库集中支付的方式包括财政直接支付和财政授权支付。

(1)财政直接支付

财政直接支付是指财政部门向中国人民银行和财政零余额账户代理银行签发支付指令，代理银行根据支付指令通过国库单一账户体系将资金直接支付到收款人、供应(服务)单位账户。事业单位实行财政直接支付的财政性资金包括工资支出、工程采购支出、物品和服务采购支出。财政直接支付方式如图14－1所示。

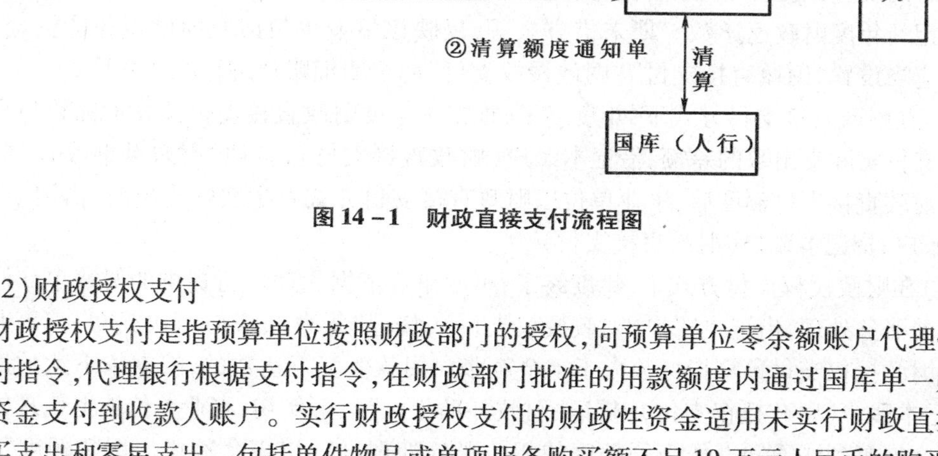

图14－1　财政直接支付流程图

(2)财政授权支付

财政授权支付是指预算单位按照财政部门的授权，向预算单位零余额账户代理银行签发支付指令，代理银行根据支付指令，在财政部门批准的用款额度内通过国库单一账户体系将资金支付到收款人账户。实行财政授权支付的财政性资金适用未实行财政直接支付的购买支出和零星支出。包括单件物品或单项服务购买额不足10万元人民币的购买支出；

投资额不足50万元人民币的工程项目(含建设单位管理费)支出。财政授权支付方式如图14-2所示。

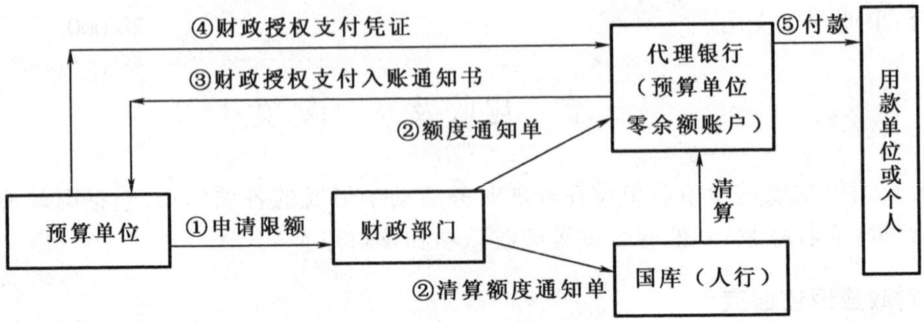

图14-2 财政授权支付流程图

2. 财政应返还额度的形成

预算额度是事业单位根据预算可以从财政部门获得的资金数额,代表存在于财政部门国库单一账户中的事业单位尚可使用资金数。事业单位可以通过财政直接支付或财政授权支付的形式使用该额度。事业单位取得的财政资金以预算指标或账户额度形式存在。实际的资金存在于财政国库单一账户中,而不是以现金或银行存款的形式存在。在国库单一账户制度下,事业单位尽管没有取得现金或银行存款,但单位预算被批准后,事业单位就对预算中的资金依法拥有相应的资金使用权。年底事业单位如果存在未使用完的预算指标,应该在年末确认为单位资产。事业单位的财政应返还额度包括财政直接支付应返还的额度和财政授权支付应返还的额度。

(1) 财政直接支付应返还的额度是本年度财政直接支付预算指标数与当年财政直接支付实际支出数的差额。

(2)财政授权支付应返还的额度包括授权支付额度的本年预算指标与当年下达数之间的差额以及授权额度的本年下达数与当年使用数之间的差额。

3. 财政应返还额度的账务处理

事业单位应设置"财政应返还额度"账户,用于核算实行国库集中支付的事业单位应收财政返还的资金额度。本账户属于资产类账户,借方登记年末财政应返还额度的增加数;贷方登记新年度财政返还数。期末借方余额,反映该事业单位应收财政返还的资金额度。本账户应当设置"财政直接支付""财政授权支付"两个明细账户进行明细核算。

(1)在财政直接支付方式下,年度终了,根据本年度财政直接支付预算指标数与当年财政直接支付实际支出数的差额,借记本账户(财政直接支付),贷记"财政补助收入"。下年度恢复财政直接支付额度后,事业单位以财政直接支付方式发生实际支出时,借记"事业支出"等账户,贷记本账户(财政直接支付)。

(2)在财政授权支付方式下,年度终了,事业单位依据代理银行提供的对账单作注销额度的相关账务处理,借记本账户(财政授权支付),贷记"零余额账户用款额度"。事业单位本年度财政授权支付预算指标数大于零余额账户用款额度下达数的,根据未下达的用款额度,借记本账户(财政授权支付),贷记"财政补助收入"。下年初,事业单位依据代理银行提供的额度恢复到账通知书作恢复额度的相关账务处理,借记"零余额账户用款额度",贷记本账户(财政授权支付)。事业单位收到财政部门批复的上年末未下达零余额账户用款额度时,借记"零余额账户用款额度",贷记本账户(财政授权支付)。

【例 14-5】 某事业单位发生的财政应返还额度的业务如下:

[1]2012 年末,确认本年财政授权支付预算指标 1 000 万元,已下达单位零余额账户额度 800 万元,实际使用 500 万元额度。年终财政收回额度,并于第二年 1 月恢复全部额度,1 月实际授权支付 2 500 万元用于事业支出。

①年终时:

借:财政应返还额度——财政授权支付　　5 000 000
　贷:财政补助收入　　2 000 000
　　零余额账户用款额度　　3 000 000

②第二年恢复额度时:

借:零余额账户用款额度　　5 000 000
　贷:财政应返还额度　　5 000 000

③第二年实际授权支付时:

借:事业支出　　25 000 000
　贷:零余额账户用款额度　　25 000 000

[2]年终依据本年度财政直接支付预算指标(40 000 000)与当年财政直接支付实际支出(35 000 000 万)的差额,进行账务处理:

借:财政应返还额度——财政直接支付　　5 000 000
　贷:财政补助收入　　5 000 000

[3]次年初,事业单位收到"财政直接支付额度恢复通知书",不做账务处理。

[4]收到财政国库支付中心委托代理银行转来的"财政直接支付入账通知书"及有关原始凭证,财政部门使用上年的直接支付额度支付文献资料印刷费 15 000 元。

借:事业支出　　15 000
　贷:财政应返还额度　　15 000

二、应收票据

应收票据是单位持有的尚未到期兑现的商业汇票。事业单位因开展经营活动销售产品、提供有偿服务等而收到的商业汇票,包括银行承兑汇票和商业承兑汇票。商业承兑汇票是由收款人签发,经付款人承兑;或由付款人签发并承兑的票据。银行承兑汇票是由收款人或承兑申请人签发,并由承兑申请人向银行申请,经由银行审查同意承兑的汇票。

事业单位应设置"应收票据"账户,核算因开展经营活动销售产品、提供有偿服务等而收到的商业汇票。本账户属于资产类账户,因销售产品、提供服务等收到商业汇票时,按照商业汇票的票面金额,借记本账户;商业汇票到期时,按照实际收到的商业汇票票面金额,贷记本账户。期末借方余额,反映事业单位持有的商业汇票票面金额。本账户应当按照开出、承兑商业汇票的单位等进行明细核算。

持未到期的商业汇票向银行贴现时,按照实际收到的金额(即扣除贴现息后的净额),借记"银行存款"科目,按照贴现息,借记"经营支出"等账户,按照商业汇票的票面金额,贷记本账户。

将持有的商业汇票背书转让以取得所需物资时,按照取得物资的成本,借记有关账户,按照商业汇票的票面金额，贷记本账户，如果有差额，借记或贷记“银行存款”等账户。

如果到期付款人无力支付票款，收到银行退回的商业承兑汇票、委托收款凭证、未付票款通知书或拒付款证明等，按照商业汇票的票面金额，借记“应收账款”，贷记本账户。

事业单位应当设置“应收票据备查簿”，逐笔登记每一应收票据的种类、号数、出票日期、到期日、票面金额、交易合同号和付款人、承兑人、背书人姓名或单位名称、背书转让日、贴现日期、贴现率和贴现净额、收款日期、收回金额和退票情况等资料。应收票据到期结清票款或退票后，应当在备查簿内逐笔注销。

【例 14-6】 某事业单位发生的有关应收票据的业务如下：

[1]销售 M 产品一批给甲公司，货已发出，价款 10 000 元，增值税款 1 700 元，按合同约定 2 个月后付款，甲公司交给事业单位一张 2 个月到期的商业承兑汇票，面值 11 700 元。

借：应收票据——甲公司（商业承兑汇票）　　11 700
　贷：经营收入　　10 000
　　应缴税费——应缴增值税（销项税额）　　1 700

[2]上述票据已经 2 个月到期，收回 11 700 元，存入银行。

借：银行存款　　11 700
　贷：应收票据——甲公司（商业承兑汇票）　　11 700

若到期后甲公司无力支付货款，则

借：应收账款　　11 700
　贷：应收票据　　11 700

[3]将持有的面值为 10 000 元的商业汇票背书转让取得所需材料 6 000 元，余款已经存入银行。

借：存货　　6 000
　银行存款　　4 000
　贷：应收票据　　10 000

[4]事业单位销售 M 公司产品一批给乙公司，货已发出，货款 20 000 元，增值税款 3 400 元。按合同约定 90 天付款，乙公司交给该事业单位一张 90 天到期的商业承兑汇票，面值为 23 400 元。

该事业单位收到票据时：

借：应收票据——乙公司　　23 400
　贷：经营收入　　20 000
　　应缴税费——应缴增值税（销项税额）　　3 400

[5]该事业单位 60 天后急需用资金持此票据到银行申请贴现，贴现利率为 12%。

$$贴现息 = 23\,400 \times 12\% \times (30 / 360) = 234 元$$

$$扣除贴现息后的净额 = 23400 - 234 = 23\,166 元$$

借：银行存款　　23 166
　经营支出　　234
　贷：应收票据——乙公司　　23 400

[6]上述已办贴现的票据到期，乙公司未能按期支付，贴现银行从该事业单位的账户中将票据款划出。

借:应收账款——乙公司　　23 400
　贷:银行存款　　23 400

若该事业单位的账户余额不足,银行则为逾期贷款通知单位。

借:应收账款——乙公司　　23 400
　贷:短期借款　　23 400

三、应收账款

应收账款是指事业单位因开展经营活动提供劳务、开展有偿服务以及销售产品等业务形成的,应向客户收取的款项。

事业单位应设置“应收账款”账户,核算事业单位因开展经营活动销售产品、提供有偿服务等而应收取的款项。本账户属于资产类账户,发生应收账款时,按照应收未收金额,借记本账户;收回应收账款时,按照实际收到的金额,贷记本账户。期末借方余额,反映事业单位尚未收回的应收账款。本账户应当按照购货、接受劳务单位(或个人)进行明细核算。

事业单位还应设置“待处置资产损益”账户,核算事业单位待处置资产的价值及处置损益。事业单位资产处置包括资产的出售、出让、转让、对外捐赠、无偿调出、盘亏、报废、毁损以及货币性资产损失核销等。本账户应当按照待处置资产项目进行明细核算;对于在处置过程中取得相关收入、发生相关费用的处置项目,还应设置“处置资产价值”“处置净收入”明细账户,进行明细核算。事业单位处置资产一般应当先记入本账户,按规定报经批准后及时进行账务处理。本账户借方登记待处置资产的价值、处置中发生的相关费用;贷方登记批准处置的资产的价值及处置过程中取得的相关收入。处置完毕,按照处置收入扣除相关处置费用后的净收入转入“应缴国库款”账户。本账户期末如为借方余额,反映尚未处置完毕的各种资产价值及净损失;期末如为贷方余额,反映尚未处置完毕的各种资产净溢余。年度终了报经批准处理后,本账户一般应无余额。

应收账款逾期三年或以上、有确凿证据表明确实无法收回的,按规定报经批准后予以核销。核销的应收账款应在备查簿中保留登记。转入待处置资产时,按照待核销的应收账款金额,借记“待处置资产损益”,贷记本账户。报经批准予以核销时,借记“其他支出”,贷记“待处置资产损益”。已核销应收账款在以后期间收回的,按照实际收回的金额,借记“银行存款”,贷记“其他收入”。

【例 14－7】　某事业单位发生的有关应收账款的业务如下:

[1]4 月 3 日向 A 公司销售产品一批,货已按合同发出,价款为 10 000 元,增值税款为 1 700元,货款尚未收到。

借:应收账款——A 公司　　11 700
　贷:经营收入　　10 000
　　应缴税费——应缴增值税(销项税额)　　1 700

[2]接上题,事业单位同时为 A 公司代垫运杂费 800 元,已用银行存款支付。

借:应收账款——A 公司　　800
　贷:银行存款　　800

[3]4 月 19 日收到 A 公司用支票支付前欠货款及代垫运杂费共 12 500 元,已收存银行。

借:银行存款　　12 500

贷:应收账款——A 公司　　12 500

[4]一笔 5 000 元的应收账款已超过 3 年,多次催收均无法收回,经确认已属于坏账,则对该笔应收账款作坏账处理如下:

①转入待处置资产:

借:待处置资产损益　　5 000

贷:应收账款　　5 000

②报经批准予以核销:

借:其他支出　　5 000

贷:待处置资产损益　　5000

[5]2 年后,上述已核销的应收账款又收回,则

借:银行存款　　5 000

贷:其他收入　　5 000

四、预付账款

事业单位应设置"预付账款"账户,核算事业单位按照购货、劳务合同规定预付给供应单位的款项。本账户应当按照供应单位(或个人)进行明细核算。事业单位应当通过明细核算或辅助登记方式,登记预付账款的资金性质(区分财政补助资金、非财政专项资金和其他资金)。

本账户属于资产类账户,预付账款时,按照实际预付的金额,借记本账户,贷记"零余额账户用款额度""财政补助收入""银行存款"等账户;收到所购物资或劳务,按照购入物资或劳务的成本,借记有关账户,按照相应预付账款金额,贷记本账户,按照补付的款项,贷记"零余额账户用款额度""财政补助收入""银行存款"等账户。本账户期末借方余额,反映事业单位实际预付但尚未结算的款项。

逾期三年或以上、有确凿证据表明因供货单位破产、撤销等原因已无望再收到所购物资,且确实无法收回的预付账款,按规定报经批准后予以核销。核销的预付账款应在备查簿中保留登记。转入待处置资产时,按照待核销的预付账款金额,借记"待处置资产损益",贷记本账户。报经批准予以核销时,借记"其他支出",贷记"待处置资产损益"。已核销预付账款在以后期间收回的,按照实际收回的金额,借记"银行存款"等,贷记"其他收入"。

【例 14-8】 某事业单位发生的预付账款的业务如下:

[1]向 W 公司订购某种原材料,货款 10 000 元,按合同规定需要预付价款的 40%,即 4 000元定金。

借:预付账款——W 公司　　4 000

贷:银行存款　　4 000

[2]接上题,该事业单位所订购原材料已经到达并验收入库,发票账单价款为 10 000 元,增值税款为 1 700 元,用银行存款补付货款 7 700 元。

借:存货　　10 000

应缴税费——应缴增值税(进项税额)　　1 700

贷:预付账款——W 公司　　4 000

银行存款　　7 700

[3]若上述供货方 W 公司由于特殊情况不能按前约定合同价款发货,发票账单上仅有

3 000元价款的货物,增值税款为510元,事业单位以银行转账方式收回多付的货款。

借:存货　　3 000
　应缴税费——应缴增值税(进项税额)　　510
　银行存款　　490
　贷:预付账款——W公司　　4 000

五、其他应收款

事业单位应设置"其他应收款"账户,核算事业单位除财政应返还额度、应收票据、应收账款、预付账款以外的其他各项应收及暂付款项,如职工预借的差旅费、拨付给内部有关部门的备用金、应向职工收取的各种垫付款项等。

本账户属于资产类账户,借方登记发生的其他各种应收及暂付款项;贷方登记收回或转销其他各种应收及暂付款项。期末借方余额,反映事业单位尚未收回的其他应收款。本账户应当按照其他应收款的类别以及债务单位(或个人)进行明细核算。

事业单位内部实行定额备用金制度的,有关部门使用备用金以后应当及时到财务部门报销并补足备用金。报销数和拨补数都不再通过本账户核算。

逾期三年或以上、有确凿证据表明确实无法收回的其他应收款,按规定报经批准后予以核销。核销的其他应收款应在备查簿中保留登记。转入待处置资产时,按照待核销的其他应收款金额,借记"待处置资产损益",贷记本账户。报经批准予以核销时,借记"其他支出",贷记"待处置资产损益"。已核销其他应收款在以后期间收回的,按照实际收回的金额,借记"银行存款",贷记"其他收入"。

【例14-9】 某事业单位发生的有关其他应收款的业务如下:

[1]某事业单位收到保险公司赔款6 000元,以银行转账收讫。

借:银行存款　　6 000
　贷:其他应收款——保险公司赔款　　6 000

[2]下属报账单位实行定额备用金制度。

①年初借给报账单位周转金8 000元:

借:其他应收款——报账单位　　8 000
　贷:库存现金　　8 000

②月末,报账单位将支出单据7 600元一次性向财务部门报销:

借:事业支出　　7 600
　贷:库存现金　　7 600

③年末,报账单位将支出单据7 900元一次性向财务部门报销时一并收回多余现金:

借:事业支出　　7 900
　库存现金　　100
　贷:其他应收款——报账单位　　8 000

第四节　存　　货

存货是指事业单位在开展业务活动及其他活动中为耗用而储存的资产,包括材料、燃料、包装物和低值易耗品以及达不到固定资产标准的用具、装具、动植物等。

一、存货的管理

良好的存货管理制度有助于保证存货的安全，提高存货的使用效益。事业单位应当建立健全以下存货的几项管理制度。

1. 验收入库制度

事业单位的资产管理部门按照单位领导批准的采购计划购入存货后，在入库前必须坚持严格的验收制度，对存货的规格、质量、数量进行认真的检查核对，以保证入库存货数量准确，质量完好，品质规格符合要求。对于贵重和稀缺存货应当由业务部门指派技术人员协助验收。经验收合格无误的存货，应由保管人员填制验收单予以入库。

2. 保管制度

验收入库的存货，应当妥善保管、保养，以免造成存货的短缺、变质、损坏和品格规格混乱，以致影响使用效果。各种存货要进行分门别类登记、合理存放、账簿清楚、账实相符，易燃、易爆和有毒物品，化学和物理反应灵敏的存货，应当单独保管。要加强存货的保养工作，并根据不同存货的性能，采取必要的防锈、防腐、防霉、防火、防爆、通风、保暖和排水等措施，保证存货的安全。

3. 出库管理制度

单位的资产管理部门应当按照计划和定额发放存货，要审核使用部门的领料凭证是否与计划、定额相符，并当面点清出库数量，要坚持先进先出的发放原则，以免过期变质，造成损失。

二、存货的计量

1. 存货在取得时，应当按照其实际成本入账

(1)购入的存货，其成本包括购买价款、相关税费、运输费、装卸费、保险费以及其他使得存货达到目前场所和状态所发生的其他支出。事业单位按照税法规定属于增值税一般纳税人的，其购进非自用(如用于生产对外销售的产品)材料所支付的增值税款不计入材料成本。

(2)自行加工的存货，其成本包括耗用的直接材料费用、发生的直接人工费用和按照一定方法分配的与存货加工有关的间接费用。

(3)接受捐赠、无偿调入的存货，其成本按照有关凭据注明的金额加上相关税费、运输费等确定；没有相关凭据的，其成本比照同类或类似存货的市场价格加上相关税费、运输费等确定；没有相关凭据、同类或类似存货的市场价格无法可靠取得的，该存货按照名义金额(即人民币1元，下同)入账。相关财务制度仅要求进行实物管理的除外。

(4)盘盈的存货，按照同类或类似存货的实际成本或市场价格确定入账价值；同类或类似存货的实际成本、市场价格均无法可靠取得的，按照名义金额入账。

2. 存货发出时的计量

存货在发出时，应当根据实际情况采用先进先出法、加权平均法或者个别计价法确定发出存货的实际成本。计价方法一经确定，不得随意变更。低值易耗品的成本于领用时一次摊销。

三、存货核算的账户设置

事业单位应设置“存货”账户，核算事业单位在开展业务活动及其他活动中为耗用而储存的各种材料、燃料、包装物、低值易耗品及达不到固定资产标准的用具、装具、动植物等的实际成本。本账户属于资产类账户，借方登记验收入库存货的实际成本；贷方登记因开展业务活动等领用、发出存货的实际成本以及对外捐赠、无偿调出、盘亏或者毁损、报废的存货，转入待处置资产时的账面余额。期末借方余额，反映事业单位存货的实际成本。本账户应当按照存货的种类、规格、保管地点等进行明细核算。事业单位应当通过明细核算或辅助登记方式，登记取得存货成本的资金来源（区分财政补助资金、非财政专项资金和其他资金）。发生自行加工存货业务的事业单位，应当在本账户下设置“生产成本”明细户，归集核算自行加工存货所发生的实际成本（包括耗用的直接材料费用、发生的直接人工费用和分配的间接费用）。事业单位随买随用的零星办公用品，可以在购进时直接列作支出，不通过本账户核算。

四、存货的日常账务处理

（1）购入的存货验收入库时，按确定的成本，借记本账户，贷记“银行存款”“应付账款”“财政补助收入”“零余额账户用款额度”等账户。属于增值税一般纳税人的事业单位购入非自用材料的，按确定的成本（不含增值税进项税额），借记本账户，按增值税专用发票上注明的增值税额，借记“应缴税费—应缴增值税（进项税额）”，按实际支付或应付的金额，贷记“银行存款”“应付账款”等账户。

（2）自行加工的存货在加工过程中发生各种费用时，借记本账户（生产成本），贷记本账户（领用材料相关的明细账户）、“应付职工薪酬”“银行存款”等账户。加工完成的存货验收入库时，按照所发生的实际成本，借记本账户（相关明细账户），贷记本账户（生产成本）。

（3）接受捐赠、无偿调入的存货验收入库时，按照确定的成本，借记本账户，按照发生的相关税费、运输费等，贷记“银行存款”等账户，按照其差额，贷记“其他收入”。按照名义金额入账的情况下，按照名义金额，借记本账户，贷记“其他收入”；按照发生的相关税费、运输费等，借记“其他支出”，贷记“银行存款”等账户。

（4）开展业务活动等领用、发出存货时，按领用、发出存货的实际成本，借记“事业支出”“经营支出”等账户，贷记本账户。

（5）对外捐赠、无偿调出存货，转入待处置资产时，按照存货的账面余额，借记“待处置资产损益”，贷记本账户。属于增值税一般纳税人的事业单位对外捐赠、无偿调出购进的非自用材料，转入待处置资产时，按照存货的账面余额与相关增值税进项税额转出金额的合计金额，借记“待处置资产损益”，按存货的账面余额，贷记本账户，按转出的增值税进项税额，贷记“应缴税费—应缴增值税（进项税额转出）”。实际捐出、调出存货时，按照“待处置资产损益”账户的相应余额，借记“其他支出”，贷记“待处置资产损益”。

【例 14－10】　某事业单位发生的有关存货的业务如下：

［1］购入自用甲材料 1 000 千克，单价 10 元，增值税款 1 700 元，价税合计 11 700 元，款项以单位零余额账户用款额度付讫，材料已验收入库。

借：存货——甲材料	11 700	
贷：零余额账户用款额度		11 700

[2]购入非自用乙材料(属一般纳税人)500千克,单价100元,增值税款8 500元,以银行存款付讫,材料已验收入库。

借:存货——乙材料　　50 000
　应缴税费——应缴增值税(进项税额)　　8 500
　贷:银行存款　　58 500

[3]接受社会捐赠特殊材料一批,没有附相关凭证,此材料市场上也无销售,无法可靠评估其价格,只得以名义金额入账。接受捐赠时发生相关费用200元,以现金支付。

借:存货　　1
　贷:其他收入　　1
借:其他支出　　200
　贷:库存现金　　200

[4]开出"材料出库单",修缮房屋领用甲材料,成本5 000元。

借:事业支出　　5 000
　贷:存货——甲材料　　5 000

第五节　对外投资

一、事业单位对外投资的内容和应注意的问题

对外投资是指事业单位以货币资金、实物、无形资产等向其他单位的投资。事业单位对外投资一般是为了取得投资回报。这种投资可以是对其他事业单位的投资,也可以是对企业的投资。事业单位对外投资包括债券投资和其他投资。

债券投资,是指事业单位以购买各种债券的形式而进行的对外投资,包括认购国库券和其他各种债券等。

其他投资,是指事业单位与其他单位共同出资组成合资或者联营实体的对外投资等。

二、对外投资的核算

为了核算事业单位通过各种方式向其他单位的投资,设置"对外投资"科目。

本科目的借方记对外投资的增加数,贷方记对外投资的收回减少数。对外投资数额的增减变动,要相应地调整"事业基金——一般基金"和"事业基金——投资基金"这两个明细科目。"对外投资"科目的余额在借方,反映单位对外投资的实际数。

"对外投资"科目应按债券种类和投资对象进行明细核算。

1. 债券投资的核算

事业单位购入各种债券形成的对外投资,应按实际支付的款项,借记"对外投资"科目,贷记"银行存款"等科目;同时借记"事业基金——一般基金",贷记"事业基金——投资基金"科目。

【例14－11】 某事业单位购买国库券125 000元,以银行存款支付。

借:对外投资——债券投资　　125 000
　贷:银行存款　　25 000

借:事业基金——一般基金　　125 000
　贷:事业基金——投资基金　　125 000

2.其他投资的核算

事业单位其他投资的资产来源有货币资金、材料、固定资产和无形资产等。

(1)货币资金对外投资的核算

事业单位以货币资金对外投资,借记“对外投资”科目,贷记“银行存款”科目;同时借记“事业基金——一般基金”科目,贷记“事业基金—投资基金”科目。

【例 14-12】 某事业单位向 B 企业投资 228 000 元,以银行存款支付。

借:对外投资——B 企业　　228 000
　贷:银行存款　　228 000
借:事业基金——一般基金　　228 000
　贷:事业基金——投资基金　　228 000

(2)材料对外投资的核算

①小规模纳税人事业单位对外投出材料的核算。

【例 14-13】 某小规模纳税人事业单位向 D 企业投出材料一批,账面价值 110 000 元(含增值税),协议作价 125 000 元。

借:对外投资——D 企业　　125 000
　贷:材料　　110 000
　　事业基金——投资基金　　15 000
借:事业基金——一般基金　　110 000
　贷:事业基金——投资基金　　110 000

②一般纳税人事业单位对外投出材料的核算。

【例 14-14】 某一般纳税人事业单位向 K 企业投出材料一批,不含增值税的账面价值是 120 000 元,该批材料应负担的增值税额是 20 400 元,投资合同的协议价格是 160 000元。

借:对外投资——K 企业　　160 000
　贷:材料　　120 000
　　应缴税金——应缴增值税(销项税额)　　20 400
　　事业基金——投资基金　　19 600
借:事业基金——一般基金　　140 400
　贷:事业基金——投资基金　　140 400

(3)固定资产对外投资的核算

【例 14-15】 某事业单位以固定资产向 N 企业投资,按合同协议作价 150 000 元,该资产的账面原价为 120 000 元。

借:对外投资——N 企业　　150 000
　贷:事业基金——投资基金　　150 000
借:固定基金　　120 000
　贷:固定资产　　120 000

(4)无形资产对外投资的核算

【例 14-16】 某事业单位以一项专利技术向 H 企业投资,双方确定价值为 220 000

元,该项无形资产的账面原价是180 000元。

借:对外投资——H企业　　220 000
　贷:无形资产　　80 000
　　事业基金——投资基金　　40 000

同时,记:

借:事业基金——一般基金　　180 000
　贷:事业基金——投资基金　　180 000

第六节　固 定 资 产

一、固定资产的标准

固定资产是指事业单位持有的使用期限超过1年(不含1年)、单位价值在规定标准以上,并在使用过程中基本保持原有物质形态的资产。单位价值虽未达到规定标准,但使用期限超过1年(不含1年)的大批同类物资,也可作为固定资产核算和管理。《事业单位财务规则》对事业单位固定资产的价值限额进行了规范,通用设备要求单位价值在1 000元以上,专用设备单位价值在1 500元以上。

二、固定资产的分类

事业单位的固定资产一般分为六类:房屋及构筑物;专用设备;通用设备;文物和陈列品;图书、档案;家具、用具、装具及动植物。

对于应用软件,如果其构成相关硬件是不可缺少的组成部分,应当将该软件价值包括在所属硬件价值中,一并作为固定资产进行核算;如果其不构成相关硬件不可缺少的组成部分,应当将该软件作为无形资产核算。

事业单位以经营租赁租入的固定资产,不作为固定资产核算,应当另设备查簿进行登记。

购入需要安装的固定资产,应当先通过"在建工程"账户核算,安装完毕交付使用时再转入"固定资产"核算。

事业单位的固定资产明细目录由国务院主管部门制定,报国务院财政部门备案。事业单位应当根据固定资产定义,结合本单位的具体情况,制定适合于本单位的固定资产目录、具体分类方法,作为进行固定资产核算的依据。

三、固定资产的计量

1. 固定资产在取得时,应当按照其实际成本入账

(1)购入的固定资产,按照实际支付的买价、相关税费、运输费、装卸费、安装调试费和专业人员服务费等入账。以一笔款项购入多项没有单独标价的固定资产,按照各项固定资产同类或类似资产市场价格的比例对总成本进行分配,分别确定各项固定资产的入账成本。

(2)自行建造的固定资产,其成本包括建造该项资产至交付使用前所发生的全部必要支出。

（3）在原有固定资产基础上进行改建、扩建、修缮后的固定资产，其成本按照原固定资产账面价值（“固定资产”科目账面余额减去“累计折旧”科目账面余额后的净值）加上改建、扩建、修缮发生的支出，再扣除固定资产拆除部分的账面价值后的金额确定。

（4）融资租入的固定资产，按照租赁协议确定的设备价款、运杂费、途中保险费、安装调试费等记账。

（5）接受捐赠、无偿调入的固定资产，其成本按照有关凭据注明的金额加上相关税费、运输费等确定；没有相关凭据的，其成本比照同类或类似固定资产的市场价格加上相关税费、运输费等确定；没有相关凭据、同类或类似固定资产的市场价格也无法可靠取得的，该固定资产按照名义金额入账。

（6）盘盈的固定资产，按照同类或类似固定资产的市场价格确定入账价值；同类或类似固定资产的市场价格无法可靠取得的，按照名义金额入账。

2. 与固定资产有关的后续支出

（1）为增加固定资产使用效能或延长其使用年限而发生的改建、扩建或修缮等后续支出，应当计入固定资产成本，通过“在建工程”科目核算，完工交付使用时转入本科目。

（2）为维护固定资产的正常使用而发生的日常修理等后续支出，应当计入当期支出但不计入固定资产成本。

四、固定资产核算的账户设置

为了进行事业单位固定资产的核算，需要设置以下账户：

“固定资产”核算事业单位固定资产的原价。本账户属于资产类账户，借方登记增加固定资产的成本；贷方登记固定资产的减少。期末借方余额，反映事业单位固定资产的原价。事业单位应当设置“固定资产登记簿”和“固定资产卡片”，按照固定资产类别、项目和使用部门等进行明细核算。出租、出借的固定资产，应当设置备查簿进行登记。

“在建工程”核算事业单位已经发生必要支出，但尚未完工交付使用的各种建筑（包括新建、改建、扩建、修缮等）和设备安装工程的实际成本。本账户属于资产类账户，借方登记各项工程发生的实际成本；贷方登记已完工程的实际成本。期末借方余额，反映事业单位尚未完工的在建工程发生的实际成本。本账户应当按照工程性质和具体工程项目等进行明细核算。事业单位的基本建设投资应当按照国家有关规定单独建账、单独核算，同时按照规定至少按月并入本账户及其他相关账户反映。事业单位应当在本账户下设置“基建工程”明细账户，核算由基建账套并入的在建工程成本。

“累计折旧”核算事业单位固定资产计提的累计折旧。本账户属于资产类账户，属于“固定资产”账户的抵减账户，贷方登记计提的固定资产折旧；借方登记减少的固定资产的已提折旧。期末贷方余额，反映事业单位计提的固定资产折旧累计数。本账户应当按照所对应固定资产的类别、项目等进行明细核算。

五、固定资产增加的账务处理

事业单位取得固定资产的方式主要包括购入、自行建造、融资租入、接受捐赠、无偿调入等。

1. 购入固定资产的账务处理

（1）购入不需安装的固定资产，按照确定的固定资产成本，借记“固定资产”，贷记“非流动资产基金——固定资产”;同时,按照实际支付金额,借记“事业支出”“经营支出”“专用基金——修购基金”等账户,贷记“财政补助收入”“零余额账户用款额度”“银行存款”等账户。

(2)购入需要安装的固定资产,按照确定的成本,借记“在建工程”,贷记“非流动资产基金——在建工程”;同时,按照实际支付金额,借记“事业支出”“经营支出”等账户,贷记“财政补助收入”“零余额账户用款额度”“银行存款”等账户。安装完工交付使用时,借记“固定资产”,贷记“非流动资产基金——固定资产”;同时,借记“非流动资产基金——在建工程”,贷记“在建工程”。

(3)购入固定资产扣留质量保证金的,应当在取得固定资产时,按照确定的成本,借记“固定资产”[不需安装]或“在建工程”[需要安装],贷记“非流动资产基金——固定资产、在建工程”。同时取得固定资产全款发票的,应当同时按照构成资产成本的全部支出金额,借记“事业支出”“经营支出”“专用基金——修购基金”等账户,按照实际支付金额,贷记“财政补助收入”“零余额账户用款额度”“银行存款”等账户,按照扣留的质量保证金,贷记“其他应付款”[扣留期在1年以内(含1年)]或“长期应付款”[扣留期超过1年];取得的发票金额不包括质量保证金的,应当同时按照不包括质量保证金的支出金额,借记“事业支出”“经营支出”“专用基金——修购基金”等账户,贷记“财政补助收入”“零余额账户用款额度”“银行存款”等账户。质保期满支付质量保证金时,借记“其他应付款”“长期应付款”,或借记“事业支出”“经营支出”“专用基金——修购基金”等账户,贷记“财政补助收入”“零余额账户用款额度”“银行存款”等账户。

(4)参加政府采购的固定资产,其付款方式分为两种:一是差额支付方式;二是全额支付方式。

①差额支付方式。差额支付方式是指财政部门和事业单位依照政府采购拼盘项目合同中约定的各方负担的资金比例,分别将财政资金和单位自筹资金直接支付给中标供应商。采购资金全部为财政资金或单位自筹资金的采购项目也实行这种支付方式。

②全额支付方式。全额支付方式是指按照先集中后支付的原则,政府采购机构先将拼盘采购项目的财政资金、事业单位自筹资金汇集到政府采购专户,然后通过政府采购资金专户支付给供应商的付款方式。

采购过程中,因特殊情况导致采购资金增加时,增加的资金由财政部门和采购机关按事先确定的各自应负担的比例补足。其中,属于政府采购资金专户管理的项目,应当将增加的资金划入政府采购资金专户。

政府采购节约的资金,属于预算资金的,原则上留在银行国库。单位自筹资金按各自负担比例原渠道退还采购机关。政府采购资金专户发生的利息收入,原则上由财政部门按有关程序全额作为收入缴入同级国库。

【例 14-17】 某事业单位发生的关于固定资产购入的业务如下:

[1]购入一批打印机,共26 000元,设备已验收合格,款项已通过银行转账支付。

借:固定资产——打印机　　26 000
　贷:非流动资产基金——固定资产　　26 000
借:事业支出　　26 000
　贷:银行存款　　26 000

[2]用财政预算内资金购入一批网络设备,买价为450 000元,运杂费200元,安装费为

1 600元，有关款项均已通过预算单位零余额账户代理银行支付，该项固定资产验收完毕交付使用。

设备买入安装前：

借：在建工程　　450 200
　贷：非流动资产基金——在建工程　　450 200
借：事业支出　　450 200
　贷：零余额账户用款额度　　450 200

安装时：

借：在建工程　　1 600
　贷：非流动资产基金——在建工程　　1 600
借：事业支出　　1 600
　贷：零余额账户用款额度　　1 600

安装完毕交付使用：

借：固定资产　　451 800
　贷：非流动资产基金——固定资产　　451 800
借：非流动资产基金——在建工程　　45 1800
　贷：在建工程　　451 800

[3]购入一大型检测设备，价值1 800 000元。根据购买合同约定，事业单位扣留10%作为质量保证金，扣留时间为6个月。

事业单位通过零余额账户支付1 620 000元，供应商开具了全额发票。

借：固定资产——检测设备　　1 800 000
　贷：非流动资产基金——固定资产　　1 800 000
借：事业支出　　1 800 000
　贷：零余额账户用款额度　　1 620 000
　　其他应付款　　180 000

质保期满，设备运转良好，事业单位通过零余额账户支付扣留的质保金180 000元。

借：其他应付款　　180 000
　贷：零余额账户用款额度　　180 000

[4]某事业单位采用政府采购方式购置计算机20台，该采购预算总金额为150 000元，其中50 000元单位自筹，100 000元由政府财政预算内资金开支，采购资金采用全额拨付方式，实际采购金额为140 000元(财政负担95 000元，单位负担45 000元)。该单位会计根据以下业务编制会计分录：

将自筹资金50 000元划入财政采购资金专户：

借：其他应收款——预付政府采购款　　50 000
　贷：银行存款　　50 000

财政部门已将预算资金95 000元连同单位自筹资金45 000元，通过政府采购资金专户一同划入供应商银行账户。该事业单位收到财政部门开具的拨款通知书等相关凭证。

借：事业支出　　140 000
　贷：其他应收款——预付政府采购款　　45 000
　　财政补助收入　　95 000

该事业单位收到政府采购的固定资产：

借：固定资产　　140 000

　贷：非流动资产基金——固定资产　　140 000

收到财政部门从政府采购资金专户退回的结余自筹资金5 000元：

借：银行存款　　5 000

　贷：其他应收款——预付政府采购款　　5 000

2. 自行建造、改造固定资产的账务处理

（1）将固定资产转入改建、扩建或修缮等时，按照固定资产的账面价值，借记在建工程，贷记“非流动资产基金——在建工程”；同时，按照固定资产对应的非流动资产基金，借记“非流动资产基金——固定资产”，按照已计提折旧，借记“累计折旧”，按照固定资产的账面余额，贷记“固定资产”。

（2）根据工程价款结算账单与施工企业结算工程价款时，按照实际支付的工程价款，借记“在建工程”，贷记“非流动资产基金——在建工程”；同时，借记“事业支出”等账户，贷记“财政补助收入”“零余额账户用款额度”“银行存款”等账户。

（3）事业单位为建筑工程借入的专门借款的利息，属于建设期间发生的，计入在建工程成本，借记“在建工程”，贷记“非流动资产基金——在建工程”；同时，借记“其他支出”，贷记“银行存款”。

（4）工程完工交付使用时，按照建筑工程所发生的实际成本，借记“固定资产”，贷记“非流动资产基金——固定资产”；同时，借记“非流动资产基金——在建工程”，贷记“在建工程”。

【例14－18】　某事业单位将一旧图书馆改建装修成办公楼，原造价9 000万元，已提折1 800万元。改造装修过程中，支付工程款30万元，款项通过银行付讫。办公楼工程已完工、投入使用。

[1]转入改造过程：

借：在建工程——办公楼　　72 000 000

　贷：非流动资产基金——在建工程　　72 000 000

借：非流动资产基金——固定资产　　72 000 000

　　累计折旧　　18 000 000

　贷：固定资产——图书馆　　90 000 000

[2]支付工程款时：

借：在建工程——办公楼　　300 000

　贷：非流动资产基金——在建工程　　300 000

借：事业支出　　300 000

　贷：银行存款　　300 000

[3]工程已完工、投入使用：

借：固定资产——办公楼　　72 300 000

　贷：非流动资产基金——固定资产　　72 300 000

借:非流动资产基金——在建工程　　72 300 000
　贷:在建工程——办公楼　　72 300 000

3. 融资租赁租入固定资产的账务处理

融资租入的固定资产,按照确定的成本,借记“固定资产”[不需安装]或“在建工程”[需安装],按照租赁协议或者合同确定的租赁价款,贷记“长期应付款”,按照其差额,贷记“非流动资产基金——固定资产、在建工程”。同时,按照实际支付的相关税费、运输费、途中保险费、安装调试费等,借记“事业支出”“经营支出”等账户,贷记“财政补助收入”“零余额账户用款额度”“银行存款”等账户。定期支付租金时,按照支付的租金金额,借记“事业支出”“经营支出”等账户,贷记“财政补助收入”“零余额账户用款额度”“银行存款”等账户;同时,借记“长期应付款”,贷记“非流动资产基金——固定资产”。跨年度分期付款购入固定资产的账务处理,参照融资租入固定资产。

【例 14 - 19】 某事业单位以融资租赁方式租入一台实验设备,价款 150 000 元,运输费及装卸费等 10 000 元已通过银行存款支付。协议规定,分 4 年支付完该设备租金后,该项设备的所有权即归该单位所有。

[1]租入时:

借:固定资产——实验设备　　160 000
　贷:长期应付款　　150 000
　　非流动资产基金——固定资产　　10 000

支付运输费及装卸费:

借:事业支出　　10 000
　贷:银行存款　　10 000

[2]定期支付租金时:

借:事业支出　　37 500
　贷:银行存款　　37 500

同时记:

借:长期应付款　　37 500
　贷:非流动资产基金——固定资产　　37 500

4. 接受捐赠、无偿调入固定资产的账务处理

接受捐赠、无偿调入的固定资产,按照确定的固定资产成本,借记“固定资产”[不需安装]或“在建工程”[需安装],贷记“非流动资产基金—固定资产、在建工程”;按照发生的相关税费、运输费等,借记“其他支出”,贷记“银行存款”等账户。

【例 14 - 20】 某事业单位发生的有关接受捐赠的固定资产业务如下:

[1]接受一爱国华侨捐赠的电脑 20 台,每台市价 3 000 元,同时发生运杂费 100 元,以现金付讫。

借:固定资产——计算机　　60 100
　贷:非流动资产基金——固定资产　　60 100
借:其他支出　　100
　贷:库存现金　　100

[2]接受捐赠历史文物一件,没有所附凭证,同类或类似固定资产的市场价格无法可靠取得。

借:固定资产——历史文物 1

贷:非流动资产基金——固定资产 1

六、固定资产的折旧

折旧是指在固定资产使用寿命内,按照确定的方法对应折旧金额进行系统分摊。固定资产在使用过程中由于损耗会导致价值贬值。固定资产的损耗分为有形损耗和无形损耗。有形损耗是指固定资产在使用过程中由于使用和自然力影响而引起的在使用价值和价值上的损耗;无形损耗是指由于技术的进步而引起的固定资产在价值上的损耗。这种因损耗而减少的价值就体现为固定资产折旧。为了真实反应固定资产的价值,事业单位可以建立固定资产折旧制度,对固定资产进行后续计量。

1. 固定资产折旧的管理原则

(1)折旧的计提范围

事业单位应当对除下列各项资产以外的其他固定资产计提折旧:

① 文物和陈列品;

② 动植物;

③ 图书、档案;

④ 以名义金额计量的固定资产。

(2)折旧年限

事业单位应当根据固定资产的性质和实际使用情况,合理确定其折旧年限。省级以上财政部门、主管部门对事业单位固定资产折旧年限作出规定的,从其规定;否则,由事业单位自行确定使用年限。

(3)折旧的计提方法

①事业单位一般应当采用年限平均法或工作量法计提固定资产折旧。

②事业单位固定资产的应折旧金额为其成本,计提固定资产折旧不考虑预计净残值。

③事业单位一般应当按月计提固定资产折旧。当月增加的固定资产,当月不提折旧,从下月起计提折旧;当月减少的固定资产,当月照提折旧,从下月起不提折旧。固定资产提足折旧后,无论能否继续使用,均不再计提折旧;提前报废的固定资产,也不再补提折旧。已提足折旧的固定资产,可以继续使用的,应当继续使用,并规范管理。

(4)计提融资租入固定资产折旧时,应当采用与自有固定资产相一致的折旧政策。能够合理确定租赁期届满时将会取得租入固定资产所有权的,应当在租入固定资产尚可使用年限内计提折旧;无法合理确定租赁期届满时能够取得租入固定资产所有权的,应当在租赁期与租入固定资产尚可使用年限两者中较短的期间内计提折旧。

(5)固定资产因改建、扩建或修缮等原因而延长其使用年限的,应当按照重新确定的固定资产的成本以及重新确定的折旧年限,重新计算折旧额。

2. 固定资产折旧的账务处理

按月计提固定资产折旧时,按照实际计提金额,借记“非流动资产基金——固定资产”,贷记“累计折旧”。

固定资产处置时,按照所处置固定资产的账面价值,借记“待处置资产损益”,按照已计提折旧,借记“累计折旧”,按照固定资产的账面余额,贷记“固定资产”。

【例14－21】 某事业单位计提本月固定资产折旧20 000元。

借:非流动资产基金——固定资产　20 000
　贷:累计折旧　20 000

七、固定资产后续支出的账务处理

【例14－22】 某事业单位发生的关于固定资产后续支出的业务如下:

[1]对一大型设备进行升级改造,改造前的原值为700 000元,预计使用10年,已使用3年(采用平均年限法计提折旧)。该设备采用出包方式进行改造,用银行存款支付工程改造款30 000元,改造此设备拆除部分零件的残值计价1 000元入库。工程完工,验收合格,交付使用。

(1)转入改造过程:

借:在建工程——机器设备　490 000
　贷:非流动资产基金——在建工程　490 000
借:非流动资产基金——固定资产　490 000
　累计折旧　210 000
　贷:固定资产——机器设备　700 000

(2)支付工程改造款时:

借:在建工程——机器设备　30 000
　贷:非流动资产基金——在建工程　30 000
借:事业支出　30 000
　贷:银行存款　30 000

(3)拆除零部件入库:

借:存货　1 000
　贷:在建工程——机器设备　1 000

(4)工程已完工、投入使用:

借:固定资产——机器设备　519 000
　贷:非流动资产基金——固定资产　519 000
借:非流动资产基金——在建工程　519 000
　贷:在建工程——机器设备　51 9000

[2]对单位的空调进行维修,通过单位零余额账户支付修理费860元。

借:事业支出　860
　贷:零余额账户用款额度　860

八、固定资产减少的账务处理

固定资产减少的形式有报废、毁损、盘亏、出售、捐赠以及对外投资等。固定资产出售、无偿调出、对外捐赠、盘亏、毁损、报废均应通过"待处置资产损益"账户过渡处理。

出售、无偿调出、对外捐赠固定资产,转入待处置资产时,按照待处置固定资产的账面价值,借记"待处置资产损益",按照已计提折旧,借记"累计折旧",按照固定资产的账面余额,贷记"固定资产"。实际出售、调出、捐出时,按照处置固定资产对应的非流动资产基金,借记"非流动资产基金—固定资产",贷记"待处置资产损益"。出售固定资产过程中取得价款、发生相关税费,以及出售价款扣除相关税费后的净收入的账务处理,参见“待处置资产损益”账户。

【例14-23】 某事业单位2008年3月出售机器设备一台,原价为60 000元,已提折旧20 000元。与买方协商作价为48 000元,该单位已收取转账支票,存入银行。另外该事业单位用现金支付了拆除该机器设备的吊装费1 000元。

[1]转入待处置时:

借:待处置资产损益——处置资产价值	40 000	
累计折旧	20 000	
贷:固定资产		60 000

[2]实际出售时:

借:非流动资产基金——固定资产	40 000	
贷:待处置资产损益——处置资产价值		40 000

[3]收取价款时:

借:银行存款	48 000	
贷:待处置资产损益——处置净收入		48 000

[4]支付拆除费用:

借:待处置资产损益——处置净收入	1 000	
贷:库存现金		1 000

[5]净收入应上缴财政:

借:待处置资产损益——处置净收入	47 000	
贷:应缴国库款		47 000

第七节　无形资产

一、无形资产的内容

无形资产是指事业单位持有的没有实物形态的可辨认非货币性资产,包括专利权、商标权、著作权、土地使用权、非专利技术、商誉以及其他财产权利。事业单位购入的不构成相关硬件不可缺少组成部分的应用软件,应当作为无形资产核算。

(1)专利权　专利权是指经国家专利管理机关审定并授予发明者在一定年限内对其发明成果的制造、使用和出售的专有权利。专利权一般包括发明专利权、实用新型专利和外观设计专利权等。专利权受法律保护。在某项专利权的有效期间内,该项专利权的非持有者如需使用与之相同原理、结构和技术用于生产经营,应向该项专利权持有者支付专利使用费,否则就视为侵犯了专利权。

(2)非专利技术　非专利技术是指发明者未申请专利或不够申请专利的条件而未经公开的先进技术,包括先进的生产经验、先进的技术设计资料以及先进的原料配方等。非专利技术不需到有关管理机关注册登记,因而不受法律保护,只靠少数的技术持有者采用自我保密的方式维持其独占性。只要非专利技术不泄露于外界,就可以由其持有者长期享用,因而非专利技术没有固定的有效期。

(3)商标权　商标权是指单位拥有的在某类商品上使用特定名称或图案的权利。商标经商标管理机关核准后，成为注册商标，受法律保护。商标权具有永续的法定寿命，可以续展注册，长期使用。

（4）著作权　著作权，亦称版权，是指著作者或文艺作品创作者以及出版商依法享有的在一定年限内发表、制作、出版和发行其作品的专有权利。著作权受法律保护，未经著作权所有者许可或转让，他人不得占有和行使。

（5）土地使用权　土地使用权是指单位经国家土地管理机关批准享有的在一定期间内对国有土地开发、利用和经营的权利。在我国，土地归国家所有，任何单位或个人只能拥有土地使用权，没有土地所有权。

（6）商誉　商誉是指在同等条件下，由于其所处地理位置的优势，或由于经营效率高、历史悠久、人员素质高等多种原因，能获取高于正常投资报酬率所形成的价值。

二、无形资产的计量

1. 无形资产在取得时，应当按照其实际成本入账

（1）外购的无形资产，其成本包括购买价款、相关税费以及可归属于该项资产达到预定用途所发生的其他支出。

（2）委托软件公司开发软件视同外购无形资产进行处理。

（3）自行开发并按法律程序申请取得的无形资产，按照依法取得时发生的注册费、聘请律师费等费用计入无形资产的成本，依法取得前所发生的研究开发支出，应于发生时直接计入当期支出。

（4）接受捐赠、无偿调入的无形资产，其成本按照有关凭据注明的金额加上相关税费等确定；没有相关凭据的，其成本比照同类或类似无形资产的市场价格加上相关税费等确定；没有相关凭据、同类或类似无形资产的市场价格也无法可靠取得的，该资产按照名义金额入账。

2. 与无形资产有关的后续支出

（1）为增加无形资产的使用效能而发生的后续支出，如对软件进行升级改造或扩展其功能等所发生的支出，应当计入无形资产的成本。

（2）为维护无形资产的正常使用而发生的后续支出，如对软件进行漏洞修补、技术维护等所发生的支出，应当计入当期支出但不计入无形资产成本。

3. 无形资产的核销

无形资产预期不能为事业单位带来服务潜力或经济利益的，应当按规定报经批准后将该无形资产的账面价值予以核销。

三、无形资产核算的账户设置

“无形资产”核算事业单位无形资产的原价。本账户属于资产类账户，借方登记无形资产的增加；贷方登记无形资产的减少。期末借方余额，反映事业单位无形资产的原价。本账户应当按照无形资产的类别、项目等进行明细核算。

“累计摊销”核算事业单位无形资产计提的累计摊销。本账户属于资产类账户，属于“无形资产”账户的抵减账户，贷方登记计提的无形资产的摊销额；借方登记处置无形资产的已提摊销额。期末贷方余额，反映事业单位计提的无形资产摊销累计数。本账户应当按照对应无形资产的类别、项目等进行明细核算。

四、无形资产增加的账务处理

(1)购入的无形资产,按照确定的无形资产成本,借记“无形资产”,贷记“非流动资产基金——无形资产”;同时,按照实际支付金额,借记“事业支出”等账户,贷记“财政补助收入”“零余额账户用款额度”“银行存款”等账户。

(2)委托软件公司开发支付软件开发费时,按照实际支付金额,借记“事业支出”等账户,贷记“财政补助收入”“零余额账户用款额度”“银行存款”等账户。软件开发完成交付使用时,按照软件开发费总额,借记“无形资产”,贷记“非流动资产基金——无形资产”。

(3)自行开发并按法律程序申请取得的无形资产,按照依法取得时发生的注册费、聘请律师费等费用,借记本科目“无形资产”,贷记“非流动资产基金——无形资产”;同时,借记“事业支出”等账户,贷记“财政补助收入”“零余额账户用款额度”“银行存款”等账户。依法取得前所发生的研究开发支出,借记“事业支出”等账户,贷记“银行存款”等账户。

(4)接受捐赠、无偿调入的无形资产,按照确定的无形资产成本,借记“无形资产”,贷记“非流动资产基金——无形资产”;按照发生的相关税费等,借记“其他支出”,贷记“银行存款”等账户。

【例 14-24】 某事业单位发生的有关无形资产增加的业务如下:

[1]购入一项专利权,价款 50 000 元,以银行存款支付。

借:无形资产——专利权	50 000	
贷:非流动资产基金——无形资产		50 000
借:事业支出	50 000	
贷:银行存款		50 000

[2]自行开发一项专利技术,研发阶段共发生的支出为 15 万元,开发成功后发生注册登记费为 1 万元,均以银行存款支付。

借:无形资产——专利技术	10 000	
贷:非流动资产基金——无形资产		10 000
借:事业支出	160 000	
贷:银行存款		160 000

[3]接受一应用软件的捐赠,按市场估价 3 000 元,发生业务招待费 100 元。

借:无形资产——应用软件	3 100	
贷:非流动资产基金——无形资产		3 100
借:其他支出	100	
贷:银行存款		100

五、无形资产的摊销

摊销是指在无形资产使用寿命内,按照确定的方法对应摊销金额进行系统分摊。

1. 无形资产摊销的管理要求

(1)摊销的范围

事业单位应当对无形资产进行摊销,以名义金额计量的无形资产除外。

(2)摊销年限

事业单位应当按照如下原则确定无形资产的摊销年限:法律规定了有效年限的,按照法律规定的有效年限作为摊销年限；法律没有规定有效年限的，按照相关合同或单位申请书中的受益年限作为摊销年限；法律没有规定有效年限、相关合同或单位申请书也没有规定受益年限的，按照不少于10年的期限摊销。

(3)摊销的方法

①事业单位应当采用年限平均法对无形资产进行摊销。

②事业单位无形资产的应摊销金额为其成本。

③事业单位应当自无形资产取得当月起，按月计提无形资产摊销。

④因发生后续支出而增加无形资产成本的，应当按照重新确定的无形资产成本，重新计算摊销额。

2. 无形资产摊销的账务处理

按月计提无形资产摊销时，按照应计提摊销金额，借记"非流动资产基金——无形资产"科目，贷记本科目。

【例14-25】 某事业单位本月对一项专利权进行摊销，原值600 000元，该专利法律规定的有效年限20年。

借：非流动资产基金——无形资产　　2 500
　贷：累计摊销　　2 500

六、无形资产后续支出的账务处理

为增加无形资产的使用效能而发生后续支出时，借记"无形资产"，贷记"非流动资产基金——无形资产"；同时，借记"事业支出"等账户，贷记"财政补助收入""零余额账户用款额度""银行存款"等账户。为维护无形资产的正常使用而发生后续支出时，借记"事业支出"等账户，贷记"财政补助收入""零余额账户用款制度""银行存款"等账户。

【例14-26】 某事业单位为开展内部控制建设，委托B软件公司对现有软件系统(账面原值160万，累计摊销20万)进行升级改造和功能扩展，合同约定的软件开发总额为90万元，开发完成的软件系统于2013年10月6日交付该事业单位试运行，10月6日软件系统通过验收，该事业单位按合同约定以财政授权支付方式一次性支付90万元。

借：无形资产　　900 000
　贷：非流动资产基金——无形资产　　900 000

同时：

借：事业支出　　900 000
　贷：零余额账户用款额度　　900 000

【例14-27】 某事业单位对办公软件进行维护，发生支出1 800元，款项通过银行转账支付。

借：事业支出　　1 800
　贷：零余额账户用款额　　1 800

七、无形资产减少的账务处理

无形资产减少的形式包括报经批准转让、无偿调出、对外捐赠或对外投资。

转让、无偿调出、对外捐赠无形资产，转入待处置资产时，按照待处置无形资产的账面价值，借记"待处置资产损益"，按照已计提摊销，借记"累计摊销"，按照无形资产的账面余额，贷记“无形资产”。实际转让、调出、捐出时，按照处置无形资产对应的非流动资产基金，借记“非流动资产基金——无形资产”，贷记“待处置资产损益”。转让无形资产过程中取得价款、发生相关税费，以及出售价款扣除相关税费后的净收入的账务处理，参见“待处置资产损益”账户（以无形资产对外投资的账务处理见第五节对外投资）。

【例 14－28】 某事业单位将其拥有的 A 专利权转让给 B 企业，协商作价 140 000 元，该专利已累计摊销 60 000 元，转让该专利权的成本为 180 000 元。

［1］转入待处理：

借：待处置资产损益——处置资产价值　　120 000

　　累计摊销　　60 000

　贷：无形资产　　180 000

［2］实际转让时：

借：非流动资产基金——无形资产　　120 000

　贷：待处置资产损益——处置资产价值　　120 000

［3］收到转让收入：

借：银行存款　　140 000

　贷：待处置资产损益——处置净收入　　140 000

［4］处置完毕：

借：待处置资产损益——处置净收入　　140 000

　贷：应缴国库款　　140 000

【例 14－29】 某事业单位五年前以 40 000 元购买的专利权 A 因已被其他新技术代替，不能再为单位带来经济利益，经批准予以核销。该无形资产已提累计摊销 35 000 元。

借：待处置资产损益——处置资产价值　　5 000

　　累计摊销　　35 000

　贷：无形资产　　40 000

同时：

借：非流动资产基金——无形资产　　5 000

　贷：待处置资产损益——处置资产价值　　5 000

第十五章　事业单位负债与净资产的核算

第一节　负债的核算

一、负债概述

1. 负债的确认

负债是指事业单位所承担的能以货币计量，需要以资产或者劳务偿还的债务。负债是一项现实存在的、由过去或当前的经济业务所引起的经济义务，并且这种义务需要债务人在未来一定时期内以资产或劳务进行偿还，也就是说，履行该义务预期会导致事业单位经济利益或服务潜力的流出。

事业单位的负债既包括从金融机构取得的借款，也包括在开展业务活动中由于业务往来所形成的待结算债务款，以及代行政府职能过程中按规定收取的应及时上做财政应缴未缴的债务款项。

事业单位的负债按照流动性，分为流动负债和非流动负债。流动负债是指预计在1年内（含1年）偿还的负债，包括短期借款、应付及预收款项、应付职工薪酬、应缴款项等。非流动负债是指流动负债以外的负债，包括长期借款、长期应付款等。

2. 负债的计量

事业单位的负债应当按照合同金额或实际发生额进行计量。事业单位的负债有些是根据相关合同确定的，如应付及预收款项；有些负债是根据实际发生额确定的，如各种应缴款项、借入款项等。

3. 负债的管理

事业单位可以举借债务并非是为了鼓励事业单位负债运营或借债办事业，而是要对这种经济现象进行客观的反映。事业单位负债的形成和运用，必须严格执行国家有关政策规定。在《事业单位财务规则》中，对事业单位的负债提出了具体要求。

（1）分类管理

事业单位应当对不同性质的负债分类管理，及时清理并按照规定办理结算，保证各项负债在规定期限内归还。事业单位的负债虽然简单，但是由于各类负债的性质和用途及偿还期限不同，财务管理的要求也就不同。对于借入款项，应当充分发挥使用效益，并按照借款期限的长短，编制还款计划，及时偿还；对应付及预收款项，应当划清与其他资金的界限，单独核算，及时结算，不得长期拖欠；对应缴款项，应当严格按照国家规定，及时足额上缴国库或财政专户，不得截留、坐支、挪用和拖欠。

（2）风险管理

事业单位应当建立健全财务风险控制机制，规范和加强借入款项管理，严格执行审批程序，控制负债规模，保持合理的负债比例。加强债务的对账和检查控制，定期与债权人核对债务余额，进行债务清理，防范和控制财务风险。

(3)清算管理

事业单位发生划转、撤销、合并、分立时,应当进行清算。事业单位清算,应当在主管部门和财政部门的监督指导下,对单位的财产、债权、债务等进行全面清理,编制财产目录和债权、债务清单,提出财产作价依据和债权、债务处理办法,做好资产的移交、接收、划转和管理工作,并妥善处理各项遗留问题。

二、借入款项的核算

1. 短期借款

短期借款是指事业单位借入的期限在1年内(含1年)的各种借款。事业单位从银行或其他金融机构借入款项时,应签订借款合同,注明借款金额、借款利率和还款时间等。短期借款是为了满足业务开展过程中临时资金的周转需要,必须做到按时还本付息。

事业单位应设置"短期借款"账户,核算事业单位借入的期限在1年内(含1年)的各种借款。本账户属于负债类账户,贷方登记取得短期借款的本金;借方登记偿还短期借款的本金。期末贷方余额,反映事业单位尚未偿还的短期借款本金。本账户应当按照贷款单位和贷款种类进行明细核算。短期借款利息记入"其他支出"账户。

【例15-1】 某事业单位发生的关于短期借款的业务如下:

[1]2005年1月1日从银行借入6个月的借款200万元用于专业业务活动,年利率为12%,到期一次还本付息,借款已通过银行收讫。

借:银行存款　　2 000 000

　贷:短期借款　　2 000 000

[2]6个月后归还上述银行借款本金200万元,利息120 000元。

借:短期借款　　2 000 000

　　其他支出——利息支出　　120 000

　贷:银行存款　　2 120 000

2. 长期借款

长期借款是指事业单位借入的期限超过1年(不含1年)的各种借款。长期借款一般用于固定资产的构建、改建扩建、开展工程项目和基建项目。因此,事业单位必须加强负债的管理,做好借款项目的评估,落实资金来源,避免出现财务危机,同时也要确保长期借款发挥效益。

事业单位应设置"长期借款"账户,核算事业单位借入的期限超过1年(不含1年)的各种借款。本账户属于负债类账户,贷方登记长期借款本金的增加数;借方登记偿还的长期借款的本金。期末贷方余额,反映事业单位尚未偿还的长期借款本金。本账户应当按照贷款单位和贷款种类进行明细核算。对于基建项目借款,还应按具体项目进行明细核算。

事业单位长期借款的利息,分别以下情况处理:①为购建固定资产支付的专门借款利息,属于工程项目建设期间支付的,计入工程成本,借记"在建工程",贷记"非流动资产基金——在建工程";同时,借记"其他支出",贷记"银行存款"。②属于工程项目完工交付使用后支付的借款利息及其他长期借款利息,按照支付的利息金额,借记"其他支出",贷记"银行存款"。

【例15-2】 某事业单位发生的关于长期借款的业务如下:

[1]2010年1月1日从银行取得长期借款2 000万元,用于学生宿舍楼建设,期限3年,

年利率10%，按年付息，款项已存入银行。

借：银行存款　　20 000 000

　贷：长期借款　　20 000 000

[2]第1年末支付长期借款的利息（基建工程在建）200万元。

借：在建工程　　2 000 000

　贷：非流动资产基金——在建工程　　2 000 000

借：其他支出　　2 000 000

　贷：银行存款　　2 000 000

第二年末工程仍然在建，所以支付利息时的账务处理同上。

[3]2012年6月末工程完工。2012年末偿还银行借款本金2 000万元，并支付本年度的借款利息。

借：长期借款　　20 000 000

　　其他支出　　2 000 000

　贷：银行存款　　22 000 000

借：在建工程　　1 000 000

　贷：非流动资产基金——在建工程　　1 000 000

三、应付及预收款项

应付及预收款项是指事业单位在开展业务活动中发生的债务，包括应付票据、应付账款、其他应付款等应付款项和预收账款。

1. 应付票据

（1）应付票据的内容

应付票据是指事业单位采用商业汇票结算方式延期付款购入货物应付的票据款。在我国，商业汇票的付款期限最长为6个月。商业汇票结算方式是一种延期付款的结算方式，事业单位采用商业汇票结算方式购入货物，应向购货单位签付已承兑的商业汇票。事业单位也可以签付商业汇票用于抵偿应付账款。商业汇票按承兑人分类，可以分为商业承兑汇票和银行承兑汇票两种。商业汇票按是否带息，分为带息的商业汇票和不带息的商业汇票，实际工作中使用的商业汇票一般为不带息的商业汇票。

（2）应付票据账户的设置

事业单位应设置“应付票据”账户，核算事业单位因购买材料、物资等而开出、承兑的商业汇票，包括银行承兑汇票和商业承兑汇票。本账户为负债类账户，贷方登记签发并承兑商业汇票面值；借方登记商业汇票到期支付的票款。本账户期末贷方余额，反映事业单位开出、承兑的尚未到期的商业汇票票面金额。本账户应当按照债权单位进行明细核算。事业单位应设置“应付票据备查簿”，逐笔登记每一应付票据的种类、号数、出票日期、票面金额、到期日期、利率、合同交易号、收款人姓名或单位名称、付款日期、金额等情况。到期结清票款后，应在备查簿内逐笔注销。

（3）应付票据的账务处理

①开出、承兑商业汇票或以承兑商业汇票抵付应付账款时，借记“存货”“应付账款”等账户，贷记本账户。支付银行承兑汇票的手续费时，借记“事业支出”“经营支出”等账户，贷记“银行存款”。

②商业汇票到期时，根据银行支付到期票据的付款通知，借记本账户，贷记“银行存款”。若本单位无力支付票款，则借记本账户，贷记“短期借款”（银行承兑汇票），或“应付账款”（商业承兑汇票）。

【例 15 -3】 某事业单位发生的应付票据的业务如下：

某事业单位（一般纳税人）开出一张 4 个月到期的商业承兑汇票，购入一批价款为 20 000 元的非自用甲材料，增值税率为 17%，材料已验收入库。

[1]事业单位开出商业汇票时：

借：存货——甲材料　　20 000

　　应缴税费——应缴增值税（进项税额）　　3 400

　贷：应付票据——商业承兑汇票　　23 400

[2]4 个月后应付票据到期，支付票款时：

借：应付票据——商业承兑汇票　　23 400

　贷：银行存款　　23 400

[3]若票据到期事业单位无力支付票款

借：应付票据——商业承兑汇票　　23 400

　贷：应付账款——×××　　23 400

2. 应付账款

(1)应付账款的确认

应付账款是事业单位因购买材料、物资和接受劳务、服务等而应付给供应单位的款项。事业单位以分期付款方式购入固定资产的，如果跨年度付款，则不通过应付账款核算，而应计入长期应付款。

(2)应付账款的计量

应付账款的入账价值一般按照业务发生时的金额即未来应付的金额确定。

(3)应付账款账户的设置

事业单位应设置“应付账款”账户，核算事业单位因购买材料、物资等而应付的款项。本账户属于负债类账户，贷方登记发生的应付未付货款、劳务款等款项；借方登记偿付数，或开出商业汇票抵付数，或冲销无法支付的应付账款。期末贷方余额，反映事业单位尚未支付的应付账款。本账户应当按照债权单位（或个人）进行明细核算。

(4)应付账款的账务处理

事业单位购入材料、物资等已验收入库但货款尚未支付的，按照应付未付金额，借记“存货”等账户，贷记本账户。偿付应付账款时，按照实际支付的款项金额，借记本账户，贷记“银行存款”。开出、承兑商业汇票抵付应付账款，借记本账户，贷记“应付票据”。无法偿付或债权人豁免偿还的应付账款，借记本账户，贷记“其他收入”。

【例 15 -4】 某事业单位发生的应付账款的业务如下：

[1]属于小规模纳税人的事业单位从华龙公司购入一批非自用的 A 材料，取得的专用发票中注明材料价款 40 000 元，增值税 6 800 元，材料已验收入库，货款尚未支付。

借：存货——A 材料　　46 800

　贷：应付账款——华龙公司　　46 800

[2]该事业单位通过银行实际支付上述货款 40 000 元。

借：应付账款——华龙公司　　40 000

贷:银行存款　　40 000

[3]一年后,因债权人豁免应偿还的应付账款6 800元,予以注销。

借:应付账款——华龙公司　　6 800

　贷:其他收入　　6 800

3. 预收账款

(1)预收账款的确认

预收账款是事业单位按照合同规定向购货单位或接受劳务单位预先收取的款项。有些购销或劳务合同规定,提供货物或劳务的单位可以向对方单位预先收取一部分款项作为定金,待向对方发货或提供劳务后再收取其余款项。事业单位在发货或提供劳务前所收取的款项就成为一项负债。与应付账款不同,这一负债不是以货币偿付,而是以货物或劳务偿付。

(2)预收账款的计量

按目前制度规定,预收账款按实际发生额计量。

(3)预收账款账户的设置

事业单位应设置"预收账款"账户,核算事业单位按合同规定预收的款项。本账户属于负债类账户,贷方登记预收的款项;借方登记发出商品或劳务后冲销的预收款项。期末贷方余额,反映事业单位按合同规定预收但尚未实际结算的款项。本账户应当按照债权单位(或个人)进行明细核算。

(4)预收账款的账务处理

事业单位从付款方预收款项时,按照实际预收的金额,借记"银行存款",贷记本账户。确认有关收入时,借记本账户,按照应确认的收入金额,贷记"经营收入"等账户,按照付款方补付或退回付款方的金额,借记或贷记"银行存款"。无法偿付或债权人豁免偿还的预收账款,借记本账户,贷记"其他收入"。

【例15-5】 属于一般纳税人的某事业单位接受一批订货合同,按合同规定,货款总额为30 000元,增值税率为17%,预计4个月完成,订货方预先支付货款5 000元,剩余的待产品完工发出后再支付,根据上述经济业务作会计处理。

[1]预收货款时:

借:银行存款　　5 000

　贷:预收账款　　5 000

[2]发出产品并收到补付的货款:

借:预收账款　　5 000

　　银行存款　　30 100

　贷:经营收入　　30 000

　　　应缴税费——应缴增值税(销项税)　　5 100

【例15-6】 某事业单位发生的其他应付款的业务如下:

[1]因开展经营业务经营租入A公司一设备,应该支付但未付租赁费4 000元。

借:经营支出　　4 000

　贷:其他应付款——A公司　　4 000

[2]收取因公出国人员的保证金50 000元,直接转入银行存款户。

借:银行存款　　50 000

贷:其他应付款——出国人员　　50 000

[3]转账实际支付上述租赁费。

借:其他应付款——A公司　　4 000

贷:银行存款　　4 000

4. 其他应付款

其他应付款是事业单位除应缴税费、应缴国库款、应缴财政专户款、应付职工薪酬、应付票据、应付账款、预收账款之外的其他各项偿还期限在1年内(含1年)的应付及暂收款项,如存入保证金等。

事业单位应设置"其他应付款"账户,核算偿还期限在1年内(含1年)的其他应付及暂收款项。本账户属于负债类账户,贷方登记发生的其他各项应付及暂收款项;借方登记支付的以及无法偿付或债权人豁免偿还的其他应付款项。期末贷方余额,反映事业单位尚未支付的其他应付款。本账户应当按照其他应付款的类别以及债权单位(或个人)进行明细核算。

【例15-7】 某事业单位发生的其他应付款的业务如下:

[1]因开展经营业务经营租入A公司一设备,应该支付但未付租赁费4 000元。

借:经营支出　　4 000

贷:其他应付款——A公司　　4 000

[2]收取因公出国人员的保证金50 000元,直接转入银行存款户。

借:银行存款　　50 000

贷:其他应付款——出国人员　　50 000

[3]转账实际支付上述租赁费。

借:其他应付款——A公司　　4 000

贷:银行存款　　4 000

四、应缴款项

应缴款项是指事业单位应缴未缴的各种款项,包括应当上缴国库或者财政专户的款项、应缴税费,以及其他按照国家有关规定应当上缴的款项。

1. 应缴税费

事业单位应设置"应缴税费"账户,核算事业单位按照税法等规定计算应缴纳的各种税费,包括营业税、增值税、城市维护建设税、教育费附加、车船税、房产税、城镇土地使用税、企业所得税等。本账户属于负债类账户,计算出应缴纳的各种税费时记贷方;缴纳税费时记借方。期末借方余额,反映事业单位多缴纳的税费金额;期末贷方余额,反映事业单位应缴未缴的税费金额。本账户应当按照应缴纳的税费种类进行明细核算。事业单位代扣代缴的个人所得税,也通过本账户核算。事业单位应缴纳的印花税不需要预提应缴税费,直接通过支出等有关账户核算,不在本账户核算。

【例15-8】 某事业单位经过计算,本月经营业务提供应税劳务应缴纳营业税21 000元,应缴纳城市维护建设税1 470元,应缴纳教育费附加费315元。

借:其他支出——税费支出(经营业务)　　22 785

贷:应缴税费——应缴营业税　　21 000

应缴城建税　　1 470

应缴教育附加 315

【例 15 -9】 某事业单位缴纳上述应缴税费 22 785 元。

借:应缴税费——应缴营业税 21 000
应缴城建税 1 470
应缴教育附加 315
贷:银行存款 22 785

2. 应缴国库款

应缴国库款是事业单位收取的按规定应缴入国库的财政预算资金(应缴税费除外)。

(1)应缴国库款的内容

应缴国库款的内容主要包括:事业单位代收的纳入预算管理的政府性基金、纳入财政预算管理的事业性收费收入、罚没收入、财物变价收入和其他按预算管理规定应上缴国库的款项。

(2)应缴国库款的管理要求

应缴国库款性质属于国家预算资金,事业单位不能视为已有,应及时足额上缴财政,不得误入"财政专户",不得截留、坐支,更不得隐匿不报或挪作他用。

(3)应缴国库款的方式

在财政资金实行集中收付制度下,应缴国库款的上缴方式分为直接缴库和集中汇缴。直接缴库是缴款单位或缴款人按有关法律法规规定,直接将应缴款项缴入国库或财政专户。集中汇缴是事业单位收取的小额零散的应缴收入,先通过单位的银行账户汇集,然后再集中缴入国库。直接缴库是主要的缴库方式,个别实行集中汇缴的款项,事业单位在收取了缴款人的现金后,也必须于当天或次日将款项缴入国库或财政专户。因此,事业单位多数情况下不会发生因本单位缴款迟滞而导致的负债。

在国库单一账户制度下,预算资金实行国库统一收付,取消各单位的预算资金账户,对于各单位组织的应缴国库款实行收缴分离,预算资金直接纳入国库。在这种管理方式下,单位不接触预算资金,因此不会产生应缴国库款的核算业务。但是,实行集中汇缴的单位以及处置本单位资产取得收入时,仍存在收纳和上缴之间的时间差,因此产生应缴款项,日常核算中仍需对这类负债进行记录。

(4)应缴国库款的账务处理

事业单位应设置"应缴国库款"账户,核算事业单位按规定应缴入国库的款项(应缴税费除外)。本账户属于负债类账户,贷方登记按规定计算确定或实际取得应缴国库的款项,以及处置资产取得的应上缴国库的处置净收入;借方登记上缴数。期末贷方余额,反映事业单位应缴入国库但尚未缴纳的款项。本账户应当按照应缴国库的各款项类别进行明细核算。

【例 15 -10】 某事业单位根据其职能要求,代收政府性基金收费 100 000 元。此款项纳入财政预算管理,需要上缴国库。

借:银行存款 100 000
贷:应缴国库款——非税收收入 100 000

【例 15 -11】 续上题,某事业单位按规定上缴上述应上缴国库的预算款项。

借:应缴国库款——非税收收入 100 000
贷:银行存款 100 000

3. 应缴财政专户款

应缴财政专户款是指事业单位按规定收取的应上缴财政专户的各种款项。事业单位代行政府职能,依国家法律、法规而收取、提取和安排使用的各项资金,按规定应纳入财政专户管理。

事业单位应设置"应缴财政专户款"账户,核算事业单位按规定应缴入财政专户的款项。本账户属于负债类账户,取得应缴财政专户的款项时记入本账户贷方;上缴财政专户时记入本账户借方。期末贷方余额反映事业单位应缴入财政专户但尚未缴纳的款项。本账户应当按照应缴财政专户的各款项类别进行明细核算。

【例 15-12】 某事业单位发生的应缴财政专户款的业务如下:

[1]收到一笔应上缴财政专户的资金 580 000 元。

借:银行存款　　580 000

　贷:应缴财政专户款　　580 000

[2]将上述款项缴存财政专户:

借:应缴财政专户款　　580 000

　贷:银行存款　　580 000

[3]经财政部门审批,从财政专户转回上缴的资金 50 000 元。

借:银行存款　　50 000

　贷:事业收入　　50 000

五、应付职工薪酬

应付职工薪酬是事业单位按有关规定应付给职工的各种薪酬,以及应为职工支付的各种社会保障费。

1. 应付职工薪酬的内容

应付职工薪酬是指事业单位应付未付的职工工资、津贴补贴等。具体内容包括:

(1)工资(离退休费)

工资是指事业单位按国家统一规定发放给在职人员的岗位工资、薪级工资、绩效工资,以及经国务院或人事部、财政部批准设立的津贴补贴。离退休费是指按国家统一规定发放给离退休人员的离休、退休费及经国务院或人事部、财政部批准设立的津贴补贴。

(2)地方(部门)津贴补贴

地方(部门)津贴补贴是指事业单位按照本地区、本部门、本单位出台的政策规定发放给职工的津贴补贴。

(3)其他个人收入

其他个人收入是指按国家规定发给个人的除上述以外的其他收入,包括误餐费、夜餐费、出差人员的伙食补助、市内交通费、发放给个人的一次性奖励等。

(4)社会保险费

社会保险费是按国家规定由事业单位负担的缴给社会保障机构的各种社会保险费,包括城镇职工基本养老保险费、失业保险费、基本医疗保险费、工伤保险费、生育保险费。

(5)住房公积金

住房公积金是按照国家规定由事业单位负担用于解决职工住房问题的资金。

2. 应付职工薪酬的账户设置

事业单位应设置“应付职工薪酬”账户，核算事业单位按有关规定应付给职工及为职工支付的各种薪酬。包括基本工资、绩效工资、国家统一规定的津贴补贴、社会保险费、住房公积金等。本账户属于负债类账户，贷方登记当期职工薪酬的应付数；借方登记职工薪酬的支付数。期末贷方余额，反映事业单位应付未付的职工薪酬。本账户应当根据国家有关规定按照“工资（离退休费）”“地方（部门）津贴补贴”“其他个人收入”以及“社会保险费”“住房公积金”等进行明细核算。

3. 应付职工薪酬的账户处理

（1）计算当期应付职工薪酬，借记“事业支出”“经营支出”等账户，贷记本账户。

（2）向职工支付工资、津贴补贴等薪酬，借记本账户，贷记“财政补助收入”“零余额账户用款额度”“银行存款”等账户。

（3）按税法规定代扣代缴个人所得税，借记本账户，贷记“应缴税费——应缴个人所得税”。

（4）按照国家有关规定缴纳职工社会保险费和住房公积金，借记本账户，贷记“财政补助收入”“零余额账户用款额度”“银行存款”等账户。

（5）从应付职工薪酬中支付其他款项，借记本账户，贷记“财政补助收入”“零余额账户用款额度”“银行存款”等账户。

【例 15－13】 某事业单位发生的应付职工薪酬的业务如下：

[1]根据本月“工资发放汇总表”本月应付工资总额 130 万元。其中，基本工资 100 万元，地方（部门）津贴补贴 22 万元，其他个人收入 8 万元。代扣个人所得税 24 000 元。根据“退休费用发放表”，应付退休费 52 000 元，代扣个人所得税 2 600 元。按照实发数已通过预算单位零余额账户划转到职工账户。

（1）分配工资：

借：事业支出　　1 352 000
　贷：应付职工薪酬——应付工资（离退休费）　　1 052 000
　　　——应付地方津贴补贴　　220 000
　　　——应付其他个人收入　　80 000

（2）发放工资：

借：应付职工薪酬——应付工资（离退休费）　　1 052 000
　——应付地方津贴补贴　　220 000
　——应付其他个人收入　　80 000
　贷：零余额账户用款额度　　1 325 400
　　　应缴税费——应缴个人所得税　　26 600

[2]单位应负担职工社会保险费 10 万元，住房公积金 20 万元。

借：事业支出　　300 000
　贷：应付职工薪酬——社会保险费　　100 000
　　　——住房公积金　　200 000

[3]通过单位零余额账户缴纳社会保险费和住房公积金，并上缴代扣的个人所得税。

借：应付职工薪酬——社会保险费　　100 000
　——住房公积金　　200 000

应缴税费——应缴个人所得税 26 600

贷:零余额账户用款额度 300 000

银行存款 26 600

六、长期借款和长期应付款

1. 长期借款

长期借款是指事业单位借入的期限超过1年(不含1年)的各种借款。长期借款一般用于固定资产的构建、改建扩建、开展工程项目和基建项目。因此,事业单位必须加强负债的管理,做好借款项目的评估,落实资金来源,避免出现财务危机,同时也要确保长期借款发挥效益。

事业单位应设置"长期借款"账户,核算事业单位借入的期限超过1年(不含1年)的各种借款。本账户属于负债类账户,贷方登记长期借款本金的增加数;借方登记偿还的长期借款的本金。期末贷方余额,反映事业单位尚未偿还的长期借款本金。本账户应当按照贷款单位和贷款种类进行明细核算。对于基建项目借款,还应按具体项目进行明细核算。

事业单位长期借款的利息,分别按以下情况处理:①为购建固定资产支付的专门借款利息,属于工程项目建设期间支付的,计入工程成本,借记"在建工程",贷记"非流动资产基金——在建工程";同时,借记"其他支出",贷记"银行存款"。②属于工程项目完工交付使用后支付的借款利息及其他长期借款利息,按照支付的利息金额,借记"其他支出",贷记"银行存款"。

【例15-14】 某事业单位发生的关于长期借款的业务如下:

[1]2010年1月1日从银行取得长期借款2 000万元,用于学生宿舍楼建设,期限3年,年利率10%,按年付息,款项已存入银行。

借:银行存款 20 000 000

贷:长期借款 20 000 000

[2]第1年末支付长期借款的利息(基建工程在建)200万元。

借:在建工程 2 000 000

贷:非流动资产基金——在建工程 2 000 000

借:其他支出 2 000 000

贷:银行存款 2 000 000

第二年末工程仍然在建,所以,支付利息时的账务处理同上。

[3]2012年6月末工程完工。2012年末偿还银行借款本金2 000万元,并支付本年度的借款利息。

借:长期借款 20 000 000

其他支出 2 000 000

贷:银行存款 22 000 000

借:在建工程 1 000 000

贷:非流动资产基金——在建工程 1 000 000

2. 长期应付款

长期应付款是指事业单位发生的偿还期限超过1年(不含1年)的应付款项,主要是指事业单位融资租入固定资产发生的应付租赁款、跨年度分期付款购入固定资产的价款等。

事业单位应设置“长期应付款”账户，核算事业单位发生的偿还期限超过1年(不含1年)的应付款项。本账户属于负债类账户，贷方登记长期应付款的发生数；借方登记长期应付款的支付数。期末贷方余额，反映事业单位尚未支付的长期应付款。本账户应当按照长期应付款的类别以及债权单位(或个人)进行明细核算。发生长期应付款时，借记“固定资产”“在建工程”等账户，贷记本账户、“非流动资产基金”等账户。支付长期应付款时，借记“事业支出”“经营支出”等账户，贷记“银行存款”等账户；同时，借记本账户，贷记“非流动资产基金”。无法偿付或债权人豁免偿还的长期应付款，借记本账户，贷记“其他收入”。

【例15－15】 某事业单位以融资租赁方式租入一台质量检测设备用于经营业务，按租赁协议确定的租赁价款为100 000元，另以银行存款支付运杂费、途中保险费等2 000元。按租赁协议规定，租赁价款分5年于每年年初支付，该设备折旧年限为5年，采用直线法计提折旧，租赁期满，该设备归事业单位用拥有。

[1]租赁设备时：

借：固定资产　　102 000

　贷：长期应付款　　100 000

　　非流动资产基金——固定资产　　2 000

同时：

借：经营支出　　2 000

　贷：银行存款　　2 000

[2]每年支付融资租赁费时：

借：经营支出　　20 000

　贷：银行存款　　20 000

同时：

借：长期应付款　　20 000

　贷：非流动资产基金——固定资产　　20 000

[3]计提折旧时：

借：非流动资产基金——固定资产　　20 400

　贷：累计折旧　　20 400

第二节　净资产核算

净资产是指事业单位资产扣除负债后的余额，体现事业单位所拥有的资产净值。事业单位会计期末净资产金额，取决于资产和负债的计量结果。事业单位的净资产包括事业基金、非流动资产基金、专用基金、财政补助结转结余、非财政补助结转结余等。

一、净资产概述

1.净资产的含义及特点

(1)净资产的含义

净资产是指事业单位资产扣除负债后的余额，体现事业单位所拥有资产的净值。净资产不是一个独立的会计要素，它的确认和计量依赖于资产和负债。在负债不变的情况下，事业单位的资产越多，其所拥有的净资产越多；反之，资产越少，其所拥有的净资产越少。

在资产不变的情况下,负债越多,事业单位拥有的净资产越少;反之,负债越少,其所拥有的净资产越多。随着事业单位各项业务的开展,会取得各项收入,发生各项支出,收支相抵以后的差额又形成新的净资产。若收大于支,即收支相抵后的差额是正数,则使原有净资产增加;若收小于支,即收支相抵后的差额是负数,则使原有净资产减少。

事业单位的净资产主要来源于当期收入与支出相抵所形成的结转结余,以及按规定设置、提取、转入的各种基金。因此,从构成上看,事业单位的净资产分为基金和结转结余两部分。

(2)净资产的特点

事业单位的净资产与企业相比,有以下特点:

①结转(余)不代表事业单位具有营利性。事业单位的基本业务是科教文卫以及气象、地震等社会公益事业,是以实现社会效益为目标的,而不以营利为目的。事业单位的结转(余)只能说明收支相抵后余额的大小,表明单位预算执行的结果,并不能代表事业单位完成事业任务的好坏,更不能作为衡量事业单位业绩的重要指标。利润则是企业经营好坏的重要衡量指标,是考核一个企业生存能力的重要因素。

②结转(余)按照收付实现制和权责发生制确认。企业的利润是依据权责发生制原则和配比原则确定的;而事业单位的专业业务结转结余,包括财政补助的结转结余和事业的结转结余往往是在收付实现制确认基础上实现的。只有经营业务活动的经营结余则是在权责发生制基础上实现的。

③事业单位结转结余及其分配是按照预算管理要求分类核算的。企业的各项收入与成本费用相抵以后形成利润,整个企业所有业务的利润统筹安排进行分配;而事业单位的结转结余按照预算管理的要求分门别类,分别核算。

首先,事业单位的结转结余按资金性质分为财政补助结转结余和非财政补助结转结余。财政补助结转结余是不可以在事业单位进行分配的,而是按财政部门和主管部门的规定结转下一年度继续使用或上缴。非财政拨款结余可以按照国家有关规定提取职工福利基金,剩余部分作为事业基金,用于弥补以后年度单位收支差额,或用于以后事业的发展,国家另有规定的,从其规定。非财政补助结转结余按业务性质又分为事业结转结余和经营结余,当经营结余出现负数,即经营业务出现亏损时,不能参与分配,而是把经营结余(负数)转入下年度,留待以后的经营利润来弥补经营亏损,绝不允许专业业务的结余弥补经营业务的亏损。

其次,事业单位收支相抵后的结果分为结余和结转,结转资金是指当年预算已执行但未完成,或者因故未执行,下一年度需要按照原用途继续使用的资金。结余资金是指当年预算工作目标已完成,或者因故终止,当年剩余的资金。无论是财政补助的结转还是非财政补助的结转都不参与事业单位的分配,只有事业结余和经营结余方可在事业单位进行分配。

④事业单位不存在权益或产权的问题。企业实现的利润,按照所有者权益,通常要向投资者分配;而事业单位的出资者不要求取得投资回报,也不要求收回投资,不存在权益或产权的问题,因此,事业单位的结转结余不向投资者分配,而全部用于本单位事业的发展。

二、净资产的内容

事业单位的净资产包括事业基金、非流动资产基金、专用基金、财政补助结转结余、非财政补助结转结余等。

1. 事业基金

事业基金是指事业单位拥有的非限定用途的净资产，其来源主要为非财政补助结余扣除结余分配后滚存的金额。具体来说，事业基金来源于以往业务活动中非财政补助收入减去与其相关支出后的结余，既包括当年非财政补助结余分配后的剩余的结余，以及非财政补助结转项目完工后留归单位使用的结余，也包括以前年度滚存的事业基金。设置事业基金是事业单位开展专业业务活动的客观需要。事业单位开展专业业务活动及其辅助活动，必须拥有一定规模的事业基金。为了保证事业单位的业务活动在原有规模上持续稳定进行，或者促进事业单位的业务活动在扩大的规模上进行，需要设置、增加事业基金。

事业基金可以由事业单位自主调配，在事业单位资金运动中，起着“蓄水池”的作用，用于调节年度之间的收支平衡。即事业单位以后年度如果非财政补助的收入大于与其相关的支出，其差额继续转入事业基金；如果事业单位非财政补助的收入小于与其相关的支出，则其差额用以前年度的事业基金弥补。

2. 非流动资产基金

非流动资产基金是指事业单位非流动资产占用的金额。事业单位为兼顾预算管理与财务管理对会计信息的需求，为每项非流动资产设置了基金项目，与非流动资产的净值相对应，既能将取得非流动资产付出的资金确认为支出，又能反映非流动资产的净值情况。事业单位的非流动资产基金属于限定性基金，被各项非流动资产占用。

3. 专用基金

专用基金是指事业单位按规定提取或者设置的具有专门用途的净资产。按照新《事业单位财务规则》的规定，目前事业单位专用基金包括职工福利基金、修购基金和其他基金。事业单位的专用基金属于限定性基金，其运动过程具有相对独立的特点。为了满足特殊业务活动的资金需求，资金的形成必须遵循规定的来源渠道，在取得资金以后，按规定的用途使用。

4. 财政补助结转结余

财政补助结转结余是指事业单位各项财政补助收入与其相关支出相抵后剩余滚存的、须按规定管理和使用的结转和结余资金。包括财政补助结转和财政补助结余。

(1)财政补助结转资金

财政补助结转资金是指当年支出预算已执行但尚未完成或因故未执行，下年需按原用途继续使用的财政补助资金。财政补助结转按部门预算管理要求，分为基本支出结转和项目支出结转。基本支出结转是财政基本补助收入与财政基本补助支出相抵后的差额。项目支出结转是财政项目补助收入与财政项目补助支出相抵后的差额。基本支出结转资金包括人员经费结转资金和日常公用经费结转资金。基本支出结转资金原则上结转下年继续使用，用于增人增编等人员经费和日常公用经费支出，但在人员经费和日常公用经费间不得挪用，不得用于提高人员经费开支标准。项目支出结转资金结转下年按原用途继续使用。财政补助结转资金按形成时间，分为当年结转资金和累计结转资金，当年结转资金是指当年形成的财政拨款结转资金；累计结转资金是指截止到年底形成的历年累计财政拨款结转资金。

(2)财政补助结余资金

财政补助结余资金是指部门预算项目支出结余资金。是预算工作目标已完成，或由于受政策变化、计划调整等因素影响工作终止，当年剩余的财政拨款资金。结余资金分为当年结余资金和累计结余资金。当年结余资金是指当年形成的财政拨款结余资金；累计结余资金是指截止到年底形成的历年累计财政拨款结余资金。

5. 非财政补助结转结余

非财政补助结转结余是指事业单位除财政补助收支以外的各项收入与各项支出相抵后的余额，包括非财政补助结转和非财政补助结余。

(1)非财政补助结转

非财政补助结转是指事业单位除财政补助收支以外的各专项资金收入与其相关支出相抵后剩余滚存的、须按规定用途使用的结转资金。非财政补助结转的设置，是为了满足专项资金专款专用的管理要求。

(2)非财政补助结余

非财政补助结余是指事业单位除财政补助收支以外的各非专项资金收入与各非专项资金支出相抵后的余额。非财政补助结余包括事业结余和经营结余两个组成部分。事业结余是指事业单位一定期间除财政补助收支、非财政专项资金收支和经营收支以外各项收支相抵后的金额。经营结余是指事业单位一定期间各项经营收支相抵后余额弥补以前年度经营亏损后的余额。

三、净资产的管理

事业单位净资产的使用应遵照预算管理的要求，按规定使用。事业单位净资产分为限定性净资产和非限定性净资产。专用基金、非流动资产基金和结转资金属于限定性净资产，必须坚持专款专用的原则，不得随意改变用途。事业基金和留归单位使用的结余可以在专业业务开展过程中统筹安排，用于事业规模的扩大和事业的发展。事业基金、非流动资产基金、专用基金、财政补助结转结余、非财政补助结转结余等净资产项目应当分项列入资产负债表。

1. 各种结转(余)要分别核算

事业单位的结转(余)是事业单位各项收入和支出相抵以后的差额，表明事业单位预算执行结果。但是按照部门预算的管理要求，事业单位的结转(余)分为财政补助结转、财政补助结余、非财政补助结转、事业结余、经营结余，各自应单独核算。财政拨款结转和结余的管理，应当按照同级财政部门的规定或转入下期由事业单位继续使用或按规定上缴或注销，不参与事业单位年终的分配。有非独立核算经营业务的事业单位，实行经营收支配比的原则，事业单位的经营支出与经营收入，应当依据它们的内在关系进行配比，以正确计算各个会计期间的经营结余。

2. 加强基金的管理

事业单位的净资产类基金包括事业基金、专用基金和非流动资产基金。事业单位应按规定提取各项基金。专用基金中各项基金的提取比例和管理办法，国家有统一规定的，按照统一规定执行；没有统一规定的，由主管部门会同同级财政部门确定。事业单位应当加强事业基金的管理，遵循收支平衡的原则，统筹安排、合理使用，支出不得超出基金规模。事业单位的非流动资产基金是各项非流动资产占用的资金，分别与固定资产、在建工程、长期投资、无形资产相对应，反映了事业单位专款专用的原则。

四、净资产核算

1.事业基金

事业单位应设置"事业基金"账户，核算事业单位拥有的非限定用途的净资产，主要为非财政补助结余扣除结余分配后滚存的金额。本账户属于净资产账户，贷方登记年末未分配的非财政补助结余转入数和已完工项目的非财政补助结转按规定留归事业单位使用的部分，以及收回投资从非流动资产基金转回数和调增以前年度非财政补助结余的事项；借方登记事业基金的使用数以及调减以前年度非财政补助结余的事项。本账户期末贷方余额，反映事业单位历年滚存的非限定用途净资产的金额。

(1)以固定资产、无形资产取得的长期股权投资，按照评估价或合同确定价值作为投资成本，借记"对外投资"科目，贷记"事业基金"科目。同时，冲减投出的资产、累计折旧、累计摊销和固定基金。

(2) 年末，将本年度非财政拨款结余余额转入事业基金，借记或贷记"非财政拨款结余"科目，贷记或借记"事业基金"科目。

(3)事业单位发生需要调整以前年度结余的事项，通过"事业基金"科目核算。

【例 15－16】 某事业单位发生的关于事业基金的业务如下：

[1]建一栋实验楼，造价 1 200 万，其中接受外单位捐赠材料 55 万，其余为上级单位专项拨款。竣工时，结余款项 56 000 元，按规定留归单位使用。

①接受捐赠时：

借：存货　550 000

　贷：其他收入——专项资金收入——实验楼建设　550 000

②收到上级拨款时：

借：银行存款　11 450 000

　贷：上级补助收入——专项资金收入——实验楼建设　11 450 000

③施工中发生支出(为简化业务，施工中的各项支出用一笔业务代替)：

借：事业支出——非财政专项资金支出——项目支出——实验楼11 944 000

　贷：存货　550 000

　　银行存款　11 394 000

借：在建工程　11 944 000

　贷：非流动资产基金——在建工程　11 944 000

④竣工投入使用：

借：固定资产　11 944 000

　贷：非流动资产基金——固定资产　1 194 4000

借：非流动资产基金——在建工程　11 944 000

　贷：在建工程　11 944 000

⑤竣工结算：

借：其他收入——专项资金收入——实验楼建设　550 000

　上级补助收入——专项资金收入——实验楼建设　11 450 000

　贷：非财政补助结转——实验楼　12 000 000

借：非财政补助结转——实验楼　11 944 000

贷:事业支出——非财政专项资金支出——项目支出——实验楼11 944 000

⑥余款留归单位:

借:非财政补助结转——实验楼 56 000

贷:事业基金 56 000

[2]收到银行通知,三年前购买的国库券到期,收回本金100万,利息150 000元。

借:银行存款 1 150 000

贷:长期投资 1 000 000

其他收入——投资收益 150 000

同时:

借:非流动资产基金——长期投资 1 000 000

贷:事业基金 1 000 000

[3]对上年的报表进行审计时发现,有一笔已销产品的成本380 000元尚未结转。需调整上年度非财政补助结余。

借:事业基金 380 000

贷:存货 380 000

五、非流动资产基金

1. 非流动资产基金的核算特点

事业单位在取得各项非流动资产时,其核算要满足预算管理和单位财务管理两方面的要求:一方面按照财政部门的要求,取得非流动资产时的成本一次性计入支出;另一方面事业单位的非流动资产是单位的资产项目,不能将其作为账外资产,而是在正式会计账户确认为资产,并在会计报表中列示。正是由于对事业单位非流动资产核算的双重要求,我国事业单位会计制度创新性地采用了独特的核算方式——"双分录"核算方式。即在取得非流动资产时,一方面按照收付实现制原则将成本列入当期支出,另一方面按照权责发生制原则确认非流动资产和非流动资产基金的增加。

事业单位在计提固定资产折旧、无形资产摊销时,应按照折旧、摊销的数额冲减对应的非流动资产基金,此为虚提折旧、摊销,目的是正确反映各项非流动资产的净值。

2. 非流动资产基金的账务处理

事业单位应设置"非流动资产基金"账户,核算事业单位长期投资、固定资产、在建工程、无形资产等非流动资产占用的金额。本账户为净资产账户,贷方登记非流动资产增加时所对应非流动资产基金的增加数;借方登记因折旧、摊销以及非流动资产减少时冲减对应的非流动资产基金。本账户期末贷方余额,反映事业单位非流动资产占用的金额。本账户应当设置"长期投资""固定资产""在建工程""无形资产"等明细账户,进行明细核算。

(1)取得固定资产、长期投资、在建工程或无形资产时,相应增加其所对应的非流动资产基金。

借:在建工程/固定资产/长期投资/无形资产

贷:非流动资产基金

同时或待以后发生支出时：

借：事业支出

　贷：银行存款、财政补助收入、零余额账户用款额度

【例15－17】 某事业单位收到财政部门国库支付执行机构委托代理银行转来的"财政直接支付入账通知书"及原始凭证，通过政府采购方式购买一批需安装的多媒体设备，支付价款250 000元，增值税为42 500元。另以财政授权支付方式从单位零余额账户支付运杂费800元，安装费2 000元。设备安装完毕交付使用。

［1］购入需安装的设备：

借：在建工程　292 500

　贷：非流动资产基金——在建工程　292 500

借：事业支出——财政补助支出——项目支出——专用设备购置292 500

　贷：财政补助收入——项目支出　292 500

［2］支付运杂费、安装费：

借：在建工程　2 800

　贷：非流动资产基金——在建工程　2 800

借：事业支出——财政补助支出——项目支出——专用设备购置2 800

　贷：零余额账户用款额度　2 800

［3］安装完毕，交付使用：

借：固定资产　295 300

　贷：非流动资产基金——固定资产　295 300

借：非流动资产基金——在建工程　295 300

　贷：在建工程　295 300

（2）计提固定资产折旧、无形资产摊销时，冲减固定资产、无形资产对应的非流动基金。

借：非流动资产基金

　贷：累计折旧/累计摊销

【例15－18】 某事业单位本月计提固定资产折旧31 000元，无形资产摊销8 000元。

借：非流动资产基金——固定资产　31 000

　贷：累计折旧　31 000

借：非流动资产基金——无形资产　8 000

　贷：累计摊销　8 000

（3）处置长期投资、固定资产、无形资产，以及以固定资产、无形资产对外投资时，应当冲销该资产对应的非流动资产基金。

①出售或以其他方式处置长期投资、固定资产、无形资产。

a. 转入待处置状态时：

借：待处置资产损益——处置资产价值

　　累计折旧/累计摊销

　贷：固定资产/无形资产、长期投资

b. 实现处置时：

借：非流动资产基金——固定资产/无形资产/长期投资

　贷：待处置资产损益——处置资产价值

【例 15 - 19】 上述事业单位出售设备一台，账面原值为 15 万元，已提折旧 6 万元，双方协议价为 8 万元，款项已存银行。

[1]转入待处置状态时：

借：待处置资产损益——处置资产价值	90 000	
累计折旧	60 000	
贷：固定资产		150 000

[2]实现处置时：

借：非流动资产基金——固定资产	90 000	
贷：待处置资产损益——处置资产价值		90 000

[3]收取价款时：

借：银行存款	80 000	
贷：待处置资产损益——处置净收入		80 000

[4]净收入应上缴财政：

借：待处置资产损益——处置净收入	80 000	
贷：应缴国库款		80 000

②以固定资产、无形资产对外投资。

借：长期投资（评估价 + 相关税费）
　贷：非流动资产基金——长期投资
借：其他支出（相关税费）
　贷：银行存款
借：非流动资产基金——固定资产、无形资产
　累计折旧/累计摊销
贷：固定资产/无形资产

【例 15 - 20】 上述事业单位拥有一项专利权，账面价值为 160 000 元，该专利已累计摊销 60 000 元。2013 年 7 月，按照规定程序报经批准后，以该项专利作价出资与 B 公司共同设立本省第一家进口化妆品质量监测与鉴定中心。经评估，该专利确认价值为 120 000 元。2013 年 7 月 30 日，事业单位办理完毕相关产权手续，以银行存款支付各项税费 5 万元。

借：长期投资	170 000	
贷：非流动资产基金——长期投资		170 000
借：其他支出	50 000	
贷：银行存款		50 000
借：非流动资产基金——无形资产	100 000	
累计摊销	60 000	
贷：无形资产	1	

3. 专用基金

(1)专用基金的管理原则

事业单位对专用基金的管理应当遵循“先提后用、收支平衡、专款专用”的原则，支出不得超出基金规模。具体管理执行中应做到：

①先提后用。先提后用是指对各项专用基金，单位必须根据规定的来源渠道和规定的

标准提取或设置。各项基金的提取比例和管理办法,国家有统一规定的,按照统一规定执行;没有统一规定的,由主管部门会同同级财政部门确定。只有在取得资金后,才能安排使用。

②专设账户。专设账户是指事业单位对各项专用基金应单独设立账户进行管理与核算。但需要说明的是,这里的专设账户是指专设会计核算账户,而不是要求单位在银行开立存款专户进行核算。

③收支平衡。使用单位对各项专用基金应编制资金收支计划,根据专用基金的来源额度,安排支出项目,多提多用,少提少用,量入为出,支出不得超出基金规模,应坚持收支平衡。

④专款专用。各项专用基金都规定有专门用途及使用范围,如固定资产的修购基金只能用于固定资产的重新购置和修缮;职工福利基金只能用于单位职工的集体福利设施、集体福利待遇等。专款专用就是指对各项专用基金都要按照规定的用途和使用范围安排支出,各项专用基金不得互相占用、挪用。

(2)专用基金的内容

①修购基金

即按照事业收入和经营收入的一定比例提取,并按照规定在相应的购置和修缮科目中列支(各列50%),以及按照其他规定转入,用于事业单位固定资产维修和购置的资金。事业收入和经营收入较少的事业单位可以不提取修购基金,实行固定资产折旧的事业单位不提取修购基金。

②职工福利基金

即按照非财政拨款结余的一定比例提取以及按照其他规定提取转入,用于单位职工的集体福利设施、集体福利待遇等的资金。按政策规定,职工福利基金的提取比例在单位年度非财政补助结余的40%以内确定。

③其他基金

即按照其他有关规定提取或者设置的专用资金。事业单位根据自己单位的业务特点,为了保障某重点业务开展所需资金,根据需要可设置其他专用基金,如高校为提高教师的师资水平,保证教师进修业务所需资金,可设置进修基金,科研单位可设置奖励基金等。

(3)专用基金的账务处理

事业单位应设置"专用基金"账户,核算事业单位按规定提取或者设置的具有专门用途的净资产。本账户属于净资产账户,贷方登记各项专用基金的设置、提取数;借方登记专用基金的使用数。本账户期末贷方余额,反映事业单位专用基金的滚存余额。本账户应当按照专用基金的类别进行明细核算。

【例15-21】 某事业单位发生的关于专用基金的业务如下:

[1]本年事业收入500 000元,经营收入300 000元,修购基金提取比例为5%。

提取金额:500 000×5% +300 000×5% =40 000元

专业业务提取修购基金:500 000×5% =25 000元

经营业务提取修购基金:300 000×5% =15 000元

借:事业支出——非财政补助支出——基本支出——维修费　　12 500
　　——设备购置费　　12 500
　经营支出——维修费　　7 500

——设备购置费　　7 500

贷:专用基金——修购基金　　40 000

[2]年终,事业单位"非财政补助结余分配"账户的余额为690 000元,按照30%的比例计提职工福利基金。

借:非财政补助结余分配　　207 000

贷:专用基金——职工福利基金　　207 000

[3]动用修购基金支付设备维修费30 000元,款项已通过银行转账支付。

借:专用基金——修购基金　　30 000

贷:银行存款　　30 000

[4]经批准,动用本单位修购基金购置文件柜两个,价款共计2 300元,款项已通过银行转账支付。

借:专用基金——修购基金　　2 300

贷:银行存款　　2 300

借:固定资产　　2 300

贷:非流动资产基金——固定资产　　2300

[5]从仓库领用A材料100千克,价值3 600元,用于维修职工俱乐部。

借:专用基金——职工福利基金　　3 600

贷:存货　　3 600

六、结转和结余

1.结转(余)的内容

(1)结转资金和结余资金

结转资金是指当年预算已执行但未完成,或者因故未执行,下一年度需要按照原用途继续使用的资金。结余资金是指当年预算工作目标已完成,或者因故终止,当年剩余的资金(按规定处理)。

(2)事业结转结余和经营结转结余

事业结转结余是指事业单位开展专业业务活动取得的收入与发生的支出之间的差额。经营结转结余是指事业单位开展非独立核算经营业务活动取得的收入与发生的支出之间的差额。

(3)财政拨款结转结余和非财政拨款结转结余

财政拨款结转结余是事业单位年度全部财政拨款收入与财政拨款支出相抵后的余额。非财政拨款结转结余是事业单位年度财政拨款以外的收入与支出相抵后的余额。

2.事业结转结余的核算

会计期末,事业单位应根据本期各项事业类非专项收支,计算出事业结余,反映事业单位专业业务基本经费的收支平衡情况。年末,应当将本年度累计形成的事业结余转入非财政补助结余分配,按一定比例提取职工福利基金,剩余部分转入事业基金,用于弥补以后年度专业业务收支的差额或用于以后年度事业的发展。

事业单位应设置"事业结余"账户,核算事业单位一定期间除财政补助收支、非财政专项资金收支和经营收支以外各项收支相抵后的余额。本账户属于净资产类账户,贷方登记"事业收入""上级补助收入""附属单位上缴收入""其他收入"账户下各非专项资金收入本期发生额的转入数；贷记登记“事业支出”“其他支出”本期发生额中的非财政、非专项资金支出，以及“对附属单位补助支出”“上缴上级支出”的本期发生额转入数。年末，完成上述结转后，将本账户余额结转入“非财政补助结余分配”账户，本账户期末如为贷方余额，反映事业单位自年初至报告期末累计实现的事业结余；如为借方余额，反映事业单位自年初至报告期末累计发生的事业亏损。年末结账后，本账户应无余额。

事业结转结余账务处理：

(1)期末，将本期各事业类收入、支出账户中非专项资金收支的发生额进行结转：

借：事业收入——非专项资金收入
　　上级补助收入——非专项资金收入
　　附属单位上缴收入——非专项资金收入
　　其他收入——非专项资金收入
　贷：事业结余

借：事业结余
　贷：事业支出——(非财政)非专项资金支出
　　　其他支出——(非财政)非专项资金支出
　　　对附属单位补助支出
　　　上缴上级支出

(2)年末，将本账户余额结转入“非财政补助结余分配”账户。

①当“事业结余”账户出现贷方余额时：

借：事业结余
　贷：非财政补助结余分配

②当“事业结余”账户出现借方余额时：

借：非财政补助结余分配
　贷：事业结余

【例 15-22】 某事业单位 2013 年有关事业结余的业务如下：

[1]12 月末，将本期事业收入中非专项资金收入 352 万元，上级补助收入中非专项资金收入 96 万元，其他收入中非专项资金收入 10 万元结转到事业结余。

借：事业收入——非专项资金收入	3 520 000
上级补助收入——非专项资金收入	960 000
其他收入——非专项资金收入	100 000
贷：事业结余	4 580 000

[2]12 月末，将本期事业支出中的非财政、非专项资金支出 328 万元，上缴上级支出 72 万元，其他支出中的非财政、非专项资金支出 22 万元，结转到事业结余。

借：事业结余	4 220 000
贷：事业支出——其他资金支出	3 280 000
上缴上级支出	960 000
其他支出——非专项资金支出	100 000

[3]年末，将事业单位结余(贷方余额)360 万元转入结余分配。

借：事业结余	3 600 000
贷：非财政补助结余分配	3 600 000

3.经营结转结余的核算

经营结余反映了事业单位从事经营活动所取得的财务成果，也是衡量事业单位经营业绩的财务指标。

事业单位应设置“经营结余”账户，核算事业单位一定期间各项经营收支相抵后余额弥补以前年度经营亏损后的余额。本账户属于净资产类账户，贷方登记“经营收入”账户本期发生额转入数；借方登记“经营支出”账户本期发生额转入数。年末，完成结转后，如本账户为贷方余额，将本账户余额结转入“非财政补助结余分配”账户；如本账户为借方余额，为经营亏损，不予结转。本账户期末如为贷方余额，反映事业单位自年初至报告期末累计实现的经营结余弥补以前年度经营亏损后的经营结余；如为借方余额，反映事业单位截至报告期末累计发生的经营亏损。年末结账后，本账户一般无余额；如为借方结余，反映事业单位累计发生的经营亏损。

经营结余的账务处理：

(1)期末，将经营收入、支出账户的本期发生额进行结转：

借：经营收入

　贷：经营结余

借：经营结余

　贷：经营支出

(2)年末，如本账户为贷方余额，则：

借：经营结余

　贷：非财政补助结余分配

年末本账户如为借方结余，反映事业单位累计发生的经营亏损，不予结转，作为下年度本账户的期初余额，留待用以后年度会计期间实现的经营结余弥补。

【例15-23】 某事业单位2013年有关经营结余的业务如下：

[1]12月末，将本期经营收入100万元，经营支出90万元，予以结转。

借：经营收入	1 000 000	
贷：经营结余		1 000 000

同时：

借：经营结余	900 000	
贷：经营支出		900 000

[2]年末，将经营结余(贷方余额)100万元转入非财政补助结余分配。

借：经营结余	1 000 000	
贷：非财政补助结余分配		1 000 000

4.财政拨款结转结余的核算

财政拨款结转结余是事业单位年度财政拨款类收入与财政拨款类支出相抵后的余额，反映事业单位年度财政性资金的预算执行情况。(年终)

财政拨款结转结余=财政补助收入-事业支出(财政拨款类支出)

财政拨款结转结余是事业结转结余的一部分，年终需要将财政拨款结转结余从事业结转结余中分离出来。

财政拨款结转结余分为财政拨款结转和财政拨款结余，具体包括：

(1)基本支出结转

基本支出结转＝财政基本补助收入－财政基本补助支出

其数额分别为“财政补助收入——基本支出”明细科目的发生额；和“事业支出——财政拨款支出——基本支出”明细科目的发生额。

【例15－24】 年终“事业结转结余”科目贷方余额为900 000元。

(1)基本支出结转。本年度“财政补助收入——基本支出”为8 500 000元，“事业支出——财政拨款支出——基本支出”为8 020 000元。

基本支出结转＝8 500 000－8 020 000＝480 000

借:事业结转结余　　480 000

　贷:财政拨款结转结余——基本支出结转　　480 000

(2)项目支出结转

基本支出结转＝财政项目补助收入与财政项目补助支出

其数额分别为“财政补助收入——项目支出”明细科目的发生额；和“事业支出——财政拨款支出——项目支出”明细科目的发生额。

【例15－25】 接上题，项目支出结转。本年度“财政补助收入——项目支出”为1 500 000元，“事业支出——财政拨款支出——项目支出”为1 380 000元。

项目支出结转＝1 500 000－1 380 000＝120 000

借:事业结转结余　　120 000

　贷:财政拨款结转结余——项目支出结转　　120 000

(3)项目支出结余

是事业单位年度财政项目补助收支差额中，符合财政拨款结余资金性质的数额。年末，事业单位应当对财政补助项目执行情况进行分析，将已经完成预算工作目标或因故终止的项目当年剩余的财政拨款资金转入项目支出结余。

【例15－26】 接上题，项目支出结余。事业单位对财政补助项目执行情况进行分析，确认已经完成预算工作目标的项目当年剩余资金为30 000元，因故终止的项目当年剩余资金为10 000元。

借:财政拨款结转结余——项目支出结转　　40 000

　贷:财政拨款结转结余——项目支出结余　　40 000

(4)结转和结余资金的处置

结转的资金一般要求按原用途或项目继续使用(不进行会计处理)。

结余的资金按照财政部门的规定，或按规定上缴，或注销资金额度，或经批准转为其他用途。

【例15－27】 接上题，按财政部门的规定，因故终止的项目当年剩余资金10 000元需要上缴财政部门，事业单位通过零余额账户予以上缴。

借:财政拨款结转结余——项目支出结余　　10 000

　贷:零余额账户用款额度　　10000

5. 非财政拨款结转结余的核算

非财政拨款结转结余是事业单位除财政拨款以外的其他各项收入与支出相抵后的余额，反映事业单位自身的业务收支情况。年终，需要将非财政拨款结转结余从事业结转结余分离出来，全部的经营结转结余均需要转入非财政拨款结转结余。

(1)非财政拨款结转

①年末，按照本年度非财政拨款结转和结余的数额，借记“事业结转结余”“经营结转结余”科目，贷记“非财政拨款结转”科目。

②完成上述结转后，应将符合非财政拨款结余资金性质的金额转入非财政拨款结余。

【例 15－28】 某事业单位经过计算，本年非财政拨款收入共计 8 700 000 元，非财政拨款支出共计 830 000 元，非财政拨款结转的数额为 400 000 元，其中属于事业结转结余的数额为 300 000 元，属于经营结转结余的数额为 100 000 元。

借：事业结转结余　　300 000
　　经营结转结余　　100 000
　贷：非财政拨款结转　　400 000

(2)非财政拨款结余的核算

①年末，对非财政拨款结转和结余资金情况进行分析，按照符合非财政拨款结余资金性质的金额，借记“非财政拨款结转”科目，贷记“非财政拨款结余”科目。

【例 15－29】 某事业单位对非财政拨款资金的使用情况进行了分析，确认符合非财政拨款结余资金性质的金额为 250 000 元。

借：非财政拨款结转　　250 000
　贷：非财政拨款结余　　250 000

②按照有关规定从非财政拨款结余中提取职工福利基金的，借记“非财政拨款结余——提取职工福利基金”科目，贷记“专用基金——职工福利基金”科目。

③年末，完成上述处理后，如果本期“非财政拨款结余”科目的余额在贷方，应将其转入事业基金。

【例 15－30】 某事业单位按规定从非财政拨款结余中提取职工福利基金 100 000 元，其余 150 000 元转入事业基金。

借：非财政拨款结余——提取职工福利基金　　100 000
　　转入事业基金　　150 000
　贷：专用基金——职工福利基金　　100 000
　　　事业基金　　150 000

结转过程如下表：

<table>
<tr><th>项目</th><th>金额/元</th><th>项目</th><th>金额/元</th><th>项目</th><th>金额/元</th></tr>
<tr><td rowspan="4">事业结转结余</td><td rowspan="4">900 000</td><td rowspan="3">财政拨款结转结余</td><td rowspan="3">600 000</td><td>基本支出结转</td><td>480 000</td></tr>
<tr><td>项目支出结转</td><td>80 000</td></tr>
<tr><td>项目支出结余</td><td>40 000</td></tr>
<tr><td rowspan="2">非财政拨款结转结余</td><td>300 000</td><td>非财政拨款结转</td><td>150 000</td></tr>
<tr><td>经营结转结余</td><td>100 000</td><td>100 000</td><td>非财政拨款结余</td><td>250 000</td></tr>
<tr><td>合计</td><td>1 000 000</td><td></td><td>1 000 000</td><td></td><td>1 000 000</td></tr>
</table>

第十六章　事业单位收入与支出的核算

第一节　收入的核算

收入是指事业单位取得的、会导致本期净资产增加的经济利益或者服务潜力的总流入。收入只有在经济利益或服务潜力能够流入从而导致事业单位资产增加或者负债减少，且经济利益或服务潜力的流入额能够可靠计量时才能予以确认。

事业单位的收入主要包括财政补助收入、上级补助收入、事业收入、经营收入、附属单位上缴收入和其他收入六个科目。

一、财政补助收入

1. 财政补助收入的内容

财政补助收入来源于国家财政预算资金，是国家按预算安排给予事业单位的补助，以弥补其事业经费，以便更好地开展公益性服务活动。

2. 财政补助收入的分类

(1)按部门预算管理的要求划分，财政补助收入分为基本支出和项目支出。

(2)按预算科目的要求划分，财政补助收入需要进行功能分类。

根据《政府收支分类科目》的规定，财政补助收入需要按其功能分设类、款、项三级预算科目。对于事业单位来说，类级科目主要包括教育、科学技术、文化体育与传媒、医疗卫生、节能环保、农林水事务、其他支出等。

3. 财政补助收入的核算

事业单位会计应当设置“财政补助收入”科目。该科目核算事业单位从同级财政部门取得的各类财政拨款。

财政补助收入是事业类收入，按收付实现制基础确认，按实际收到的数额计量。财政补助收入一般应当于发生财政直接支付或收到财政授权支付额度，或者实际收到时予以确认。

事业单位的财政补助收入需要分别按财政实拨资金、财政直接支付和财政授权支付三种支付方式确认。

(1)财政实拨资金方式

未实行国库集中收付的事业单位，实行实拨资金的方式，财政部门开出预算拨款凭证，将款项划转到行政单位的存款账户。在财政实拨资金方式下，事业单位收到开户银行转来的“到账通知书”，款项已经到账时，即可确认财政补助收入。

【例 16－1】　某事业单位为科学研究事业单位，根据预算安排和资金使用计划，向财政部门领取本月财政补助经费 500 000 元，以用于开展高新技术应用研究。现收到开户银行转来的“到账通知书”，补助款项已经到账。

借:银行存款　　　　　　　　　　　　　　500 000

　贷:财政补助收入——基本支出　　　　　　　　500 000

【例16-2】 某事业单位为公共医疗卫生事业单位，收到开户银行转来的“到账通知书”，财政部门拨入的项目经费150 000元已经到账。此款项为项目经费，专门用于应对目前突发的甲型N1H1流感的预防。

借：银行存款　　150 000
　贷：财政补助收入——项目支出　　150 000

(2)财政直接支付

在财政实际直接支付时，即事业单位实际使用财政款项时确认财政补助收入。

根据国库支付中心委托代理银行转来的《财政直接支付入账通知书》及原始凭证入账。

【例16-3】 某事业单位收到国库支付执行机构委托代理银行转来的“财政直接支付入账通知书”及原始凭证，事业单位的一笔培训费用86 000元已经完成支付。

借：事业支出——基本支出　　86 000
　贷：财政补助收入——基本支出　　86 000

【例16-4】 某事业单位收到国库支付执行机构委托代理银行转来的“财政直接支付入账通知书”及原始凭证，事业单位通过财政直接支付方式购买的办公用品已经采购完成，办公用品价值为3 800元，已经验收入库。

借：存货——办公用品　　3 800
　贷：财政补助收入——基本支出　　3 800

(3)财政授权支付

在财政下达授权支付额度时，即收到用款额度时确认财政补助收入。根据代理银行盖章的《财政授权支付额度到账通知书》入账。

【例16-5】 某事业单位收到代理银行转来的“授权支付到账通知书”，本月事业单位财政授权支付额度为170 000元已经下达，其中基本经费150 000元，项目经费20 000元。

借：零余额账户用款额度　　170 000
　贷：财政补助收入——基本支出　　150 000
　　　　项目支出　　20 000

二、上级补助收入

上级补助收入是事业单位收到主管部门或上级单位拨入的非财政补助资金。每个事业单位均有主管部门或上级单位，主管部门或上级单位可以利用自身的收入或集中的收入，对所属事业单位给予补助，以调剂事业单位的资金余缺。

上级补助收入是事业类收入，按收付实现制确认收入。在收到上级或主管部门的补助后，确认上级补助收入。

事业单位设置“上级补助收入”科目，按国家预算收入科目分类要求设明细账。

【例16-6】 某事业单位收到上级主管部门拨来的补助款100 000元，款项已经到账。此款项是上级单位用其所集中的款项，对附属单位基本经费进行的调剂。

借：银行存款　　100 000
　贷：上级补助收入——基本支出　　100 000

【例16-7】 某事业单位收到上级主管部门拨来的非财政性补助款8 000元，作为事业单位所开展的一项课题研究经费。

借:银行存款 8 000

贷:上级补助收入——项目支出 8 000

三、事业收入

事业收入是事业单位开展专业业务活动及辅助活动所取得的收入。事业单位应设置"事业收入"账户,核算事业单位开展专业业务活动及其辅助活动取得的收入。本账户属于收入类账户,贷方登记取得的事业收入数;借方登记收入的冲转数。期末,将本账户本期发生额中的专项资金收入结转入"非财政补助结转"账户,将本账户本期发生额中的非专项资金收入结转入"事业结余"账户。期末结账后,本账户应无余额。本账户应当按照事业收入类别、项目、《政府收支分类科目》中"支出功能分类"相关科目等进行明细核算。事业收入中如有专项资金收入,还应按具体项目进行明细核算。

【例 16-8】 事业单位采用财政专户返还方式管理的事业收入的业务。

①开展专业业务活动,取得业务服务收入 1 600 000 元,按规定实行财政专户管理。

借:银行存款 1 600 000

贷:应缴财政专户款 1 600 000

②收到开户行通知,收到从财政专户核拨资金 101 300 元,用于基本开支。

借:银行存款 101 300

贷:事业收入——财政专户返还收入——非专项资金收入 101 300

③在财政专户资金实行集中支付方式下,收到国库支付执行机构委托代理银行转来的"财政直接支付到账通知书",以财政直接支付方式,用财政专户管理的资金为事业单位支付科研课题用设备购置费 120 000 元。

借:事业支出 120 000

贷:事业收入——财政专户返还收入——专项资金收入

——科研课题 120 000

同时:

借:固定资产 120 000

贷:非流动资产基金——固定资产 120 000

④收到预算单位代理银行转来"授权支付额度到账通知书",从财政专户核拨用款额度 850 000 元,用于日常公用开支。

借:零余额账户用款额度 850 000

贷:事业收入——财政专户返还收入——非专项资金收入 850 000

【例 16-9】 其他事业收入的业务。

①收到业务咨询收入 6 000 元,款项存入银行。

借:银行存款 6 000

贷:事业收入——业务咨询费 6 000

②为了贯彻实施会计制度改革,举办会计人员培训班,收取培训费 36 000 元,存入银行。

借:银行存款 36 000

贷:事业收入——培训费 36 000

③收到科技厅拨来的课题费500 000元。

借:银行存款 500 000

　贷:事业收入——课题经费——××课题 500 000

④期末,"事业收入"账户的本期发生额为500万,其中专项资金收入70万,予以结转。

借:事业收入——非专项资金收入 4 300 000

　　　　　——专项资金收入 700 000

　贷:非财政补助结转 700 000

　　事业结余 4 300 000

四、经营收入

1. 经营收入的内容

经营收入是事业单位在专业业务活动及辅助活动之外开展非独立核算经营活动取得的收入。经营收入是一种提供服务收入,条件有两个:一是在专业服务和辅助服务活动之外取得的收入;二是非独立核算单位取得的收入。经营收入是一种有偿收入,包括商品销售收入、提供服务收入、租赁收入等。

2. 经营收入的核算

设置"经营收入"科目,核算事业单位经营活动取得的收入。根据经营收入种类设置明细科目。经营收入是典型的经营类收入,以权责发生制基础确认经营收入,在已提供服务或商品同时收讫价款或者取得收款凭据时,按照收到或应收的金额确认经营收入。

【例16-10】 某档案管理事业单位,下设复印服务部为客户服务(没有实行独立核算)。本日收到复印费收入680元,款项已经存入银行。

借:银行存款 680

　贷:经营收入——复印部 680

【例16-11】 某环境保护事业单位,下设检测服务部向社会公众提供家庭装修污染检测服务(没有实行独立核算)。本日应收检测服务3 200元,实际收到2 600元,款项已经存入银行。

借:银行存款 2 600

　　应收账款 600

　贷:经营收入——检测服务部 3 200

【例16-12】 某科学技术事业单位,利用其技术条件对外销售一项附属产品。本日销售商品一批,价值234 000元,款项尚未收到。该事业单位为增值税一般纳税人,销售商品的增值税税率为17%,增值税销项税额为34 000元。

借:应收账款 234 000

　贷:经营收入——产品销售收入 200 000

　　应缴税费——应缴增值税(销项税) 34 000

五、附属单位上缴收入

1. 附属单位上缴收入的内容

附属单位上缴收入是指事业单位附属的独立核算单位按规定标准或比例缴纳的各项收入。事业单位一般下设一些独立核算的附属单位,这些单位按规定应当上缴一定的收入,形成事业单位的附属单位上缴收入。

2. 附属单位上缴收入的核算

设置"附属单位上缴收入"科目,核算事业单位收到独立核算附属单位按规定缴来的款项。本科目应按缴款单位设置明细账。附属单位上缴收入是事业类收入,一般按收付实现制基础确认收入。在实际收到所属单位上缴的款项时,确认附属单位上缴收入。

【例 16-13】 某事业单位下属的招待所为独立核算的附属单位。按事业单位与招待所签订的收入分配办法规定,本月招待所应缴纳分成款 100 000 元,事业单位收到招待所上缴的款项。

借:银行存款　　100 000

　贷:附属单位上缴收入——招待所　　100 000

六、其他收入

1. 其他收入的内容

其他收入是事业单位除上述各项收入以外的收入。如果一项收入不属于上述任何一项收入,则可以确认为其他收入。

事业单位的其他收入主要是一些临时发生或零星杂项收入,主要内容包括对外投资收益、银行存款利息收入、固定资产出租收入、外单位捐赠未限定用途财物形成的捐赠收入、其他单位对本单位的补助收入,以及其他零星杂项收入等。

2. 其他收入的核算

设置"其他收入"科目,核算事业单位除上述各项收入以外的收入。按收入种类,如"投资收益""固定资产出租""捐赠收入"等设置明细 。其他收入在事业单位也归于事业类收入,按收付实现制基础确认。在实际收到收入时,确认其他收入。

【例 16-14】 某事业单位将一暂时闲置的房子出租,收到本月租金 6 000 元,存入银行。

借:银行存款　　6 000

　贷:其他收入——固定资产出租　　6 000

【例 16-15】 某事业单位对外投资,收到投资收益 50 000 元,已经到账。

借:银行存款　　50 000

　贷:其他收入——投资收益　　50 000

第二节　支出的核算

支出或者费用是指事业单位开展业务及其他活动发生的资金耗费和损失。事业单位的支出或者费用包括事业支出、对附属单位补助支出、上缴上级支出、经营支出和其他支出等。

一、支出(费用)的内容及分类

1. 事业单位支出,按支出对象分为本单位支出和缴拨款支出

本单位支出是本单位为开展各项业务活动而发生的各项支出,此类支出包括事业支出、经营支出、其他支出。缴拨款支出是指事业单位向上级单位上缴的款项和向下属独立

核算单位拨付的款项,此类支出包括上缴上级支出、对附属单位补助支出。

2. 事业单位支出,按资金性质分为财政补助支出和非财政补助支出

财政补助支出是事业单位用财政补助收入安排的支出,用于事业单位专业业务及其辅助业务活动;非财政补助支出是事业单位用财政补助收入以外的收入安排的支出,其资金来源包括事业收入、经营收入、附属单位上缴收入、其他收入、上级补助收入。非财政补助支出包括经营支出、其他支出、对附属单位补助支出、上缴上级支出,事业支出中既包括用财政补助收入安排的支出,也包括用非财政补助收入安排的支出。

3. 事业单位支出,按资金管理要求分为经常性支出和专项支出

经常性支出是指单位为维持机构正常运转和完成日常工作任务发生的支出,它是用非限定性收入安排的支出;专项支出是指单位为完成专项或特定工作任务发生的支出,它是用限定性收入安排的支出。按此要求,财政补助支出一般分为基本支出和项目支出,非财政补助支出一般分为专项资金支出和非专项资金支出。

二、事业支出

事业支出是指事业单位开展各项专业业务活动及其辅助活动发生的基本支出和项目支出。基本支出是指事业单位为了保障其正常运转、完成日常工作任务而发生的人员支出和日常公用支出。项目支出是指事业单位为了完成特定工作任务和事业发展目标,在基本支出之外所发生的支出。

1. 事业支出的内容及分类

(1)事业支出按支出经济分类

根据2013《政府收支分类科目》中"支出经济分类科目"的类、款,事业单位的支出包括:

①工资和福利支出;

②商品和服务支出;

③对个人和家庭的补助;

④赠与;

⑤债务利息支出;

⑥债务还本支出;

⑦基本建设支出(其他资本性支出)。

(2)事业支出按支出功能分类

按照预算管理要求,事业支出需要按《政府收支分类科目》中"支出功能分类科目"进行分类。支出功能分类主要反映政府活动的不同功能和政策目标。根据社会主义市场经济条件下政府职能活动情况及国际通行做法,将政府支出分为类、款、项三级。2013年《政府收支分类科目》中"支出功能分类科目"分类的类、款、项内容,见附录1。

(3)事业支出按使用资金的性质分类

可分为财政资金支出和非财政资金支出。

①财政资金支出是事业单位用财政补助收入安排的事业支出,即事业单位使用同级财政部门按预算拨入的各种财政款项用于事业活动的支出。

②非财政补助支出是事业单位使用各类非财政资金用于事业活动的支出。非财政资金是事业单位除财政补助收入以外的各项收入,包括事业收入、经营收入、上级补助收入、

附属单位上缴收入、其他收入。

(4)事业支出按部门预算管理要求分类

可分为基本支出和项目支出。

①基本支出是指事业单位为了保障其正常运转、完成日常工作任务而发生的人员支出和公用支出。

②项目支出是指事业单位为了完成特定工作任务和事业发展目标,在基本支出之外所发生的支出,如专项业务费、大型修缮费、大型购置、大型会议等。

(5)事业支出按支出对象分类

可分为人员经费支出和日常公用经费支出。

①人员经费支出是事业单位用于人员方面的经费开支,包括《政府收支分类科目》中"工资福利支出"和"对个人和家庭的补助"两类。

②日常公用经费支出是事业单位用于日常公务活动的支出,包括《政府收支分类科目》中"商品和服务支出"类,以及"基本建设支出" 和"其他资本性支出"两类中属于基本支出的内容。

2. 事业支出核算

事业单位会计应当设置"事业支出"科目。该科目核算事业单位开展各项专业业务活动及其辅助活动发生的实际支出。事业支出按收付实现制基础确认,以实际发生的数额计量。

(1)直接发生的各项人员经费支出、公用经费支出(实拨资金),事业单位在实际支付时确认事业支出。

【例 16-16】 某事业单位租用某宾馆综合厅举办工作会议,发生会议费 10 000 元,以银行存款支付。所付款项为财政部门当年拨入的基本经费。

借:事业支出——财政拨款支出——基本支出	10 000	
贷:银行存款		10 000

【例 16-17】 某事业单位用事业收入支付一笔公务接待费用 2 800 元,款项以银行存款支付。

借:事业支出——非财政拨款支出	2 800	
贷:银行存款		2 800

(2)以财政直接支付方式发生的支出,事业单位在收到国库支付执行机构委托代理银行转来的"财政直接支付入账通知书"及原始凭证后确认事业支出。

【例 16-18】 某事业单位收到国库支付执行机构委托代理银行转来的"财政直接支付入账通知书"及原始凭证,事业单位的新招聘人员业务培训费费 36 000 元已经由财政直接支付给培训机构。

借:事业支出——财政拨款支出——基本支出	36 000	
贷:财政补助收入——基本支出		36 000

(3)以财政授权支付方式发生的支出,事业单位开出"授权支付凭证",使用授权额度时确认事业支出。

【例 16-19】 某事业单位为公共医疗卫生事业单位,从单位的零余额账户用款额度中支出 9 200 元,用于支付甲型 N1H1 流感的预防项目工作人员的特殊岗位津贴。

借:事业支出——财政拨款支出——项目支出　　9 200
　贷:零余额账户用款额度　　9 200

(4)购入需要进入库存管理的材料,应当在领用材料时确认事业支出。

【例16-20】 某事业单位因业务活动需要,从仓库领用办公用品一批,价值6 000元。此材料是事业单位用当年财政拨款购入。

借:事业支出——财政拨款支出——基本支出　　6 000
　贷:存货——办公用品　　6 000

(5)提取的社会保障费、工会经费、职工福利费、修购基金等,在提取时确认事业支出。

(6)购入的固定资产,在固定资产经过验收后确认事业支出。

三、对附属单位补助

是指事业单位用财政补助收入之外的收入对附属单位补助所发生的支出。所属单位是指实行独立核算的下级单位,事业单位作为上级单位,可以使用自有经费对下属单位进行各项补助,支持所属单位事业的发展。

事业单位会计应当设置"对附属单位补助"科目。该科目核算事业单位用非财政预算资金对附属单位补助所发生的支出。

对附属单位补助按收付实现制确认,以实际发生的数额计量。按照接受补助单位或补助项目等进行明细核算。

【例16-21】 某事业单位用自有经费,对所属独立核算杂志社补助20 000元,以银行存款支付。

借:对附属单位补助—杂志社　　20 000
　贷:银行存款　　20 000

四、上缴上级支出

1.上缴上级支出的概念

上缴上级支出是指事业单位按规定标准或比例上缴上级单位的支出。有上缴上级支出的事业单位是实行独立核算的事业单位。根据单位与上级之间的体制安排,事业单位取得的各项收入,应当按规定的标准或比例上缴,形成上缴上级支出。

2.上缴上级支出的核算

设置"上缴上级支出"科目,核算附属于上级单位的独立核算单位按规定的标准或比例上缴上级单位的支出。上缴上级支出按收付实现制确认,在实际上缴上级时确认支出。按照收缴款项单位或缴款项目等进行明细核算。

【例16-22】 某事业单位根据本年收入情况,按规定比例上缴上级单位200 000元。

借:上缴上级支出　　200 000
　贷:银行存款　　200 000

五、经营支出

1.经营支出的内容

经营支出是事业单位在专业业务活动及其辅助活动之外开展非独立核算经营活动发生的支出。经营支出的确认应同时具备两个条件:一是在专业业务活动及其辅助活动之外的经营性活动中发生的支出;二是经营业务是非独立核算。

2. 经营支出的核算要求

事业单位开展非独立核算经营活动的,应当正确归集开展经营活动发生的各项费用数;无法直接归集的,应当按照规定的标准或比例合理分摊。事业单位的经营支出与经营收入应当配比,遵循权责发生制原则。事业单位应当加强经济核算,可以根据开展业务活动及其他活动的实际需要,实行内部成本核算办法。有部分产品生产或加工经营业务的事业单位,其经营支出为已销产品的成本。

3. 经营支出的账务处理

事业单位应设置"经营支出"账户,核算事业单位在专业业务活动及其辅助活动之外开展非独立核算经营活动发生的支出。本账户属于支出类账户,借方登记经营活动中发生的支出增加数以及结转的已销产品的成本;贷方登记支出的冲转数。期末,将本账户本期发生额转入"经营结余"账户。期末结账后,本科目应无余额。本账户应当按照经营活动类别、项目、《政府收支分类科目》中"支出功能分类"相关科目等进行明细核算。

【例 16－23】 某事业单位发生的有关经营支出的业务如下:

①所属非独立核算的车队,计算本月应付职工的基本工资 70 000 元,津贴 20 000 元,其他工资 8 000 元。

借:经营支出——车队——基本工资	70 000	
——津贴补贴	20 000	
——其他工资	8 000	
贷:应付职工薪酬		98 000

②对外提供业务培训,其业务未实行独立核算。培训中支付培训人员的劳务费共 10 000元,购置办公用品 600 元,均以现金付讫。

借:经营支出——培训业务——劳务费	10 000	
——办公费	600	
贷:库存现金		10 600

③向鸿雁公司提供技术服务,消耗材料 3 500 元(从仓库领用),以支票支付资料印刷费 1 200 元。

借:经营支出——技术服务业务——专业材料费	3 500	
——印刷费	900	
贷:存货		3 500
银行存款		1 200

④销售产品一批,实现销售收入为 50 000 元,该产品的适用税率为 17%,该批产品成本为 32 000 元。已收到银行的到账通知。

借:银行存款	58 500	
贷:经营收入		50 000
应缴税费——应缴增值税(销项税额)		8 500

同时结转成本:

借:经营支出——产品销售——产品成本	32 000	
贷:存货		32 000

⑤所属非独立核算的培训中心购入家具 150 000 元,款项未付。

借:经营支出——培训业务——设备购置　　150 000
　贷:应付账款　　150 000
同时:
借:固定资产　　150 000
　贷:非流动资产基金——产品成本　　150 000
⑥期末,结转“经营支出”账户本期借方发生额666 000元。
借:经营结余　　666 000
　贷:经营支出　　666 000

六、其他支出

事业单位应当设置“其他支出”科目,核算事业单位除事业支出、上缴上级支出、对附属单位补助、经营支出以外的支出。

“其他支出”科目应区分非经营业务支出和经营业务支出,按照其他支出的类别或项目等进行明细核算。

【例16-24】 某事业单位因专业业务发展的需要,从银行借入了一笔三年期的长期借款,按规定支付本期借款利息12 400元。

借:其他支出——利息支出(非经营业务)　　12 400
　贷:银行存款　　12400

【例16-25】 某事业单位的经营业务按规定应当缴纳营业税。根据提供的应税劳务计算,本月事业单位应缴纳营业税的金额为6 850元。

借:其他支出——税费支出(经营业务)　　6 850
　贷:应缴税费——应缴营业税　　6 850

第十七章　事业单位的财务报告

事业单位财务报告是反映事业单位财务状况和收支情况的书面文件,是财政部门和上级单位了解情况、掌握政策、指导单位预算执行工作的重要资料,也是编制下年度财务收支计划的基础。编制财务报告是事业单位会计工作的一项重要内容,是日常会计核算的总结,也是提供会计信息的主要手段。

第一节　事业单位财务报告概述

一、财务报告的作用

事业单位财务报告是根据日常的会计核算资料编制的,全面、系统反映事业单位一定时期财务状况、收支情况的书面报告,是日常会计核算工作的总结和深化。财务报告无论是对编制报表的事业单位还是对外部的财务报告使用者都具有重要作用。

事业单位财务报告能全面、系统、总括地反映事业单位在一定时期的经济活动情况和财务状况。事业单位利用财务报告,并借助其他有关业务资料,可以分析、检查单位预算的执行情况,评价单位增收节支的效果,借以改进财务管理工作,并为编制下期计划、制定长期规划提供科学依据。

事业单位财务报告是财政部门和上级单位了解情况、掌握政策、指导单位预算执行工作的重要资料,也是编制下年度财务收支计划的基础。通过财务报告,财政部门和上级单位可以了解事业单位资产、负债、收入、支出和结余构成,分析资金使用效果,掌握各事业单位财政预算执行的进度,核算总预算支出,同时还可以了解事业单位遵守国家政策、财经纪律、财经制度的情况,有效地行使宏观调控职能。

事业单位的出资者和债权人利用事业单位财务报告,可以分析事业单位资金的利用情况,并据以作出投资、贷款、提供信用的决策。事业单位财务报告按系统、部门或地区汇总以后,还可以综合反映整个社会各部门、各地区有关业务活动和财务预算的实现情况,为政府进行综合平衡、评价经济效益提供重要依据。

二、财务报告的组成

事业单位财务报告由会计报表、会计报表附注和财务情况说明书组成。会计报表和会计报表附注构成财务报表。

1. 会计报表

会计报表是以表格形式反映事业单位的财务状况、收入支出情况和其他会计信息,是财务报告的重要组成部分。事业单位的会计报表主要包括资产负债表、收入支出表、财政补助收入支出表以及有关附表。资产负债表是指反映事业单位在某一特定日期的财务状况的报表。收入支出表是指反映事业单位在某一会计期间的事业成果及其分配情况的报表。财政补助收入支出表是指反映事业单位在某一会计期间的财政补助收入、支出、结转及结余情况的报表。

事业单位除编制上述主要会计报表外，还需要编制一系列明细表和附表，以全面反映各项收入、支出的构成。事业单位需要编制的明细表主要包括事业支出明细表、基本支出明细表、项目支出明细表等。这些报表需要根据《政府收支分类科目》的要求，按支出的经济分类列出各类、款、项的具体数额。事业单位还需要编制资产情况表、机构人员情况表、基本数字表等附表，反映事业单位的基本状况。

事业单位会计报表按照编报的时间分为月报和年报。月报表是反映截至报告月月末资金活动和收入支出情况的报表，主要用于满足本单位财务管理的需要，月报一般包括资产负债表和收入支出表。年度报表又称年度决算，是全面反映单位年度资金活动和收支情况及收支结果的报表，包括前述会计报表组成的全部内容以及财务情况说明书，具体情况见表 17 - 1 所示。

表 17 - 1　事业单位的财务报表

编号	财务报表名称	编制期
会事业 01 表	资产负债表	月度、年度
会事业 02 表	收入支出表	月度、年度
会事业 03 表	财政补助收入支出表	年度
	附注	年度

事业单位会计报表按照编制单位，可分为单位会计报表和汇总会计报表。单位会计报表是由作为会计主体的事业单位编制的会计报表。汇总会计报表是由各主管部门或各地区财政机关根据所属事业单位上报的会计报表汇总编制的会计报表。

2. 会计报表附注

会计报表附注是指对在会计报表中列示项目所作的文字描述或提供的明细资料，以及对未能在会计报表中列示项目进行的说明等。《事业单位会计制度》要求，会计报表附注至少应当披露下列内容：

(1) 遵循《事业单位会计准则》《事业单位会计制度》的声明；

(2) 单位整体财务状况、业务活动情况的说明；

(3) 会计报表中列示的重要项目的进一步说明，包括其主要构成、增减变动情况等；

(4) 重要资产处置情况的说明；

(5) 重大投资、借款活动的说明；

(6) 以名义金额计量的资产名称、数量等情况，以及以名义金额计量的理由说明；

(7) 以前年度结转、结余调整情况的说明；

(8) 有助于理解和分析会计报表需要说明的其他事项。

3. 财务情况说明书

财务情况说明书是对事业单位财务状况、事业成果的变动情况及原因所作的文字阐述。在完成了会计报表的编制工作后，财务人员需要撰写财务情况说明书，对事业单位年度预算执行情况进行分析，揭示重大影响的事项，总结经验与教训，进行绩效考核与评价，为下期会计工作奠定良好的基础。

根据《事业单位财务规则》的规定，财务情况说明书主要说明事业单位收入及其支出、结转、结余及其分配、资产负债变动、对外投资、资产出租出借、资产处置、固定资产投资、绩效考评的情况,对本期或者下期财务状况发生重大影响的事项,以及需要说明的其他事项。

三、编制财务报告的程序

事业单位月报、年报的内容和编制程序有一定差别,年度报表的内容较为详细,其编制程序较为复杂,这里着重说明编制年度报表的程序。编制年度报表的程序包括年终清理、年终结账和编制会计报表。

1. 年终清理

年终清理,是对单位全年预算资金、其他资金收支活动进行全面的清查、核对、整理和结算工作。它是编制年报的重要环节,各单位在年终前应按规定认真做好这项工作。年终清理主要包括以下内容:

(1)清理核对年度预算数字和各项领拨款项、上缴下拨款项数字。年终前,财政机关、上级单位和所属单位之间的全年预算数,以及应上缴、拨补的款项等,都要按规定逐笔进行清理结算。

(2)清理核对各项预算内外收支款项。凡属本年的各项收入都要入账,不得长期挂在往来账上。属于本年各项应缴财政款项,要在年终前全部上缴国库和财政专户。实行国库集中支付的单位,对期末尚未申请支付的财政直接支付用款,应当按照权责发生制确认收入,对尚未支付的财政授权额度,应当转入财政应返还额度。实行成本费用核算的收支,要结合年终清理,认真审查核实,并把各项收益按规定转入有关收入账户。

(3)清理往来款项。各项往来款项在年终前应尽量清理完毕,应当转作各项收入或各项支出的往来款项要及时转入各有关账户,列入本年决算。各种代管经费都要在年终前如实编报决算,结清账务,委托单位不得以拨作支,受托单位不得以领代报。

(4)清查货币资金和各项财产物资。银行存款账面余额要同银行对账单的余额核对相符;库存现金的账面余额,应同现金的实际库存数核对相符;有价证券的账面数字,应与库存实有的有价证券核对相符。各种财产物资年终都必须全部入账,各单位应配备专人对全部财产物资进行全面的清查盘点。

2. 年终结账

事业单位要在年终清理的基础上进行年终结账。年终结账包括年终转账、结清旧账和登记新账。

(1)年终转账。账目核对无误后,首先计算出各账户借方或贷方的 12 月份合计数和全年累计数,结出 12 月末的余额。然后,编制结账前的“资产负债表”,试算平衡后,再将应对冲结转的各个收支账户的余额按年终冲转办法,填制 12 月 31 日的记账凭单办理结账冲转。

(2)结清旧账。将转账后无余额的账户结出全年总累计数,然后在下面画双红线,表示本账户全部结清。对年终有余额的账户,在“全年累计数”下行的“摘要”栏内注明“结转下年”字样,再在下面画双红线,表示年终余额转入新账,旧账结束。

(3)记入新账。根据本年度各账户余额,编制年终决算的“资产负债表”和有关明细表。将表列各账户的年终余额数(不编制记账凭单),直接记入新年度相应的各有关账户,并在“摘要”栏注明“上年结转”字样,以区别新年度发生数。

事业单位的决算经财政部门或上级单位审批后,需调整决算数字时,应作相应调整。

3. 编制会计报表

事业单位会计在结清全部账户以后,应根据结清的账户余额编制会计报表。

四、财务报告编制的基本要求

1. 数字真实

财务报告必须真实可靠,数字准确,如实反映单位预算执行情况和说明情况。编报时要以核对无误的会计账簿数字为依据,不能以估计数、计划数填报,更不能弄虚作假、篡改和伪造会计数据,也不能由上级单位估计数代编。为此,各单位必须按期结账,一般不能为赶编报表而提前结账。编制报表前,要认真核对有关账目,切实做到账表相符、账证相符、账账相符和账实相符,保证财务报告的真实性。事业单位财务报表应当由单位负责人和主管会计工作的负责人、会计机构负责人(会计主管人员)签名并盖章。

2. 内容完整

财务报告必须内容完整,按照统一规定的报表种类、格式和内容编报齐全,不能漏报。规定的格式栏次不论是表内项目还是补充资料,应填的项目、内容要填列齐全,不能任意取舍,要成为一套完整的指标体系,以保证会计报表在本部门、本地区以及全国的逐级汇总分析需要。各级主管部门可以根据本系统内的特殊情况和特殊要求,增加一些报表或项目,但不得影响国家统一规定的报表和报表项目的编报。

3. 报送及时

财务报告必须按照国家或上级机关规定的期限和程序,在保证报表真实、完整的前提下,在规定的期限内送上级单位。为此,应当科学、合理地组织好日常的会计核算工作,加强会计部门内部及会计部门与有关部门的协作与配合,以便于工作并尽快地编制出会计报表,满足预算管理和财务管理的需要。

第二节　资产负债表

一、资产负债表的含义

资产负债表是反映事业单位某一特定日期财务状况的报表,反映事业单位在某一特定日期的全部资产、负债和净资产的情况。它向有关方面提供以下几方面的信息资料:

(1)事业单位某一日期所掌握的经济资源及这些资源的分布和结构;

(2)事业单位某一日期负债及其结构;

(3)事业单位的净资产情况;

(4)通过对资产负债表的分析,可以了解事业单位的财务实力、短期偿债能力和支付能力,若把前后期的资产负债表加以对照分析,还可以看出事业单位资产负债变化情况及财务状况的发展趋势。

资产负债表是会计报表的重要组成部分,事业单位应当定期编制资产负债表,披露事业单位在会计期末的财务状况。

二、资产负债表的内容

事业单位的资产负债表由表首标题和报表主体构成。报表主体部分包括编报项目、栏目及金额。

1. 表首标题

资产负债表的表首标题包括报表名称、编号（会事业 01 表）、编制单位、编表时间和金额单位等内容。资产负债表反映事业单位在某一时点的财务状况，属于静态报表，需要注明的是某年某月某日的报表。按编报时间的不同，资产负债表分为月报资产负债表和年报资产负债表。

2. 编报项目

资产负债表的编报项目包括资产、负债和净资产三个会计要素，按资产（左侧）和负债与净资产（右侧）排列，按资产等于负债加净资产平衡。资产项目按其流动性分别流动资产、非流动资产排列；负债项目按其流动性分别流动负债、非流动负债排列；净资产项目分别基金净资产、结转（余）净资产排列。

3. 栏目及金额

资产负债表包括“期末余额”和“年初余额”两栏数字。“期末余额”栏的数额根据本期各账户的期末余额直接填列，或经过分析、计算后填列；“年初余额”栏的数额根据上年年末资产负债表“期末余额”栏内的数字填列。

三、资产负债表的格式（表 17－2）

表 17－2　资产负债表

会事业 01 表

编制单位：　　　　　　　　________年________月________日　　　　　　　　单位：元

资产	期末余额	年初余额	负债和净资产	期末余额	年初余额
流动资产：			流动负债：		
货币资金			短期借款		
短期投资			应缴税费		
财政应返还额度			应缴国库款		
应收票据			应缴财政专户款		
应收账款			应付职工薪酬		
预付账款			应付票据		
其他应收款			应付账款		
存货			预收账款		
其他流动资产			其他应付款		
流动资产合计			其他流动负债		
非流动资产：			流动负债合计		
长期投资			非流动负债：		
固定资产			长期借款		
固定资产原价			长期应付款		
减：累计折旧			非流动负债合计		

表 17－2(续)

资产	期末余额	年初余额	负债和净资产	期末余额	年初余额
在建工程			负债合计		
无形资产			净资产：		
无形资产原价			事业基金		
减：累计摊销			非流动资产基金		
待处置资产损益			专用基金		
非流动资产合计			财政补助结转		
			财政补助结余		
			非财政补助结转		
			非财政补助结余		
			1. 事业结余		
			2. 经营结余		
			净资产合计		
资产合计			负债和净资产总计		

在资产负债表按照资产、负债、净资产三要素划分基本结构的基础上，事业单位资产负债表应当在资产部分和负债部分作进一步细分，以提供更多的会计信息(如支付能力或偿债能力)。在资产、负债的结构划分上，有两种观点：一种观点是仿照企业会计的资产负债表，将资产和负债按照流动性划分，资产分为流动资产和非流动资产，负债分为流动负债和非流动负债；另一种观点是将资产划分为金融资产和非金融资产，并进一步将金融资产划分为流动性金融资产和非流动性金融资产；将负债划分为短期负债和长期负债。第二种观点的理由是事业单位属于非营利组织，其资产不像企业那样，具备获取经济利益的条件。因此，将能够带来现金流入的资产划分为金融资产，这部分资产具备支付或偿债能力；将不能够带来现金流入的资产划分为非金融资产，这部分资产不具备支付或偿债能力。将金融资产划分为流动性金融资产和非流动性金融资产，将负债划分为短期负债和长期负债，其目的是提供事业单位短期偿债能力和长期偿债能力的信息。

四、资产负债表的编制

1. 资产类项目“期末余额”的内容和填列方法

资产类项目反映事业单位占用或使用的资产情况，一般根据会计账簿中资产类账户的期末借方余额直接填列、合并填列、分析填列。

(1)“货币资金”项目，反映事业单位期末库存现金、银行存款和零余额账户用款额度的合计数。本项目应当根据“库存现金”“银行存款”“零余额账户用款额度”科目的期末余额合计填列。

(2)“短期投资”项目，反映事业单位期末持有的短期投资成本。本项目应当根据“短期投资”科目的期末余额填列。

(3)“财政应返还额度”项目，反映事业单位期末财政应返还额度的金额。本项目应当根据“财政应返还额度”科目的期末余额填列。

(4)“应收票据”项目,反映事业单位期末持有的应收票据的票面金额。本项目应当根据“应收票据”科目的期末余额填列。

(5)“应收账款”项目,反映事业单位期末尚未收回的应收账款余额。本项目应当根据“应收账款”科目的期末余额填列。

(6)“预付账款”项目,反映事业单位预付给商品或者劳务供应单位的款项。本项目应当根据“预付账款”科目的期末余额填列。

(7)“其他应收款”项目,反映事业单位期末尚未收回的其他应收款余额。本项目应当根据“其他应收款”科目的期末余额填列。

(8)“存货”项目,反映事业单位期末为开展业务活动及其他活动耗用而储存的各种材料、燃料、包装物、低值易耗品及达不到固定资产标准的用具、装具、动植物等的实际成本。本项目应当根据“存货”科目的期末余额填列。

(9)“其他流动资产”项目,反映事业单位除上述各项之外的其他流动资产,如将在1年内(含1年)到期的长期债券投资。本项目应当根据“长期投资”等科目的期末余额分析填列。

(10)“长期投资”项目,反映事业单位持有时间超过1年(不含1年)的股权和债权性质的投资。本项目应当根据“长期投资”科目期末余额减去其中将于1年内(含1年)到期的长期债券投资余额后的金额填列。

(11)“固定资产”项目,反映事业单位期末各项固定资产的账面价值。本项目应当根据“固定资产”科目期末余额减去“累计折旧”科目期末余额后的金额填列。

“固定资产原价”项目,反映事业单位期末各项固定资产的原价。本项目应当根据“固定资产”科目的期末余额填列。

“累计折旧”项目,反映事业单位期末各项固定资产的累计折旧。本项目应当根据“累计折旧”科目的期末余额填列。

(12)“在建工程”项目,反映事业单位期末尚未完工交付使用的在建工程发生的实际成本。本项目应当根据“在建工程”科目的期末余额填列。

(13)“无形资产”项目,反映事业单位期末持有的各项无形资产的账面价值。本项目应当根据“无形资产”科目期末余额减去“累计摊销”科目期末余额后的金额填列。

“无形资产原价”项目,反映事业单位期末持有的各项无形资产的原价。本项目应当根据“无形资产”科目的期末余额填列。

“累计摊销”项目,反映事业单位期末各项无形资产的累计摊销。本项目应当根据“累计摊销”科目的期末余额填列。

(14)“待处置资产损益”项目,反映事业单位期末待处置资产的价值及处置损益。本项目应当根据“待处置资产损益”科目的期末借方余额填列;如“待处置资产损益”科目期末为贷方余额,以“-”号填列。

(15)“非流动资产合计”项目,按照“长期投资”“固定资产”“在建工程”“无形资产”“待处置资产损益”项目金额的合计数填列。

2. 负债类项目“期末余额”的内容和填列方法

(16)“短期借款”项目,反映事业单位借入的期限在1年内(含1年)的各种借款。本项目应当根据“短期借款”科目的期末余额填列。

(17)“应缴税费”项目,反映事业单位应缴未缴的各种税费。本项目应根据“应缴税费”科目的期末贷方余额填列;如“应缴税费”科目期末为借方余额,则以“-”号填列。

(18)“应缴国库款”项目,反映事业单位按规定应缴入国库的款项(应缴税费除外)。本项目应当根据“应缴国库款”科目的期末余额填列。

(19)“应缴财政专户款”项目,反映事业单位按规定应缴入财政专户的款项。本项目应当根据“应缴财政专户款”科目的期末余额填列。

(20)“应付职工薪酬”项目,反映事业单位按有关规定应付给职工及为职工支付的各种薪酬。本项目应当根据“应付职工薪酬”科目的期末余额填列。

(21)“应付票据”项目,反映事业单位期末应付票据的金额。本项目应当根据“应付票据”科目的期末余额填列。

(22)“应付账款”项目,反映事业单位期末尚未支付的应付账款的金额。本项目应当根据“应付账款”科目的期末余额填列。

(23)“预收账款”项目,反映事业单位期末按合同规定预收但尚未实际结算的款项。本项目应当根据“预收账款”科目的期末余额填列。

(24)“其他应付款”项目,反映事业单位期末应付未付的其他各项应付及暂收款项。本项目应当根据“其他应付款”科目的期末余额填列。

(25)“其他流动负债”项目,反映事业单位除上述各项之外的其他流动负债,如承担的将于1年内(含1年)偿还的长期负债。本项目应当根据“长期借款”“长期应付款”等科目的期末余额分析填列。

(26)“长期借款”项目,反映事业单位借入的期限超过1年(不含1年)的各项借款本金。本项目应当根据“长期借款”科目的期末余额减去其中将于1年内(含1年)到期的长期借款余额后的金额填列。

(27)“长期应付款”项目,反映事业单位发生的偿还期限超过1年(不含1年)的各种应付款项。本项目应当根据“长期应付款”科目的期末余额减去其中将于1年内(含1年)到期的长期应付款余额后的金额填列。

3. 净资产类项目“期末余额”的内容和填列方法

(28)“事业基金”项目,反映事业单位期末拥有的非限定用途的净资产。本项目应当根据“事业基金”科目的期末余额填列。

(29)“非流动资产基金”项目,反映事业单位期末非流动资产占用的金额。本项目应当根据“非流动资产基金”科目的期末余额填列。

(30)“专用基金”项目,反映事业单位按规定设置或提取的具有专门用途的净资产。本项目应当根据“专用基金”科目的期末余额填列。

(31)“财政补助结转”项目,反映事业单位滚存的财政补助结转资金。本项目应当根据“财政补助结转”科目的期末余额填列。

(32)“财政补助结余”项目,反映事业单位滚存的财政补助项目支出结余资金。本项目应当根据“财政补助结余”科目的期末余额填列。

(33)“非财政补助结转”项目,反映事业单位滚存的非财政补助专项结转资金。本项目应当根据“非财政补助结转”科目的期末余额填列。

(34)“非财政补助结余”项目,反映事业单位自年初至报告期末累计实现的非财政补助结余弥补以前年度经营亏损后的余额。本项目应当根据“事业结余”“经营结余”科目的期末余额合计填列;如“事业结余”“经营结余”科目的期末余额合计为亏损数,则以“－”号填列。在编制年度资产负债表时,本项目金额一般应为“0”;若不为“0”,本项目金额应为“经营结余”科目的期末借方余额(“－”号填列)。

“事业结余”项目,反映事业单位自年初至报告期末累计实现的事业结余。本项目应当根据“事业结余”科目的期末余额填列;如“事业结余”科目的期末余额为亏损数,则以“－”号填列。在编制年度资产负债表时,本项目金额应为“0”。

“经营结余”项目,反映事业单位自年初至报告期末累计实现的经营结余弥补以前年度经营亏损后的余额。本项目应当根据“经营结余”科目的期末余额填列;如“经营结余”科目的期末余额为亏损数,则以“－”号填列。在编制年度资产负债表时,本项目金额一般应为“0”;若不为“0”,本项目金额应为“经营结余”科目的期末借方余额(“－”号填列)。

【例 17－1】 某事业单位 2012 年 12 月 31 日结账后各资产、负债和净资产类会计科目见表 17－3 所示。据此,编制该事业单位的资产负债表。

表 17－3 会计科目余额表

2012 年 12 月 31 日　　单位:元

资产	借方余额	负债和净资产	贷方余额
库存现金	4 900	短期借款	168 000
银行存款	275 100	应缴税费	49 000
零余额账户用款额度	0	应缴国库款	0
短期投资	45 500	应缴财政专户款	0
财政应返还额度	50 400	应付职工薪酬	0
应收票据	16 800	应付票据	14 000
应收账款	56 000	应付账款	11 200
预付账款	18 200	预收账款	1 400
其他应收款	6 300	其他应付款	2 800
存货	463 400	长期借款	448 000
长期投资	235 400	长期应付款	10 000
固定资产	2 740 500	事业基金	140 000
累计折旧	－710 500	非流动资产基金	2 672 600
在建工程	120 400	专用基金	84 000
无形资产	372 400	财政补助结转	39 200
累计摊销	－74 200	财政补助结余	16 800
待处置资产损益	71 400	非财政拨款结转	35 000
		非财政补助结余	0
		事业结余	0
		经营结余	0
合计	3 692 000	合计	36 92 000

12 月 31 日编制的资产负债表为年末资产负债表时，“年初余额”栏内各项数字，应当根据上年末资产负债表“期末余额”栏内数字填列。“期末余额”栏内各项数字根据各账户的期末余额直接填列、合并填列或分析填列。主要项目的填列说明如下：

(1) 货币资金项目

货币资金的数额为库存现金、银行存款和零余额账户用款额度的合计数。

货币资金 = 4 900 + 275 100 + 0 = 280 000 元

(2) 长期投资项目

假设长期投资中将在 1 年内到期的长期债券投资为 66 000 元，应列入其他流动资产项目。

长期投资 = 235 400 − 66 000 = 169 400 元

其他流动资产 = 66 000 元

(3) 固定资产、无形资产项目

固定资产、无形资产扣除累计折旧、累计摊销的数额填列。

固定资产 = 2 740 500 − 710 500 = 2 030 000 元

无形资产 = 372 400 − 74 200 = 298 200 元

(4) 长期借款项目

假设长期借款中将于 1 年内(含 1 年)偿还的借款为 119 000 元，应列入其他流动负债项目。

长期借款 = 448 000 − 119 000 = 329 000 元

其他流动负债 = 119 000 元

(5)其他项目

其他各项目均可根据各账户的期末余额直接填列。资产合计、负债合计、净资产合计等项目的数额按其内容汇总后填列。编制完成的年度资产负债表见表 17 − 4。

表 17 − 4　资产负债表

会事业 01 表

编制单位：××××　　2012 年 12 月 31 日　　单位:元

资产	期末余额	年初余额	负债和净资产	期末余额	年初余额
流动资产：			流动负债：		
货币资金	280 000	198 800	短期借款	168 000	140 000
短期投资	45 500	27 300	应缴税费	49 000	0
财政应返还额度	50 400	29 400	应缴国库款	0	0
应收票据	16 800	14 000	应缴财政专户款	0	0
应收账款	56 000	84 000	应付职工薪酬	0	0
预付账款	18 200	8 400	应付票据	14 000	1 400
其他应收款	6 300	4 200	应付账款	11 200	7 000
存货	463 400	452 900	预收账款	1 400	0
其他流动资产	66 000	0	其他应付款	2 800	4 200

表 17－4(续)

资产	期末余额	年初余额	负债和净资产	期末余额	年初余额
流动资产合计	1 002 600	819 000	其他流动负债	119 000	0
非流动资产：			流动负债合计	365 400	152 600
长期投资	169 400	140 000	非流动负债：		
固定资产	2 030 000	1 568 000	长期借款	329 000	378 000
固定资产原价	2 740 500	2 116 800	长期应付款	10 000	0
减：累计折旧	710 500	548 800	非流动负债合计	339 000	378 000
在建工程	120 400	210 000	负债合计	704 400	530 600
无形资产	298 200	322 000	净资产：		
无形资产原价	372 400	402 500	事业基金	140 000	112 000
减：累计摊销	74 200	80 500	非流动资产基金	2 672 600	2 240 000
待处置资产损益	71 400	0	专用基金	84 000	70 000
非流动资产合计	2 689 400	2 240 000	财政补助结转	39 200	58 800
			财政补助结余	16 800	25 200
			非财政补助结转	35 000	22 400
			非财政补助结余	0	0
			1. 事业结余	0	0
			2. 经营结余	0	0
			净资产合计	2 987 600	2 528 400
资产合计	3 692 000	3 059 000	负债和净资产总计	3 692 000	3 059 000

第三节　收入支出表

一、收入支出表的含义

收入支出表是反映事业单位在一定期间内各项收入、支出和结转结余情况，以及年末非财政补助结余的分配情况。通过收入支出表可以判断事业单位的经营成果、评价业绩、预测未来发展趋势。收入支出表的附表主要是事业支出明细表和经营支出明细表。

二、收入支出表的内容

事业单位的收入支出表由表首标题和报表主体构成。报表主体部分包括编报项目、栏目及金额，具体格式见表 17－5。

1. 表首标题

收入支出表的表首标题包括报表名称、编号（会事业 02 表）、编制单位、编表时间和金额单位等内容。由于收入支出表反映事业单位在某一时期的事业成果，属于动态报表，因此需要注明报表所属的期间。按编报时间的不同，收入支出表分为月报收入支出表和年报收入支出表。

2. 编报项目

收入支出表应当按照收入、支出的构成和非财政补助结余分配情况分项列示，按本期财政补助结转结余、本期事业结转结余、本期经营结余、本年非财政补助结转结余等项目分层次排列。

3. 栏目及金额

月报的收入支出表由“本月数”和“本年累计数”两栏组成，年报的收入支出表由“上年数”和“本年数”两栏组成。收入支出表的各栏数额，应当根据相关收支账户的“本月合计数”和“本年累计数”的发生额填列，或经过计算、分析后填列。

表 17－5　收入支出表

会事业 02 表

编制单位：　　　　　　　　　　　＿＿＿＿年＿＿＿＿月　　　　　　　　　　　单位：元

项目	本月数	本年累计数
一、本期财政补助结转结余		
财政补助收入		
减：事业支出（财政补助支出）		
二、本期事业结转结余		
（一）事业类收入		
1. 事业收入		
2. 上级补助收入		
3. 附属单位上缴收入		
4. 其他收入		
其中：捐赠收入		
减：（二）事业类支出		
1. 事业支出（非财政补助支出）		
2. 上缴上级支出		
3. 对附属单位补助支出		
4. 其他支出		
三、本期经营结余		
经营收入		
减：经营支出		
四、弥补以前年度亏损后的经营结余		
五、本年非财政补助结转结余		
减：非财政补助结转		
六、本年非财政补助结余		
减：应缴企业所得税		
减：提取专用基金		
七、转入事业基金		

三、收入支出表的编制

收入支出表"本月数"栏反映各项目的本月实际发生数。在编制年度收入支出表时,应当将本栏改为"上年数"栏,反映上年度各项目的实际发生数;如果本年度收入支出表规定的各个项目的名称和内容同上年度不一致,应对上年度收入支出表各项目的名称和数字按照本年度的规定进行调整,填入本年度收入支出表的"上年数"栏。收入支出表"本年累计数"栏反映各项目自年初起至报告期末止的累计实际发生数。编制年度收入支出表时,应当将本栏改为"本年数"。

收入支出表"本月数"栏各项目的内容和填列方法如下:

1. 本期财政补助结转结余

(1)"本期财政补助结转结余"项目,反映事业单位本期财政补助收入与财政补助支出相抵后的余额。本项目应当按照本表中"财政补助收入"项目金额减去"事业支出(财政补助支出)"项目金额后的余额填列。

(2)"财政补助收入"项目,反映事业单位本期从同级财政部门取得的各类财政拨款。本项目应当根据"财政补助收入"科目的本期发生额填列。

(3)"事业支出(财政补助支出)"项目,反映事业单位本期使用财政补助发生的各项事业支出。本项目应当根据"事业支出—财政补助支出"科目的本期发生额填列,或者根据"事业支出—基本支出(财政补助支出)""事业支出—项目支出(财政补助支出)"科目的本期发生额合计填列。

2. 本期事业结转结余

(4)"本期事业结转结余"项目,反映事业单位本期除财政补助收支、经营收支以外的各项收支相抵后的余额。本项目应当按照本表中"事业类收入"项目金额减去"事业类支出"项目金额后的余额填列;如为负数,以"-"号填列。

(5)"事业类收入"项目,反映事业单位本期事业收入、上级补助收入、附属单位上缴收入、其他收入的合计数。本项目应当按照本表中"事业收入""上级补助收入""附属单位上缴收入""其他收入"项目金额的合计数填列。

"事业收入"项目,反映事业单位开展专业业务活动及其辅助活动取得的收入。本项目应当根据"事业收入"科目的本期发生额填列。

"上级补助收入"项目,反映事业单位从主管部门和上级单位取得的非财政补助收入。本项目应当根据"上级补助收入"科目的本期发生额填列。

"附属单位上缴收入"项目,反映事业单位附属独立核算单位按照有关规定上缴的收入。本项目应当根据"附属单位上缴收入"科目的本期发生额填列。

"其他收入"项目,反映事业单位除财政补助收入、事业收入、上级补助收入、附属单位上缴收入、经营收入以外的其他收入。本项目应当根据"其他收入"科目的本期发生额填列。

"捐赠收入"项目,反映事业单位接受现金、存货捐赠取得的收入。本项目应当根据"其他收入"科目所属相关明细科目的本期发生额填列。

(6)"事业类支出"项目,反映事业单位本期事业支出(非财政补助支出)、上缴上级支出、对附属单位补助支出、其他支出的合计数。本项目应当按照本表中"事业支出(非财政补助支出)""上缴上级支出""对附属单位补助支出""其他支出"项目金额的合计数填列。

"事业支出(非财政补助支出)"项目,反映事业单位使用财政补助以外的资金发生的各项事业支出。本项目应当根据“事业支出—非财政专项资金支出”“事业支出—其他资金支出”科目的本期发生额合计填列，或者根据“事业支出—基本支出(其他资金支出)”“事业支出—项目支出(非财政专项资金支出、其他资金支出)”科目的本期发生额合计填列。

“上缴上级支出”项目，反映事业单位按照财政部门和主管部门的规定上缴上级单位的支出。本项目应当根据“上缴上级支出”科目的本期发生额填列。

“对附属单位补助支出”项目，反映事业单位用财政补助收入之外的收入对附属单位补助发生的支出。本项目应当根据“对附属单位补助支出”科目的本期发生额填列。

“其他支出”项目，反映事业单位除事业支出、上缴上级支出、对附属单位补助支出、经营支出以外的其他支出。本项目应当根据“其他支出”科目的本期发生额填列。

3. 本期经营结余

(7)“本期经营结余”项目，反映事业单位本期经营收支相抵后的余额。本项目应当按照本表中“经营收入”项目金额减去“经营支出”项目金额后的余额填列；如为负数，以“-”号填列。

(8)“经营收入”项目，反映事业单位在专业业务活动及其辅助活动之外开展非独立核算经营活动取得的收入。本项目应当根据“经营收入”科目的本期发生额填列。

(9)“经营支出”项目，反映事业单位在专业业务活动及其辅助活动之外开展非独立核算经营活动发生的支出。本项目应当根据“经营支出”科目的本期发生额填列。

4. 弥补以前年度亏损后的经营结余

(10)“弥补以前年度亏损后的经营结余”项目，反映事业单位本年度实现的经营结余扣除本年初未弥补经营亏损后的余额。本项目应当根据“经营结余”科目年末转入“非财政补助结余分配”科目前的余额填列；如该年末余额为借方余额，以“-”号填列。

5. 本年非财政补助结转结余

(11)“本年非财政补助结转结余”项目，反映事业单位本年除财政补助结转结余之外的结转结余金额。如本表中“弥补以前年度亏损后的经营结余”项目为正数，本项目应当按照本表中“本期事业结转结余”“弥补以前年度亏损后的经营结余”项目金额的合计数填列；如为负数，以“-”号填列。如本表中“弥补以前年度亏损后的经营结余”项目为负数，本项目应当按照本表中“本期事业结转结余”项目金额填列；如为负数，以“-”号填列。

(12)“非财政补助结转”项目，反映事业单位本年除财政补助收支外的各专项资金收入减去各专项资金支出后的余额。本项目应当根据“非财政补助结转”科目本年贷方发生额中专项资金收入转入金额合计数减去本年借方发生额中专项资金支出转入金额合计数后的余额填列。

6. 本年非财政补助结余

(13)“本年非财政补助结余”项目，反映事业单位本年除财政补助之外的其他结余金额。本项目应当按照本表中“本年非财政补助结转结余”项目金额减去“非财政补助结转”项目金额后的金额填列；如为负数，以“-”号填列。

(14)“应缴企业所得税”项目，反映事业单位按照税法规定应缴纳的企业所得税金额。本项目应当根据“非财政补助结余分配”科目的本年发生额分析填列。

(15)“提取专用基金”项目，反映事业单位本年按规定提取的专用基金金额。本项目应当根据“非财政补助结余分配”科目的本年发生额分析填列。

7. 转入事业基金

(16)“转入事业基金”项目,反映事业单位本年按规定转入事业基金的非财政补助结余资金。本项目应当按照本表中“本年非财政补助结余”项目金额减去“应缴企业所得税”“提取专用基金”项目金额后的余额填列;如为负数,以“-”号填列。

上述(10)至(16)项目,只有在编制年度收入支出表时才填列;编制月度收入支出表时,可以不设置此7个项目。

【例17-2】 某事业单位2012年收入、支出类科目发生额表见表17-6,其他相关资料如下:

该事业单位“非财政补助结转”科目本年贷方发生额中专项资金收入转入金额合计数为446 600元,本年借方发生额中专项资金支出转入金额合计数为410 200元。

该事业单位无所得税缴纳义务,按财务制度的规定以25%的比例从本年非财政补助结余中提取职工福利基金,其余数额转入事业基金。

表17-6 收入、支出类科目发生额表

2012年 单位:元

支出类	本年累计数	收入类	本年累计数
事业支出	21 000 000	财政补助收入	14 000 000
其中:财政补助支出—基本支出	11 228 000	其中:基本支出	11 900 000
项目支出	1 932 000	项目支出	2 100 000
非财政专项资金支出	392 000	上级补助收入	2 553 600
其他资金支出	7 448 000	事业收入	8 652 000
对附属单位补助支出	2 116 800	附属单位上缴收入	420 000
上缴上级支出	1 360 800	经营收入	352 800
经营支出	218 400	其他收入	201 600
其他支出	84 000	其中:捐赠收入	105 000
其中:非财政专项资金支出	18 200		
其他资金支出	65 800		
支出合计	24 780 000	收入合计	26 180 000

编制该事业单位的2012年收入支出表时,省略了“上年数”一列数字。“本年数”一列数字主要项目的填列说明如下:

(1)本期财政补助结转结余

本期财政补助结转结余=14 000 000-(11 228 000+1 932 000)=840 000元

(2)本期事业结转结余

本期事业类收入=2 553 600+8 652 000+420 000+201 600=11 827 200元

本期事业类支出=392 000+7 448 000+2 116 800+1 360 800+84 000=11 401 600元

本期事业结转结余=11 827 200-11 401 600=425 600元

(3)本期经营结余

本期经营结余 = 352 800 − 218 400 = 134 400 元

(4)弥补以前年度亏损后的经营结余

该事业单位前期经营活动无亏损,不需要弥补亏损。

弥补以前年度亏损后的经营结余 = 134 400 元

(5)本年非财政补助结转结余

本年非财政补助结转结余 = 425 600 + 134 400 = 560 000 元

非财政补助结转 = 446 600 − 410 200 = 36 400 元

(6)本年非财政补助结余

本年非财政补助结余 = 560 000 − 36 400 = 523 600 元

应缴企业所得税 = 0

提取专用基金 = 523 600 × 25% = 130 900 元

(7)转入事业基金

转入事业基金 = 523 600 − 130 900 = 392 700 元

编制完成的事业单位 2012 年度收入支出表见表 17 − 7。

表 17 − 7　收入支出表

会事业 02 表

编制单位:××××　　2012 年度　　单位:元

项目	本月数(略)	本年累计数
一、本期财政补助结转结余		840 000
财政补助收入		14 000 000
减:事业支出(财政补助支出)		13 160 000
二、本期事业结转结余		425 600
(一)事业类收入		11 827 200
1. 事业收入		8 652 000
2. 上级补助收入		2 553 600
3. 附属单位上缴收入		420 000
4. 其他收入		201 600
其中:捐赠收入		105 000
减:(二)事业类支出		11 401 600
1. 事业支出(非财政补助支出)		7 840 000
2. 上缴上级支出		1 360 800
3. 对附属单位补助支出		2 116 800
4. 其他支出		84 000
三、本期经营结余		134 400
经营收入		352 800
减:经营支出		218 400

表 17－7(续)

项目	本月数（略）	本年累计数
四、弥补以前年度亏损后的经营结余		134 400
五、本年非财政补助结转结余		560 000
减:非财政补助结转		36 400
六、本年非财政补助结余		523 600
减:应缴企业所得税		0
减:提取专用基金		130 900
七、转入事业基金		392 700

第四节　财政补助收入支出表

一、财政补助收入支出表的含义

财政补助收入支出表是指反映事业单位在一定会计期间财政补助收入、支出、结转及结余情况的会计报表。事业单位有一定数额的资金来源于财政拨款,这部分资金的取得和使用应当符合部门预算管理的要求。事业单位应定期编制财政补助收入支出表,向财政部门报告财政补助收入、支出和结转(余)的明细情况。

二、财政补助收入支出表的内容

财政补助收入支出表由“本年数”和“上年数”两栏组成,“本年数”一栏数据根据相应账户或报表的数额填列。“上年数”一栏数据根据上年报表的“本年数”栏内数额填列。具体格式见表 17－8。

表 17－8　财政补助收入支出表

会事业 03 表

编制单位　　　　年度　　　　单位:元

项 目	本年数	上年数
一、年初财政补助结转结余		—
(一)基本支出结转		—
1. 人员经费		—
2. 日常公用经费		—
(二)项目支出结转		—
××项目		—
(三)项目支出结余		—
二、调整年初财政补助结转结余		—
(一)基本支出结转		—

表 17－8(续)

项目	本年数	上年数
1. 人员经费		—
2. 日常公用经费		—
(二)项目支出结转		—
××项目		—
(三)项目支出结余		—
三、本年归集调入财政补助结转结余		
(一)基本支出结转		
1. 人员经费		
2. 日常公用经费		
(二)项目支出结转		
××项目		
(三)项目支出结余		
四、本年上缴财政补助结转结余		
(一)基本支出结转		
1. 人员经费		
2. 日常公用经费		
(二)项目支出结转		
××项目		
(三)项目支出结余		
五、本年财政补助收入		
(一)基本支出		
1. 人员经费		
2. 日常公用经费		
(二)项目支出		
××项目		
六、本年财政补助支出		
(一)基本支出		
1. 人员经费		
2. 日常公用经费		
(二)项目支出		
××项目		
七、年末财政补助结转结余		—
(一)基本支出结转		—
1. 人员经费		—
2. 日常公用经费		—
(二)项目支出结转		—
××项目		—
(三)项目支出结余		—

三、财政补助收入支出表的编制

财政补助收入支出表“上年数”栏内各项数字，应当根据上年度财政补助收入支出表“本年数”栏内数字填列。“本年数”栏各项目的内容和填列方法：

1. 年初财政补助结转结余

“年初财政补助结转结余”项目及其所属各明细项目，反映事业单位本年初财政补助结转和结余余额。各项目应当根据上年度财政补助收入支出表中“年末财政补助结转结余”项目及其所属各明细项目“本年数”栏的数字填列。

2. 调整年初财政补助结转结余

“调整年初财政补助结转结余”项目及其所属各明细项目，反映事业单位因本年发生需要调整以前年度财政补助结转结余的事项，而对年初财政补助结转结余的调整金额。各项目应当根据“财政补助结转”“财政补助结余”科目及其所属明细科目的本年发生额分析填列。如调整减少年初财政补助结转结余，以“－”号填列。

3. 本年归集调入财政补助结转结余

“本年归集调入财政补助结转结余”项目及其所属各明细项目，反映事业单位本年度取得主管部门归集调入的财政补助结转结余资金或额度金额。各项目应当根据“财政补助结转”“财政补助结余”科目及其所属明细科目的本年发生额分析填列。

4. 本年上缴财政补助结转结余

“本年上缴财政补助结转结余”项目及其所属各明细项目，反映事业单位本年度按规定实际上缴的财政补助结转结余资金或额度金额。各项目应当根据“财政补助结转”“财政补助结余”科目及其所属明细科目的本年发生额分析填列。

5. 本年财政补助收入

“本年财政补助收入”项目及其所属各明细项目，反映事业单位本年度从同级财政部门取得的各类财政拨款金额。各项目应当根据“财政补助收入”科目及其所属明细科目的本年发生额填列。

6. 本年财政补助支出

“本年财政补助支出”项目及其所属各明细项目，反映事业单位本年度发生的财政补助支出金额。各项目应当根据“事业支出”科目所属明细科目本年发生额中的财政补助支出数填列。

7. 年末财政补助结转结余

“年末财政补助结转结余”项目及其所属各明细项目，反映事业单位截至本年末的财政补助结转和结余余额。各项目应当根据“财政补助结转”“财政补助结余”科目及其所属明细科目的年末余额填列。

第五节 财务报表的审核、汇总与分析

一、会计报表的审核与汇总

1. 会计报表的审核

为落实国家各项经济政策，严肃财经纪律，保证会计决算的质量，各级财政会计对已经

编制完成的本级各主管部门、下级财政机关报来以及本级财政编制的会计报表，必须加强审核工作。对会计报表审核的内容包括两个方面：一是政策性审核，即审核各项收支是否符合政策、制度，有无违反财经纪律的现象；二是技术性审核，即审核报表的数字关系是否正确，有无技术性差错等。

(1)会计报表的政策性审核

①预算收入的审核。预算收入的审核主要包括以下内容：本年的全部预算收入，是否按照国家政策、预算管理体制和有关缴款办法的规定，及时、足额地缴入各级国库，有无违反政策，是否存在截留、挪用应缴预算收入的现象；各级总预算之间的收入划分是否正确，应上解上级财政的款项是否按规定及时、足额地进行报解；一般预算收入、基金预算收入、专用基金收入是否划分清楚，地方附加收入是否挤占正税，征收项目及其比例是否超过国家规定。预算收入的退库是否按国家规定办理，有无越权减免税款、违反规定的退库现象存在；企业亏损退库是否控制在年度核定的计划指标以内，超计划亏损退库是否经过批准等；年终决算的收入数与12月份会计报表中的累计收入数是否一致。如不一致，还应查明具体原因，属于违反财经纪律、转移资金的情况必须及时纠正。

②预算支出的审核。预算支出的审核主要包括以下内容：预算支出数是否违反有关制度，是否符合政府预算支出列报口径的规定，有无不合理的以拨作支现象，决算支出数中是否列入了预拨的下年度经费；预算支出数是否超过了批准的预算，有无任意扩大支出范围、提高开支标准、铺张浪费、损公肥私等违反财经纪律的现象，有关支出项目之间是否存在违反政府规定的挤占现象；一般预算支出、基金预算支出、专用基金支出、财政周转金支出等支出的界限是否划分清楚，有无相互混淆的情况；预算支出数是否列报齐全，有无漏报的现象；年终决算支出数与12月份会计报表所列的全年支出累计数是否一致，未实行经费包干管理的单位和项目有无年终突击花钱的现象，是否存在有违反政府采购办法的支出。

(2)会计报表的技术性审核

①数字关系的审核。数字关系的审核主要包括以下内容：审核会计报表之间的有关数字是否一致，例如资产负债表的有关收支数字与收支明细表的有关数字是否一致，年终决算总表的数字同有关明细表、分级表的数字是否一致等；审核上下年度有关数字是否一致，如基本数字表的本年年初数同上年年末数是否一致，资产负债表的年初数同上年决算数是否一致等；审核上下级财政之间上解、拨补等数字是否一致，如本级报表的下级上解收入数与所属下级报表的上解支出合计数是否一致，本级报表的补助支出数和所属下级报表的补助收入的合计数是否一致等；审核财政会计报表的有关数字和其他有关部门的数字是否一致，如决算总表中税收收入和税务机关报表中的有关数字是否一致，基本数字表中的数字和有关业务部门的统计数字是否一致等。

②其他有关方面的审核。其他有关方面的审核主要包括以下内容：对会计报表中的有关往来款项进行审核，查明未结清的原因；对年终结余进行审核，查明年终结余的结转是否符合政策规定；对编报会计报表的及时性和完整性进行审核，查清是否按对报送，有无漏报；对文字说明书进行审核，查明编写方式是否符合要求、内容是否完整等。

2. 会计报表的汇总

对所属单位会计报表进行审核后，事业单位还需要编制汇总会计报表，以全面反映事业单位的总体情况。需要汇总编制的会计报表主要包括汇总资产负债表、汇总收入支出表和汇总财政补助收入支出表等。在编制汇总会计报表时，对于绝大多数的报表项目，可以直接将本级单位会计报表的数字与所属下级单位会计报表的数字相加，填列到汇总会计报表的相应项目中。但需要注意的是，上、下级单位之间发生的转拨款项、补助款项、上缴款项、债权债务等应当予以冲销，不填列在汇总会计报表中，以避免重复列报。

二、财务分析的含义

财务分析是以财务报表及其他相关资料为依据，采用一系列专门的分析技术和方法，对事业单位的预算执行情况、资产使用情况和收入支出情况进行剖析与评价的过程。财务分析是事业单位财务管理的重要组成部分，是认识、掌握财务活动规律，提高财务管理水平和财政性资金使用效益，促进事业单位发展的重要手段。

三、财务分析的方法

(1)比较分析法。比较分析法是将两个或者两个以上相关指标(可比指标)进行对比，计算出相互间的差异并找出产生差异的主要原因，从中进行分析、比较的一种分析方法。主要的比较方法有以下三个方面：一是本期实际执行与本期计划进行比较；二是本期实际执行与历史同期进行比较；三是本期实际执行与同类单位先进水平进行比较。

(2)因素分析法。因素分析法又称连环替代法，就是在几个相互联系的因素中，以数值来测定各个因素的变动对总差异的影响程度的一种方法，是比较法的发展和深化。因素分析法一般是将其中的一个因素定义为可变量，而将其他因素暂时定为不变量，进行替换，以测定每个因素对该项指标影响的程度，然后根据构成指标诸因素的依存关系，再逐一测定各因素影响的程度。

(3)差额分析法。差额分析法是以每个因素实际数与计划数之间的差额为基础，按照因素分析法的排列和替换顺序直接计算各个因素对经济指标影响程度的一种分析方法。

(4)结构分析法。结构分析法又称比重分析法或比例分析法，是利用事物总体与其各个部分内在联系和影响的关系，测定总体结构变化的一种方法，是事业单位支出构成分析的一个重要方法。

(5)平衡分析法。平衡分析法是在财务活动、财务收支乃至业务活动过程中，对具有相互联系、对应平衡关系的不同指标，进行分析对比，测定是否平衡和影响程度的一种方法。如分析人员、设备配备是否合理，事、人、钱、物相互之间是否均衡协调等。

四、财务分析的内容

事业单位进行财务分析，涉及事业单位财务管理及相关活动的各个过程，概括起来主要有以下几个方面：

(1)分析单位预算的编制和执行情况。主要是分析单位的预算编制是否符合国家有关方针政策和财务制度规定、事业计划和工作任务的要求，是否贯彻了量力而行、尽力而为的原则，预算编制的计算依据是否充分可靠；在预算执行过程中，则要分析预算执行进度与事业计划进度是否一致，与以前各期相比，有无特殊变化及其变化的原因。

(2)分析资产、负债的构成及资产使用情况。主要是分析单位的资产构成是否合理，固定资产的保管和使用是否恰当，账实是否相符，各种材料有无超定额储备，有无资产流失等问题；分析单位房屋建筑物和设备等固定资产利用情况；分析流动资产周转情况；分析负债来源是否符合规定，负债水平是否合理以及负债构成情况等。

(3)分析收入、支出情况及经费自给水平。一方面要了解掌握单位的各项收入是否符合有关规定,是否执行了国家规定的收费标准,是否完成了核定的收入计划,各项应缴收入收费是否及时足额上缴;另一方面要了解掌握各项支出是否按进度进行,是否按规定的用途、标准使用,支出结构是否合理等,找出支出管理中存在的问题。在分析了收入、支出有关情况的同时,还要分析单位经费自给水平,以及单位组织收入的能力和满足经常性支出的程度,分析经费自给率和变化情况及原因。

(4)专项资金收支情况的分析。专项资金收支是事业单位收支以外的重要收支活动,重点分析专项资金拨款是否按计划取得,如未能按计划取得拨款,则要查明原因,同时还要分析应完成的项目是否按计划完成,已完成的项目支出是否及时转让,有无结余等。

(5)分析定员定额情况。主要分析单位人员是否控制在国家核定的编制以内,有无超编人员,内部人员安排是否合理;分析单位各项支出定额是否完善;定额执行情况等。

(6)分析财务管理情况。主要是分析单位各项财务管理制度是否健全,各项管理措施是否符合国家有关规定和单位的实际情况,措施落实情况。同时要找出存在的问题,进一步健全和完善各项财务规章制度和管理措施,提高财务管理水平。

五、财务分析的指标

1. 预算收入和支出完成率

预算收入和支出完成率是衡量事业单位收入和支出总预算及分项预算完成程度的财务指标,包括预算收入完成率和预算支出完成率。

(1)预算收入完成率

预算收入完成率 = 年终执行数/(年初预算数 ± 年中预算调整数) × 100%

年终执行数是年度实际发生的预算支出的数额,不含上年结转和结余支出的数额;年初预算数是财政部门年初下达的预算收入的数额;年中预算调整数是预算执行过程中报经财政部门批准的预算收入调增或调减的数额。

(2)预算支出完成率

预算支出完成率 = 年终执行数/(年初预算数 ± 年中预算调整数) × 100%

年终执行数是年度实际发生的预算支出的数额,不含上年结转和结余支出的数额;年初预算数是财政部门年初批准预算支出的控制数额;年中预算调整数是预算执行过程中报经财政部门批准的预算支出调增或调减的数额。

【例 17-3】 某事业单位 20×2 年年初财政部门下达的预算收入为 302 400 元,预算支出为 249 600 元,预算执行过程中预算收入、支出没有进行过调整。根据 20×2 年部门决算表,事业单位实际取得的收入为 327 750 元,实际发生的支出为 275 600 元。

预算收入完成率 = 327 750/302 400 × 100% = 108.38%

预算支出完成率 = 275 600/249 600 × 100% = 110.42%

2. 人员支出、公用支出占事业支出的比率

人员支出、公用支出占事业支出的比率是衡量事业单位事业支出结构的财务指标,包括人员支出比率和公用支出比率。

(1)人员支出比率

人员支出比率 = 人员支出/事业支出 × 100%

人员支出是指事业支出中人员经费支出的数额,根据部门决算报表中“事业支出”中

“人员经费支出”的数额确定；事业支出是事业单位年度事业支出的总额，根据部门决算报表中“事业支出”的数额确定。

(2)公用支出比率

公用支出比率 = 公用支出/事业支出 × 100%

公用支出是事业支出中日常公用经费支出的数额，根据部门决算报表中“事业支出”中“日常公用经费支出”的数额确定。

【例 17－4】 某事业单位某年的事业支出总计为 254 500 元，其中人员经费支出 98 650 元，日常公用经费支出为 155 850 元。

人员支出比率 = 98 650/254 500 × 100% = 38.76%

公用支出比率 = 155 850/254 500 × 100% = 61.24%

3. 人均基本支出

人均基本支出是衡量事业单位按照实际在编人数平均的基本支出水平的财务指标。

人均基本支出 = (基本支出 - 离退休人员支出)/实际在编人数

基本支出是事业支出中用于完成日常工作任务而发生的支出，根据部门决算报表中“事业支出”中“基本支出”的数额确定；离退休人员支出是发放给离退休人员的离休费、退休费及其他方面支出；实际在编人数是事业单位在编人数的平均数。

【例 17－5】 某事业单位某年基本支出为 665 000 元，其中离退休人员支出 99 000 元，事业单位的在编人数为 15 人。

人均基本支出 = (665 000 - 99 000)/15 = 37 733.33 元/人

4. 资产负债率

资产负债率是衡量事业单位利用债权人提供资金开展业务活动的能力，以及反映债权人提供资金的安全保障程度的财务指标。

资产负债率 = 负债总额/资产总额 × 100%

资产总额是事业单位年末资产的数额，负债总额是事业单位年末负债的数额。上述两个指标可根据事业单位的资产负债表中的“资产合计”“负债合计”的数额确定。

【例 17－6】 某事业单位某年 12 月 31 日，资产总额为 2 834 000 元，负债总额为 1 162 500元。

资产负债率 = 1 162 500/2 834 000 × 100% = 41.02%

第五篇　民间非营利组织会计

第十八章　民间非营利组织会计概述

第一节　民间非营利组织与会计的界定

一、民间非营利组织的定义

非营利组织作为当今社会的“第三部门”，越来越显示出它的重要地位和不可替代性。在我国，非营利组织的发展方兴未艾，为了保证非营利组织的运营活动正常有序地进行，加强其财务及会计管理是至关重要的。

美国财务会计准则委员会(FASB)是专门为企业和民间非营利组织制定会计准则的组织，在其第 4 号概念公告——《非营利组织财务报告的目的》中，将民间非营利组织定义为“符合以下特征的实体：该实体从捐赠者处获得大量的资源，但捐赠者并不因此而要求得到同等或成比例的资金回报；该实体经营的目的不是为了获取利润；该实体不存在营利组织中的所有者权益问题。”

我国会计理论研究中所使用的“非营利组织”一词是从美国借鉴来的。在国外非营利组织存在公立与私立之分。公立非营利组织类似于我国的国有事业组织，私立的非营利组织类似于我国正在兴起的民间非营利组织，例如民办学校等。一般来说，我国的民间非营利组织是指由民间出资举办的，在对外提供产品或服务时，不以营利为目的，资源提供者投入资源时不取得经济利益上的回报，也不享有其所有权，从事教育、科技、文化、卫生、宗教等社会公益性活动的社会服务组织。包括社会团体、基金会、民办非企业组织、寺院、宫观、清真寺、教堂等。民间非营利组织主要是以精神产品和各种劳务形式向社会提供生产性或生活性的服务。它们虽然一般不直接创造物质财富，但对整个社会再生产过程起着不可忽视的作用。社会主义市场经济的完善和发展，需要依靠科学技术的进步创造大量的无形智力产品；经济的振兴、科技的发展乃至整个社会的进步，都需要高质量人才的培养、劳动者素质的提高和精神文明建设。可见，民间非营利组织与企业、事业组织一样，都是整个国民经济不可缺少的组成部分。没有这些组织的业务活动，整个社会的生产活动和社会生活就无法顺利进行。它一方面承担着具有公共性和社会性的服务，另一方面又满足个体消费的需要，具有公益性和产业性的双重属性。

二、民间非营利组织的特征

关于民间非营利组织的特征，美国研究非营利组织的专家，约翰·霍普金斯大学的莱斯特·萨拉蒙教授指出，民间非营利组织有六个关键的特征：(1)组织性，即有一定的组织机构，是根据国家法律注册的独立法人；(2)民间性，即非营利组织在组织机构上独立于政府，既不是政府机构的一部分，也不是由政府官员来主导；(3)非营利性，即不是为其拥有者积累利润，非营利组织可以营利，但所得利润必须用于组织使命所规定的工作，而不能在组织的所有者和经营者中进行分配；(4)自治性，即组织有不受外部控制的内部管理程序，自己管理自己的活动；(5)志愿性，即在组织的活动和管理中都有相当程度的志愿者参与，特别是形成由志愿者组成的董事会和广泛使用志愿人员；(6)公益性，即服务于某些公共目的和为公众奉献。

我国《民间非营利组织会计制度》规定了适应该制度的民间非营利组织必须具备的特征。在会计的角度上考虑，与其他社会经济组织形式相比，民间非营利组织具有如下特征：(1)该组织不以营利为宗旨和目的，所有收入的最终目的必须用于公益支出；(2)资源提供者不取得经济回报，即不存在企业会计意义上的所有者权益；(3)资源提供者不享有组织的所有权；(4)资金和财产的提供者是以民间的身份出现的；(5)民间非营利组织的业务活动以生产精神产品和从事社会服务活动为主，同时也存在投资、筹资活动以及附带一些生产经营活动。

第二节　民间非营利组织会计界定

会计，是适应社会经济的发展、经济管理的需要以及满足社会对会计信息的需求而不断产生并不断发展的。在市场经济条件下，它是以货币为主要计量标准，对社会组织的经济活动进行核算、监督和规划的一种管理活动。其中，民间非营利组织会计是以每个民办民间非营利组织为会计主体，以民间非营利组织的基本业务活动和其他业务活动为管理内容的一种专业会计，包括社团会计、基金会会计和非企业组织会计。会计作为一个信息系统，它的存在必须服务于一定的会计目标，会计领域有两种基本流派：一是受托责任派；二是决策有用派。受托责任派认为会计目标应该是反映受托者对受托责任的履行情况；决策有用派则认为会计目标是向各类信息用户提供相关、可靠的会计信息，以便进行合理的经济决策。民间非营利组织的会计目标是这两种流派的融合。由于民间非营利组织是以非营利作为业务活动的经济实体，其资金主要来源于社会各界的捐赠、会员缴纳的会费、接受服务对象缴纳的服务费等。这就决定了民间非营利组织负有对所管理财产的受托责任以及为各类信息用户提供相关、可靠会计信息的义务。民间非营利组织的信息使用者不对组织的净收益感兴趣，他们更注重组织在最小化成本的基础上所提供公益或互益服务的数量和质量是否让受益者满意。不同的信息使用者关注的侧重点有所不同，如捐赠者关注的是捐资是否被用于组织的公益宗旨；受益者关注是否得到最大化的效益保障；监管机构关注组织的运作是否合法合规等。

第三节　民间非营利组织会计特点及原则

一、民间非营利组织会计特点

民间非营利组织一般具有三个方面的基本特征：一是该组织不以营利为宗旨和目标；二是资源提供者向该组织投入资源不取得经济回报；三是资源提供者不享有该组织的所有权。

1. 民间非营利组织不以营利为宗旨和目的

民间非营利组织的设立和业务活动的最终目标不以营利为目的，这是民间非营利组织与营利性组织之间本质特征的综合体现。对于营利性组织来说，其设立和业务活动的最终目标都是为了增加组织的利润，为投资者积累更多的资本。营利性组织决策是否成功、业务活动的最终目标是否能够实现,这在很大程度上取决于利润的多少。而对于民间非营利组织来讲,其设立和开展业务活动并不是为了追逐利润,其目的在于按照资金提供者的期望和要求,为社会带来更多的服务或商品。

2. 资源的提供者向组织投入资源并非为了取得回报

营利组织的资源是投资者出资形成的,其所有权归属于出资者。投资者出资的目的是将其资源投入生产经营过程后,与其他生产要素相结合,生产社会所需要的产品或服务,并使投入的资本增值。同时,营利组织所有者将资产交付组织后,不但保留收回投资的权利,而且对经营利润以及解散、破产的剩余财产也有按一定比例分享的权利。

而非营利组织资金提供者,其出资目的并不是期望得到同等或成比例的出资回报,而是希望组织为整个社会或特定团体提供更多的服务或商品,他们不指望获取对非营利组织净资产予以分享的权利。

3. 资源的提供者不享有组织的所有权

营利性组织的资产归出资者所有,因积累形成的新资产也归属其出资者。而民间非营利组织的净资产既不属于组织所有,也不属于出资者(如捐赠人、会员等)。任何单位或个人不因为出资而拥有民间非营利组织的所有权,也不存在该组织一旦清算可以分享剩余财产的净资产。非营利组织一旦进行清算,清算后的剩余财产只能交给政府或其他非营利组织或继续服务社会的公益事业。

二、民间非营利组织会计基本原则

(1)民间非营利组织会计核算应当以实际发生的经济业务为依据,如实反映其财务状况收支结余和现金流量。

(2)民间非营利组织应当按照经济业务的经济实质进行会计核算,而不应当仅仅按照它们的法律形式作为会计核算的依据。

(3)民间非营利组织提供的会计信息应当能够真实、完整地反映其财务状况、收支结余和现金流量,以满足会计信息使用者的需要。

(4)民间非营利组织会计核算方法前后各期应当保持一致,不得随意变更,如有必要变更,应当将变更的情况、原因和对单位财务收支情况及结果的影响在会计报表附注中予以说明。

(5)民间非营利组织应当按照规定的会计处理方法进行会计核算,会计指标应当口径一致,相互可比。

(6)民间非营利组织的会计核算应当及时进行,不得提前或延后。

(7)民间非营利组织的会计核算应当清晰明了,便于理解和利用。

(8)民间非营利组织会计一般以权责发生制为基础。

(9)民间非营利组织在进行会计核算时,收入与其成本、费用应当相互配比,同一会计期间内的各项收入和与其相关的成本、费用,应当在该会计期间内确认。

(10)民间非营利组织的各项财产在取得时应当按照实际成本计量。其后,各项财产发生减值,应当按照制度观定计提相应的减值准备。除法律、行政法规和国家统一的会计制度另有规定者外,民间非营利组织一律不得自行调整其账面价值。

(11)民间非营利组织的会计核算应当遵循谨慎性原则,不得多计资产或收益,也不得少计负债或费用。

(12)民间非营利组织会计核算应当合理划分收益性支出与资本性支出。凡支出的效益仅与本年度相关的,应当作为收益性支出;凡支出的效益与几个会计年度相关的,应当作为资本性支出。

(13)民间非营利组织的会计核算应当遵循重要性原则,对资产、负债、结余等有较大影响,进而影响财务会计报告使用者据以作出合理判断的重要会计事项,必须按照规定的会计方法和程序进行处理,并在财务会计报告中予以充分披露;对于次要的会计事项,在不影响会计信息真实性和不至于误导会计信息使用者作出正确判断的前提下,可适当简化处理。

第四节　民间非营利组织的核算基础

一、会计核算基础

所谓会计核算基础,又称结账基础或会计基础,是指处理经济业务的基本出发点。结账基础主要有“收付实现制”和“权责发生制”两种。

收付实现制,又叫现金收付制,是以款项的实际收付为计算标准确定本期收益和费用的一种方法。凡是在本期实际收到的款项和支付的费用,不论其是否属于本期,均作为本期的收入和支出处理。

权责发生制原则是指收入和费用的确认应当以收入和费用的实际发生和影响作为确认计量的标准。凡是当期已经实现的收入和已经发生或应当负担的费用,不论款项是否收付,都应作为当期收入和费用处理;凡是不属于当期的收入和费用,即使款项已经在当期收付,都不应作为当期的收入和费用。

权责发生制是与收付实现制相对称的一个概念。权责发生制原则主要是从时间上规定会计确认的基础,其核心是根据权责关系的实际发生和影响期间来确认收入和费用。根据权责发生制原则进行收入与成本费用的核算,能够更加准确地反映特定会计期间真实的财务状况及经营成果。

我国整个会计领域,会计核算基础在应用上有三种情况:一是收付实现制,例如我国现行的行政单位会计制度就是以收付实现制为基础;二是权责发生制,例如我国现行的企业会计准则和企业会计制度就是以权责发生制为基础;三是混合制(或者修正的收付实现制、修正的权责发生制)。例如我国现行的事业单位会计制度规定以收付实现制为基础,但是对于经营性收支业务核算可采用权责发生制。

二、民间非营利组织的核算基础

我国的民间非营利组织的会计核算应当以权责发生制为基础。其理由是:民间非营利组织的会计核算如果采用收付实现制,不利于真实、完整地反映其财务状况、业务活动情况和现金流量,难以向会计信息使用者提供足够的对其决策有用的信息。采用权责发生制核算基础有助于反映民间非营利组织资产负债和业务活动全貌,有助于实现民间非营利组织的会计目标,满足会计信息使用者的信息需要。

也有观点认为,采用权责发生制可能会增加民间非营利组织的核算成本,尤其是那些规模比较小的民间非营利组织应当允许其采用收付实现制。

毫无疑问,相对于收付实现制而言,采用权责发生制的确会增加民间非营利组织的核算成本。但是如果采用了权责发生制,它会使民间非营利组织会计信息的有用性大大增加,并且有助于其解脱受托责任。所以从成本－效益原则的角度来讲,采用权责发生制的效益将大于成本,因此采用权责发生制进行会计核算是合理的。至于规模较小的民间非营利组织,从以下因素考虑也应当采用以权责发生制为基础进行会计核算。

(1)规模较小的民间非营利组织的业务量一般不大,所以采用权责发生制进行会计核算并不会增加多少成本。

(2)如果对于规模较小的民间非营利组织网开一面,允许其采用收付实现制,那么如何界定"规模较小的民间非营利组织"将会十分困难,并且会导致规模较小的民间非营利组织和规模较大的民间非营利组织之间会计信息的不可比,不利于民间非营利组织范围内会计核算制度的统一。

(3)我国民间非营利组织正处于快速发展时期,因此,许多目前规模较小的民间非营利组织可能会在较短的时间内发展壮大,成为规模较大的民间非营利组织。从民间非营利组织的长远发展考虑,为避免不必要的制度转换成本,保证会计政策的一贯性,也应当坚持所有民间非营利组织的会计核算都采用权责发生制。

基于上述考虑,我国的民间非营利组织会计制度规定,所有民间非营利组织的会计核算都应当以权责发生制为基础。

第五节　民间非营利组织会计要素及财务报告特点

一、民间非营利组织会计要素

1. 资产

民间非营利组织的资产是指过去的经济业务形成并由非营利组织拥有或者控制的资源,该资源预期会给民间非营利组织带来经济利益。包括流动资产、受赠资产、长期投资、固定资产、无形资产和其他资产。其中,捐赠是指一个实体自愿无偿向另一实体转交现金或其他资产,或撤销其债务的行为。

民间非营利组织受赠资产应当区分资产形态确定入账价值:受赠资产如为现金,应按实际金额入账;对于不符合固定资产确认条件的实物资产,应转入存货,并按该受赠资产的账面价值作为存货的实际成本;对于符合固定资产确认条件的实物资产,应转入固定资产,并按该受赠资产的账面价值作为固定资产的入账价值;对于受赠的无形资产,应转入无形资产,并按该受赠资产的账面价值作为无形资产的入账价值。

2. 负债

民间非营利组织的负债,是指过去的业务活动形成的现时义务,履行该义务预期会导致经济利益流出民间非营利组织,包括流动负债和长期负债。民间非营利组织接受的指定受益人的捐赠,应作为应付款项,单独核算。

3. 净资产

民间非营利组织净资产,是指资产减去负债后的余额。以捐赠业务为主的民间非营利组织的净资产,应按捐赠人限制存在与否分为不受限制净资产、暂时受限制净资产和永久受限制净资产。其他民间非营利组织的净资产包括业务发展基金和留本基金。不受限制净资产,是指暂时受限制净资产和永久受限制净资产以外的其他净资产。暂受限制净资产,是指资金使用受到捐出方暂时限制的净资产,包括时间限制、目的限制等。永久受限制而持有的资产,是指资金使用受到捐出方永久限制的净资产。

4. 收入

民间非营利组织收入是指民间非营利组织为开展业务活动,依法取得的非偿还性资金。包括基本业务收入、其他业务收入、政府资助收入、投资收益和其他收入。基本业务收入是民间非营利组织开展章程规定范围内的主要业务活动取得的收入。如社会团体的会费收入、基金会的捐赠收入以及民办学校的学费等。民间非营利组织开展章程范围内的其他业务活动取得的收入叫其他业务收入,如咨询费收入、培训费收入、展览收入等。政府资助收入是民间非营利组织取得的政府无偿给予的各类补助,如人员经费、办公经费等。投资收益是民间非营利组织对外投资取得的收益,包括委托贷款收益和委托投资收益。其他收入是民间非营利组织因处置财产物资取得的净收益和银行存款取得的利息收入。

5. 成本和费用

民间非营利组织费用是指民间非营利组织为开展章程范围内的业务活动所发生的经济利益的流出;民间非营利组织成本是其为提供劳务和产品而发生的各种耗费。不包括为第三方或客户垫付的款项。民间非营利组织发生的应由当期承担的费用包括基本业务支出、其他业务支出、其他支出和管理费用。民间非营利组织的基本业务支出,是其开展章程范围内的主要业务活动发生的可直接归属于基本业务的有关支出,如民办学校发生的教学支出。民间非营利组织其他业务支出是其开展章程范围内的其他业务活动发生的可直接归属于其他业务的有关支出,如培训费支出等。民间非营利组织的其他支出是指非营利因处置财产物资发生的净损失和银行借款发生的利息支出。民间非营利组织的管理费用是其管理部门发生的各项费用,包括人员支出、日常公用支出、对个人和家庭的补助支出、固定资产折旧和大修理费支出等。

6. 结余及结余分配

民间非营利组织结余是指其在一定期间各项收入与支出相抵后的余额。以接受捐赠业务为主的民间非营利组织的结余应按捐出人限制存在与否分为不受限制收支结余、暂时受限制收支结余和永久受限制收支结余。其他民间非营利组织的结余可不作上述划分。收支结余应于期末,按扣除永久受限制捐赠收入后的金额转入业务发展基金,按永久受限制捐赠收入金额转入留本基金。

二、民间非营利组织财务会计报告及特点

1. 资产负债表

资产负债表应清楚地将外部限定使用的资产、相关负债及净资产与非限定用途的资产、相关负债及净资产区分开。其中,限定性流动资产应根据不同的用途限定进行划分。留本基金净资产也可以根据不同的目的、捐赠人或其他标准进行划分。

2. 收入支出表

收入支出表主要反映民间非营利组织的收支结余及其分配情况,如捐助、收入、支出、资本增加额、转账及其他变动事项等。

3. 现金流量表

民间非营利组织的现金流量表必须报告所有基金(非限定性基金、限定性基金、固定资

产基金、留本基金等）的现金流量，分别报告运营所得净现金流量、投资所得净现金流量以及筹资所得净现金流量。

4. 支出明细表

这是反映民间非营利组织的日常公用经费和人员经费的详细情况的报表。民间非营利组织编制财务报告的目的在于提供以下信息：

（1）所取得资源的性质和数量；

（2）捐赠人实施控制的程度；

（3）资源的使用情况，包括明确主要项目的性质及成本；

（4）报告期内基金余额的净变化数；

（5）作为评价管理当局绩效的基础。

第六节 民间非营利组织会计的确认与计量

一、收入和费用的会计确认

1. 收入的确认

关于民间非营利组织收入的确认问题，从国际上来看，一般是将民间非营利组织的收入区分为交换交易所形成的收入和非交换交易所形成的收入两类。

所谓交换交易，是指按照等价交换原则所从事的交易，即当某一主体取得资产、获得服务或者解除债务时，需要向交易对方支付等值或者大致等值的现金，或者提供等值或者大致等值的货物、服务等的交易。如按照等价交换原则销售商品、提供劳务等，均属于交换交易。

非交换交易是指除交换交易之外的交易，在非交换交易中，某一主体取得资产、获得服务或者解除债务时，不必向交易对方支付等值或者大致等值的现金，或者提供等值或者大致等值的货物、服务等，或者某一主体在对外提供货物、服务等时，没有收到等值或者大致等值的现金、货物等。如接受捐赠、政府补助等，均属于非交换交易。

无论从美国等国的会计准则，还是有关国际准则来看，对于因交换交易所形成的收入均采用与企业相同交易一致的确认原则，如《国际会计准则第 18 号——收入》和我国的收入会计准则等。对于非交换交易（如捐赠、政府补助等），则一般按照交易的资源是否导致实体增加了资产或者减少了负债（即是否导致实体增加了净资产）来确认收入。

我国《民间非营利组织会计制度》借鉴了国际上的这一通行做法，在规范收入确认原则时，亦区分交换交易和非交换交易进行规范。对于交换交易形成的收入的确认原则与我国《企业会计准则——收入》相一致；对于非交换交易形成的收入，则应当在符合以下条件时才能予以确认：

（1）与交易相关的含有经济利益或者服务潜力的资源能够流入民间非营利组织并为其所控制，或者相关的债务能够得到解除；

（2）交易能够引起净资产的增加；

（3）收入的金额能够可靠地计量。

2. 费用的确认

由于我国《民间非营利组织会计制度》规定的会计核算基础为权责发生制，而且业务活动表的主要功能是用以评价民间非营利组织的经营绩效,所以,该制度要求在对费用的会计核算中,应当严格区分业务活动成本和期间费用,将两者分别列报。其中,业务活动成本,是指用于归集民间非营利组织为了实现其业务活动目标、开展其项目活动或者提供服务所发生的费用。在民间非营利组织所从事的项目、业务或者服务种类比较多的情况下,民间非营利组织应当在“业务活动成本”项目下分别项目、服务或者业务大类进行核算和列报,以反映更加充分的成本信息,也有利于将成本信息与相关收入信息相比较,更好地考察民间非营利组织的绩效。

对于民间非营利组织发生的为了组织、管理其业务活动和为了筹集业务活动所需资金所发生的费用,该制度规定应当确认为当期费用,分别计入管理费用和筹资费用,对于当期所发生的除业务活动成本、管理费用和筹资费用以外的其他费用,也应当确认为当期费用,单列“其他费用”项目进行核算和列报。

二、公允价值的使用问题

民间非营利组织不同于企业,许多资产的取得没有实际成本。如取得的捐赠资产、政府补助资产、受托代理资产等,都是无偿取得的,没有发生实际成本。但是这些资产如果不予确认和计量,将难以反映民间非营利组织所控制的资源状况和所开展的业务活动情况,无法保证会计信息的真实、完整,不符合民间非营利组织的会计目标。为此,制度对于一些特殊交易事项引入了公允价值,以弥补历史成本的不足。特别规定的情况有:一是接受捐赠的资产。在捐赠方没有提供有关凭据,或者即使提供了凭据,但是凭据上表明的金额与受赠资产公允价值相差较大时,应当按照公允价值入账。二是因受托代理业务所形成的受托代理资产。在委托方没有提供有关凭据,或者即使提供了凭据,但是凭据上表明的金额与受托代理资产公允价值相差较大时,应当按照公允价值入账。三是期末盘盈的存货、固定资产等,应当按照公允价值入账。

第七节　民间非营利组织的会计处理与信息披露

一、民间非营利组织会计的会计处理

1. 关于捐赠的会计处理

民间非营利组织经济业务中,捐赠业务占了相当大的份额,可以说捐赠收入是民间非营利组织收入的主体,也是民间非营利组织从事业务活动的主要资金来源和物质基础。因此,如何对该业务进行会计处理就显得十分重要。民间非营利组织因接受赠送而带来的资金流入为捐赠收入,它是民间非营利组织在业务活动中取得的、最终会导致净资产的增加,因此,应当将其确认为收入,通过设置“捐赠收入”账户核算,明细账按照“限定性收入”或“非限定性收入”设置。当其发生捐赠收入时,计入捐赠收入贷方。对于接受的附条件捐赠,如果存在需要偿还全部或部分捐赠资产或者相应金额的现时义务时,如因无法满足捐赠所附条件而必须将部分捐赠退还该捐赠人时,将其计入“管理费用”账户。

2. 关于政府补助的会计处理

政府补助收入是指民间非营利组织接受政府拨款或者政府机构给予的补助而取得的收入。也是民间非营利组织的重要资金来源。为了正确核算政府补助收入,民间非营利组

织应当设置“政府补助收入”账户,同时设置“限定性收入—非限定性收入”明细科目。贷方登记收到的政府补助收入,借方登记期末转入净资产的政府补助收入,期末结转后该账户无余额。对于接受的附有条件政府补助,如果民间非营利组织存在需要偿还全部或者部分政府补助资产或者相应金额的现时义务时,如因无法满足政府补助所附条件而必须退还的部分政府补助时,应将其计入“管理费用”账户。

3. 关于受托代理业务的会计处理

在委托代理交易过程中,民间非营利组织通常是从委托方收到受托资产,并按照委托人的意愿将资产转赠给指定的其他组织或者个人,民间非营利组织本身并不拥有受托资产的所有权和使用权,只是在交易过程中起到中介作用。民间非营利组织应对受托代理资产进行确认和计量,在资产负债表中反映受托代理资产和受托代理负债,以全面反映其资产负债状况。这样也有助于在会计报表中综合反映其业务开展情况。与此同时,民间非营利组织在确认一项受托代理资产时,要同时确认一项受托代理负债。应当设置“受托代理资产”账户,核算民间非营利组织接受委托方委托从事受托代理业务而收到的资产。

4. 关于固定资产折旧的会计处理

在会计实务中,民间非营利组织一般是参照事业单位会计制度进行会计核算的,所以固定资产并不计提折旧。但是,固定资产不计提折旧一方面无法反映固定资产的损耗情况,导致资产负债表中所反映的固定资产金额没有反映其实际价值,进而导致资产价值和净资产价值的高估;另一方面,固定资产不计提折旧,也使得民间非营利组织每期业务活动表中的成本、费用低估,不利于如实反映民间非营利组织的经营业绩。

基于上述理由,我国《民间非营利组织会计制度》规定,民间非营利组织应当对固定资产计提折旧,在固定资产的预计使用寿命内系统地分摊固定资产的成本,这样一方面可以提高民间非营利组织资产负债表和业务活动表信息的质量,另一方面有助于加强民间非营利组织的资产管理和成本管理。

5. 关于文物文化资产的会计处理

处理文物文化资产,是指用于展览、教育或研究等目的的历史文物、艺术品以及其他具有文化或者历史价值并长期或者永久保存的典藏等。它是民间非营利组织一项重要的资产项目。这些文物文化资产通常用于展览、教育或研究等目的,一般不对外捐赠或销售。《民间非营利组织会计制度》规定,对于用于展览、教育或研究等目的的历史文物、艺术品以及其他具有文化或历史价值并作长期或者永久保存的典藏等,应当作为固定资产核算。并要求设“文物文化资产”科目进行核算,按取得时的实际成本入账,在资产负债表的同定资产大类下单列项目予以列报。对于接受捐赠的文物文化资产,按捐赠者提供的凭证上的金额入账:如无凭证提供的,按公允价值入账。在处置时,计入“固定资产清理”科目,并规定定期或者至少每年实地盘点一次。

6. 关于资产减值的会计处理

在会计实务中,民间非营利组织一般参照事业单位会计制度进行会计核算,所以,对于所发生的资产减值损失,一般都不予确认。这一会计处理原则已经导致许多民间非营利组织的一些长期无法收回的应收款项继续挂账,无法得到及时处理;市价超跌的投资或者可收回金额严重低于账面价值的存货等继续以账面价值计价,资产价值高估。

为此,在《民间非营利组织会计制度》的起草和征求意见过程中,大家普遍认为应当允许民间非营利组织对所发生的资产减值损失予以确认和计量,以如实反映民间非营利组织的资产价值情况。尤其是捐赠人、债权人等资金提供者和会计信息使用者都希望民间非营利组织应当在资产负债表确认资产减值损失，以方便其如实评价民间非营利组织的财务状况。基于此，我国《民间非营利组织会计制度》规定，民间非营利组织应当定期或者至少于每年年度终了，对短期投资、应收款项、存货、长期投资等资产是否发生了减值进行检查，如果这些资产发生了减值，应当计提减值准备，确认减值损失，并计入当期费用。

考虑到民间非营利组织的固定资产、无形资产等其他长期资产，在一般情况下发生减值的可能性较小，而且其减值损失的计量也相对比较困难，所以，该制度在要求民间非营利组织对固定资产计提折旧和对无形资产进行摊销外，原则上不要求计提减值准备，但是如果固定资产或者无形资产发生了重大减值，则应当计提减值准备，确认减值损失。

7. 关于净资产的分类与列报

由于民间非营利组织一般既没有所有权属于出资者的投入资本，也没有针对出资者的分配，所以，民间非营利组织的净资产来源基本上都为其所获得的收入扣减相应的费用后的余额。民间非营利组织的这种组织特征决定了它对于净资产的分类与列报与企业有明显不同。

既然民间非营利组织的净资产主要来自于收入减去费用后的余额，而在构成民间非营利组织收入来源的相关资产中，则又因其使用是否受到限制而在性质上有所不同。所以，将民间非营利组织的净资产按照其资产的使用是否受到限制进行分类有助于向会计信息使用者提供较为有用的信息，有利于会计信息使用者据以判断在民间非营利组织的净资产中，有多少属于其使用受到资产提供者等限制的，有多少属于不受限制的，是民间非营利组织可以自由支配和使用的。

从国际上看，西方成熟市场经济国家一般也是采用这种分类方法，但是分类方式则略有不同。比如美国将净资产分为三类：永久限定性净资产、暂时限定性净资产和非限定性净资产。英国则将净资产仅仅分为限定性净资产和非限定性净资产两类。

我国《民间非营利组织会计制度》只将净资产分为两类，即限定性净资产和非限定性净资产。没有对限定性净资产再进一步区分永久限定性净资产和暂时限定性净资产的理由主要有三点：

一是在制度中很难对“永久限定性”和“暂时限定性”的概念进行严格界定，我国现行有关合同、协议等法律法规中，也没有这些术语，所以没有法律上的严格界定可参考。

二是在实际操作中，会计人员有时很难判断净资产的使用属于永久限定性的，还是暂时限定性的，从而会导致实务中对于永久限定性净资产和暂时限定性净资产的分类带有一定的主观随意性，影响会计信息的可比性。

三是所谓永久限定实际上也是相对的，出资人等可能改变或撤销对资产的限定。

二、民间非营利组织的信息披露

根据民间非营利组织的特点，民间非营利组织的资金来源主要来自于捐赠人的捐赠、会员缴纳的会费、向服务对象收取的服务费及向借款人借入的资金等，因此民间非营利组织财务会计报告应当首先满足他们的需要。与此同时，民间非营利组织会计信息的使用者还应当包括政府监管部门和本单位管理层等。非营利组织应向资源提供者及其他信息使用者，提供有助于其合理做出分配资源、评价管理当局业绩、债务和净资产的变动等多方面信息。

我国《民间非营利组织会计制度》在制定过程中，充分吸收了我国企业会计改革的成果，并借鉴了相关国际惯例和财务会计的最新进展，引入了一些较新的会计理念和会计处理规定，比如区分捐赠和受托代理业务进行会计处理、区分交换交易与非交换交易规范收入确认原则、区分净资产的限定性与非限定性进行列报等。这些会计规定，不仅对于规范民间非营利组织会计核算行为，而且对于丰富我国会计理论、完善我国会计标准建设均富有积极意义。

参考文献

[1] 中华人民共和国财政部. 2014 年政府收支分类科目[M]. 北京:中国财政经济出版社,2013.

[2] 赵建勇. 政府与非营利组织会计[M]. 北京:中国人民大学出版社,2010.

[3] 曾尚梅,袁继安. 政府与非营利组织会计[M]. 上海:复旦大学出版社,2013.

[4] 李建发. 政府及非营利组织会计[M]. 大连:东北财经大学出版社,2011.

[5] 刘志翔. 政府及非营利组织会计[M]. 北京:首都经济贸易大学出版社,2012.

[6] 李秉坤,赵璇. 预算会计[M]. 大连:东北财经大学出版社,2011.

[7] 隋玉银,王蔚. 预算会计[M]. 北京:清华大学出版社,2011.

[8] 刘永立. 政府与非营利组织会计[M]. 上海:立信会计出版社,2006.

[9] Eral R W. 政府与非营利组织会计[M]. 北京:中国人民大学出版社,2011.

[10] 宋明,么冬梅. 政府与非营利组织会计[M]. 哈尔滨:哈尔滨工业大学出版社,2013.

[11] 郭磊,郭玲. 政府会计[M]. 天津:南开大学出版社,2005.

[12] 张纯. 非营利组织理财[M]. 上海:上海财经大学出版社,2007.

[13] 王国生,姚伟刚. 民间非营利组织会计[M]. 北京:中国金融出版社,2007.

[14] 张伟,李启明. 预算会计操作入门[M]. 北京:中国纺织出版社,2009.

[15] 孙长江,卢凤娟. 政府与非营利组织会计[M]. 北京:科学出版社,2012.

[16] 刘红梅,王克强. 政府及非营利组织会计[M]. 上海:复旦大学出版社,2011.